अगनपाखी

अगनपाखी

मैत्रेयी पुष्पा

वाणी प्रकाशन

वाणी प्रकाशन

4695, 21-ए, दरियागंज, नयी दिल्ली 110 002

शाखा

अशोक राजपथ, पटना 800 004

फ़ोन: +91 11 23273167 फ़ैक्स: +91 11 23275710

www.vaniprakashan.in
vaniprakashan@gmail.com

AGANPAAKHI
by Maitreye Pushpa

ISBN : 81-7055-819-0
Novel

संस्करण 2001, 2003, 2008
आवृत्ति 2014

मूल्य : ₹325.00

हर्ष प्रिंटर्स, दिल्ली-110 093 में मुद्रित

वाणी प्रकाशन का लोगो मक़बूल फ़िदा हुसेन की कूची से

पुनर्नवा

एक रचना के कितने पाठ होते हैं? शायद अनंत।

सुविधा के लिए कहूँ तो व्यक्तियों के अपने-अपने पाठ, समय के अपने-अपने पाठ और स्थितियों के अनुसार अलग-अलग पाठ। यह तो निश्चित तौर पर कहा जा सकता है कि एक रचना को हर पाठक अपनी अलग दृष्टि से देखता है, कहें कि पाठकीय रचनात्मकता से गुजरता है।

अपनी एक रचना 'स्मृतिदंश' लिखने और छपकर आने के बाद मैं भी एक ऐसी पाठक बन गई, जो रचना का पुनःपाठ करता है। पढ़ते-पढ़ते बेचैनी बढ़ने लगती, लगता कि कहीं कुछ छूट गया है। फिर-फिर पढ़ना और छूटे हुए का रीतापन और बढ़ते जाना...लिखे हुए की 'कमी' बन गया। यों तो लेखक हर रचना के बाद उसका पुस्तकीय-पाठ करते हुए विचलित होता है। काश-काश करता हुआ कराहता है कि अमुक प्रसंग ऐसे आता तो? अमुक संवाद इन शब्दों को लेकर उतरता तो? अमुक स्थिति को और गहरा किया जाता तो? तो इस रचना का रूप और निखरता और सँवरता।

लेकिन यह सिलसिला तो अनंत है। मूल बात यह है कि रचनाकार अपनी रचना से न कभी संतुष्ट होता है और न मुक्त।

मुझे 'स्मृतिदंश' के पुनःपाठ ने लगभग झकझोर डाला और मैं यहाँ तक आ गई कि—यह तो वह है ही नहीं, जो मैं कहना चाहती थी।—मेरे इस विचार को बल दिया इसी रचना की नायिका भुवन ने। परेशान कर डालने की सीमा तक उसने मेरा पीछा किया। जिद भी बड़ी अटपटी—कि उसे इस रूप में नहीं होना था। ऊपर से असहाय होने के कारण विनम्र दिखनेवाली स्त्री भीतर से किस ताकत का सपना देखती है, लेखिका यह क्यों नहीं समझी? उसके साथ न्याय नहीं हुआ।

मैं उन दिनों दूसरे उपन्यास लिख रही थी। दूसरी नायिकाएँ मेरे साथ थीं। उसी व्यस्तता और पात्रों के घेरे में भुवन की आवाज उठती, जो अलग से सुनाई

पड़ती। पहले तो मैं घबरा जाती और फिर झुँझला उठती। न जाने कितने यत्नों-प्रयत्नों से उसे अनसुना करने की कोशिश करती। सचमुच वह मेरी सबसे ज्यादा कमजोर नायिका थी, मगर उतनी ही शक्ति से मुझे पुकारती।

ऐसा करते-करते एक-दो साल नहीं, चार-छः वर्ष नहीं, पूरे ग्यारह साल बीतने को हैं। मैं उसे निरंतर टालती रही। एक दिन अचानक लगा कि उसने मेरी कलम पकड़ ली है। कागज पर कब्जा कर लिया है। लेखक के इन औजारों पर वह अपना हक जता रही है। आश्चर्य तब हुआ जब लिखते-लिखते लगा कि भुवन इन बीते वर्षों में मेरे भीतर नया आकार लेती रही। नया कलेवर उसने कैसे धारण किया? उसका पहला रूप झूठा था, या यह दूसरा? शायद यह मेरा उस समय का सच था, और यह आज का। मैं ही खुद को भुवन के रूप में रखकर अपने आप से लड़ रही थी और परिवर्तन के लिए विद्रोह तक जाने में कभी चार कदम बढ़ाती तो कभी दो कदम पीछे हटती। अनुभव यह रहा कि सफर में मुसाफिर चले, थके, लड़खड़ाये या मुँह के बल गिरे, लक्ष्य बड़ा बेरहम होता है। संभवतः कथा का यही लक्ष्य-रूप मेरे भीतर रहा हो और उस समय व्यक्त न कर पाई हूँ।

अब यह एक नया उपन्यास है। हो सकता है पात्रों के नाम और स्थान वही हों, मगर अब वहाँ का इसमें कुछ भी नहीं। अगर मैं पात्रों और स्थानों के नाम बदल देती तो भी कोई अंतर न पड़ता। 'अगनपाखी' उतना ही नया होता।

26.6.2001

—मैत्रेयी पुष्पा

कचहरी।

हलफनामा। उज्रदारी।

मैं भुवनमोहिनी, पत्नी स्वर्गीय विजयसिंह वल्द स्वर्गीय दुरजयसिंह, निवासी ग्राम विराटा, जिला झाँसी, यह दावा करती हूँ कि मैं अपने पति के हिस्से की चल-अचल सम्पत्ति की हकदार हूँ। मुझे इत्तला मिली है कि मेरे पति के साथ मुझे भी मृतक दिखाया गया है और मेरे जेठ कुँवर अजयसिंह ने अपने अकेले का हक बरकरार रखा है। क्योंकि स्व॰ विजयसिंह की कोई सन्तान नहीं। कचहरी से अर्ज है कि अपने पति की जायदाद का हक मुझे सौंपा जाए। मैं कुँवर अजयसिंह की हकदारी पर सख्त एतराज करती हूँ।

बकलम खुद–भुवनमोहिनी

तहसील में जब अर्जी पढ़ी गयी तो जानकार लोग सन्न से रह गये। कुँवर अजय सिंह का चेहरा पीला पड़ गया जैसे उन्होंने सामने खड़ी बाघिन देख ली हो, जबकि वहाँ कोई स्त्री उपस्थित नहीं थी। जो कुछ उनसे पूछा गया, उसका वे जवाब दें, उससे पहले बोले, "मैं गाँव के लोगों को गवाहों के रूप में पेश करना चाहता हूँ। जिसने यह दरख्वास्त दी है, वह हमारा कोई छिपा हुआ दुश्मन है। मेरा भाई मर चुका है और उसकी घरवाली ने बेतवा नदी में डूबकर जान दे दी थी। सारा गाँव साक्षी है। मुझे समय चाहिए।"

गाँव में हल्ला हो गया, विजयसिंह की औरत ने देवी का अवतार ले लिया। कचहरी हिला दी। नहीं, उसका पुनर्जन्म हुआ है। कैसा पुनर्जन्म, चुड़ैल योनि में आ गयी है।

महज चार महीना! इतनी जल्दी अवतार लिया, कचहरी को ललकारने लगी! चमत्कार हो गया। किसी किसी ने कहा–पुजारी मर गया, करामात छोड़ गया!

इलाके में हलचल है।

मंदिर में वह पुजारी नहीं, उसकी बदली हुई कथा नहीं, मगर पूजा देने वालों में भुवन का किस्सा है। कब से चला आ रहा इतिहास...दांगी की बेटी देवी दुर्गा की कथा और बलिदानों का सिलसिला पलटता है। भक्त जन आह भरते हैं–यह कैसा महापाप हुआ देवी!

मैं चन्दर!

ऑफिस में चन्द्रप्रकाश, महापाप की अपराधिनी भुवन की बहन का बेटा भक्तों का उतना ही अपराधी हूँ, जितनी कि भुवनमोहिनी। जनता की अदालत में मेरा हलफ बयान दर्ज हो।

जाड़े की दोपहर एक चिट्ठी मिली, डायरी के हिसाब से दिन था मंगलवार।

चिट्ठी में वह लिखा था, जो उसने मुँह से कभी कहा नहीं, शायद इसलिए ही चिट्ठी लिखी थी। मेरे बराबर की उम्रवाली मौसी की चिट्ठी कुछ इस तरह थी–

'तुम मेरे सासरे वालों से डरते हो। वे क्या शेर हैं जो तुम्हें खा जाएँगे? डर के मारे नहीं आते, मत आओ। तुम सोचते हो मैं अकेली घबराकर अपनी बान से हट जाऊँगी, याद नहीं हो तो याद कर लेना मेरी माँ मुझे शिला कहती थीं। तुम सोचते होगे, मैं तुम्हारी राह देख रही हूँ, हट्ट! मुझे तुम पर कभी भरोसा नहीं था। बस, सोचा था, पढ़-लिखकर आदमी समझदार हो जाता है, लोग कहते हैं तो यह बात सच होगी। पर नहीं, तुमने लोगों की बात पर पानी फेर दिया। तुम्हें बुलाने का मकसद यह रहा कि आगरा जाकर डाक्टरों की बात समझने और मुझे बताने के लिए तुम होते। चलो, अब मैं ही जेठ जी के संग चली जाऊँगी। घूँघट जेठ का करती हूँ, डाक्टरों का थोड़े ही करूँगी? प्रार्थना करूँगी कि वे लोग मुझे आसान बोली में समझा दें, रोगी की हालत सुधरेगी कि नहीं सुधरेगी? बता दें, आखिर मैं रोगी की घरवाली हूँ। दिन-रात उसके संग बिताने वाली हूँ। चन्दर, कई बार पछताती हूँ, जैसा चल रहा था, चलने क्यों नहीं दिया? पर मन नहीं मानता। तुम मानो न मानो।'

चिट्ठी लिखी कि चुनौती दी?

उसने बचपन से यही रवइया अपनाया है। चक्रव्यूह जैसी जगह घुसने से इन्कार नहीं करेगी, हालात काबू नहीं आएँगे, हमें उकसाएगी। हमें माने मैं और मेरा भाई बिरजू। हम भी क्या करें? उसके जेठ के सामने हमारी घिघ्घी बँध जाती थी। कारण कि वे वैभव सम्पन्न हवेली के मालिक, ऊपर से रिश्ते में भारी, किसी तरह की गुस्ताखी माफ नही करेंगे जो हमसे अनजाने ही गलती के रूप में हो जाएगी। वे हमें राजा

सरीखे लगते। ऊपर से नानी कहती रहतीं—भुवन उनकी बहू है, वे जाने, भुवन जाने, हम कौन? वैसे भी बेटीवाले होने के नाते हम कमजोर माने जाएँगे, कमजोर हैं भी।

मगर भुवन की चुनौती?

मैं चलने का मन बनाता हूँ। बस में सवार होकर चलने की कल्पना करता हूँ, शरीर में काँटे खड़े हो जाते हैं। ठण्ड नहीं है, ठण्ड लगती है। नहीं, मुझे नहीं जाना। उसे तो खतरों में पड़ने के लिए बुलावा देने की आदत है। जानबूझकर साँप की बाँबी में हाथ दो, कहाँ की समझदारी है?

मैं पढ़ा-लिखा हूँ, भुवन मुझे समझदार मान रही है। मैं जाकर रहूँगा।

कुँवर अजयसिंह के डर पर फतह पाने का भ्रम ओढ़ लेता हूँ तो उधर से पिताजी धर दबोचते हैं। देखते या सुनते ही कहेंगे—पागल हो गया है? कुँवर ठीक ही कहते हैं कि चन्दर उसे शह देता है।

मैं पूछना चाहता था कि क्या शह दी? उससे पहले ही पिताजी बोले थे—तुम्हारा जाना भी भुवन को शह देना माना जाएगा। मायके वालों को देखकर भी लड़की शेर हो जाती है। अनजाने ही ससुर-जेठ की मर्यादा भूल जाती है। मायके वालों की उपस्थिति में कितनी लड़कियाँ घूँघट करती हैं? सो बेटा तुम न जाओ। भुवन के पीठ पीछे खड़े होकर कुँवर की ताकत न छिजाओ। समर्थ आदमी छीज जाए तो मौके पर तुम्हारे काम क्या आएगा? ताकत में इजाफ़ा करो और ताकतवर के साथ शामिल हो जाओ, इतना नहीं जानते तो क्या पढ़े-लिखे हो?

मैं आज बिलकुल चुप था। सफर के कोई लक्षण प्रकट नहीं किए। पिताजी के सामने पड़ूँ तो सिर झुका लूँ। सिर झुकाने वाले बेटे पर कौन-सा पिता निछावर न हो जाए?

निछावर होकर उन्होंने पूछा था—क्या बात है? डाकिया कोई चिट्ठी लाया था, किसकी थी?—सुनकर मैं पिछली यादों से निकला। सामने मुकाबला था।

सत्य बोला—भुवन की थी। बुलाया है।

—जाओगे?

—जाकर क्या करूँगा—यह वाक्य पिताजी को मोह लेगा, सोचकर कहा था।

—जो कर पाओ सो कर लेना। तुम उस घर के ढर्रे को कितना बदल पाओगे और क्यों बदलोगे, सोच लो।

मैं चुप था। लेकिन कहना चाहता था, कुछ नहीं बदल पाऊँगा, जानता हूँ फिर भी जाना चाहता हूँ क्योंकि वह मुझे देखकर बदलेगी नहीं सँभल तो जाएगी। किसी संकट में सँभल जाना भी क्या कोई अर्थ नहीं रखता? कुछ न कर सका, इतना कर देना मुझे कुछ सन्तोष देगा।

मेरी चुप्पी इस समय पिताजी के लिए धृष्टता थी।

फिर भी उन्होंने कहा—चले जाओ। चले जाओ—उनकी आवाज में अनचाही

लोच थी। भुवन के प्रति संवेदनशीलता है या नहीं, पर उजागर तो कर रहे हैं। शायद मुझे विमुख करना अब उन्हें गवारा नहीं। बेकार फालतू था तो गाली देकर बात कर लेते थे। जब से नौकरी लगी है, सम्मान सा देने लगे हैं, जो बड़ा अटपटा लगता है। मैं सहायक विकास अधिकारी (सहकारिता) क्या उनके लिए भी अफसर हूँ? खैर!

नहीं, यह भी हो सकता है कि उन्हें अपने किए पर पछतावा हो, सो मुझे ज्यादा ही ताकतवर होने के लिए सलाह दे रहे हों। निश्चित ही पिछले किए की घबराहट का सोता फूटा है, वे कुँवर को पछाड़ना चाह रहे हों। भुवन के वर को नानी के सामने लाने वाले पिताजी ही थे। इसमें भी सन्देह नहीं कि पिताजी को सभी नहीं तो कुछ असलियतें मालूम जरूर होंगी और नानी ने अपने दामाद पर अंधभक्त की तरह विश्वास किया होगा। पिताजी ने असल कुछ बताया नहीं, तब क्या भूल भी गए?

आज नानी जब यह कहती हैं कि बरजोर सिंह धनधान्य देखकर भुवन को हवेली में ऐसे दे आए, जैसे पहले लोग नामर्द राजाओं को अपनी बेटी ब्याह देते थे और राजा हो जाते थे, तो क्या गलत कहती हैं नानी?

परन्तु ब्याह की गाँठ खोलना किसके बस की बात है? राजा के बस की भी नहीं, भगवान के बस की भी नहीं। ये सब गाँठ को तोड़ भले ही दें।—यह नानी का मानना है।

मैं छटपटाता हूँ।

दिक्कत यहीं शुरू होती है कि मैं उसे भूल नहीं पाता। अपने प्यारे बचपन की तरह वह मैंने सीने से लगा रखी है। अनमोल याद सी मन में बसी है। मैं उसका पिता नहीं, भाई नहीं, पति नहीं, फिर क्या हूँ? बहन के बेटे का रिश्ता कितने नजदीक होता है?

मैं बचपन का गुलाम आज तक अपने लगाव की बेड़ियों में जकड़ा, अनेक दुखते निशानों, दागों को देखता रहता हूँ कि देखते रहना चाहता हूँ, ऐसी क्या मजबूरी है?

भुवन के साथ बीते दिन। जब चोट, दर्द, आँसू भी खेल थे, खेल ही खुशी थी। हार भी जीत थी, जीत राजपाट थी।

भुवन, मेरी ननिहाल शीतलगढ़ी का राजपाट सँभाले रहती। शीतलगढ़ी, जो बरुआसागर से लगभग चालीस मील दूर थी। डेढ़ मील कच्चे रास्ते के बाद आती थी, जिसके पास बड़ा कस्बा मोंठ था। मेरे लिए मोंठ आते ही मानो शीतलगढ़ी शुरू हो जाती, क्योंकि मोंठ के बिसाइती, मोंठ के हलवाई, मोंठ के बजाजों का शीतलगढ़ी से लेनदेन के चलते उधारीवसूली का संबध था। वे नानी को पहचानते थे। नानी इन दुकानों पर आया करती हैं, मैं बस में से झाँकता। कहीं नानी किसी दुकान पर तो नहीं बैठीं? मैं अम्मा से किसी बूढ़ी को दिखाकर कहता—वोऽऽ नानी।

अम्मा बिना गौर किए ही सिर हिलातीं; जैसे वे नानी को बिना देखे ही पहचानती हों। मैं फिर भी बाज न आता, किसी छोटी लड़की को दिखाकर कहता—वो तो भुवन ही है।

"हैऽ सिर्री" अम्मा मुझे बेवकूफ कहकर छोड़ देतीं; जैसे वे अपनी बहन को भी बिना देखे ही पहचानती हों।

तब मैं कैसे कहूँ कि अम्मा, पहली रात से ही नानी और भुवन मेरे सपनों में डेरा जमाए हुए हैं। तुमसे ज्यादा मैं पहचानता हूँ। नानी सोने के लिए थपकी देती हैं तो भुवन आँखों के भीतर बवण्डर सी उठती है। वह रातभर सोने नहीं देती, 'पकड़म पकड़ाई' खेलती है। मैंने भुवन का सपना देखा है। सपने की दुनिया उसके कब्जे में है, इसलिए मैं दिनभर उसके ख्यालों में खोया रहा और पिता के काम नहीं कर पाया। सुस्ती के बदले डाँट-फटकार खाता रहा। अम्मा, अब सपना नहीं, कल्पनाओं में घिरा हूँ और तुम मुझे मूर्ख कह रही हो। कहते हैं कि बच्चों के सपनों में परी आया करती है। पर मेरे सपनों में भुवन है और कल्पनाओं में भी भुवन ...भले तुम उसे देवी भवानी और चुड़ैल कहो।

वह बचपन की बात थी, आज इस बात को क्या कहूँ? 'परी' आकांक्षा का दूसरा नाम है। परी ने ही मुझे गाड़ीवान बनने के लिए उकसाया था, आज बता सकता हूँ। पर अब यह बात पूछेगा कौन? वह तो बचपन ही था कि अम्मा और पिताजी हर बात का जवाब माँगते थे—पढ़ेगा कि गाड़ी हाँकेगा? यह चाव कहाँ से लगा?

वह भुवन थी, जिसने अपने शलवार सूट पर नया-नया दुपट्टा ओढ़ा था और बड़ी लड़की की तरह बोली थी—लड़का बनता है और गाड़ी हाँकना आता नहीं।

हाँ, ठीक तो कहा था उसने। हमारे गाँव में किसानों के लड़कों को गाड़ी हाँकना न आए तो वे खेती क्या खाक करेंगे, ऐसा कहा जाता था। मेरा खिंचाव बैलों की ओर हुआ।

सच में उस दिन से पढ़ाई से जी उचाट हो गया। चिकनी त्वचावाले और ऊँचे पुट्ठों के धौरे काले बैल मन मोहने लगे। मैं उनके सींगों में तेल मलने लगा। गले में पहनी हुई घंटियों को माँजकर चमकाता। पीठ पर कसीदे वाली झूलें डालता। बैल थकें नहीं सो उनकी पूँछों के बालों को धोकर साफ करता। पिताजी से धीमे और विनम्र स्वर में कहता—बैलों की नाथें पुरानी हो गयी हैं। रंगीन नाथ मँगा दो। पिताजी ने क्या कहा, मैं सुनना नहीं चाहता और बैलों को दानापानी देकर उन्हें नमक चटाता।

हम ट्रैक्टर लेने की सोच रहे हैं, तू बैलों की टहल में लगा है।

मैं सोचता बैलों को अपने इशारे पर चलाना आसान है, लोहे का क्या भरोसा कब ठण्डा पड़ जाए? रंगदार पहिए और नोकदार पैनिया लेकर बैलगाड़ी पर चढ़ता तो लगता, आसपास खड़ी फसलें मुझे झुक-झुककर जोहार कर रही हैं। मैं गैल पर

नहीं, पानी पर गाड़ी को नाव की तरह तैरा रहा हूँ।

बैलगाड़ी नहीं, यह बस थी। ब्रेक लगा और धक्के के साथ रुकी। झाँसी आ गया, मुझे उतरना है। विराटा जाने के लिए बस बदलनी है। हड़बड़ाता हुआ अपना बैग उठाने लगा, धोखे में किसी दूसरे का उठा लिया! वह चिल्लाया—एऽऽ भाईसाब, उठाईगीरी और हमारी आँखों के सामने?

मैं अपनी भूल पर शरमाया। कैसे बताता कि मैं गाड़ी के सपनों में खोया, गाड़ीवान बना गीत गा रहा था—

'गाड़ी वाले मसक दे बैल इतै पुरवइया के बादर झुकि आए'

पुरवइया माने भुवन।

बादर...कि उसकी आँखें!

सोलह साल का होते-होते मैं ऐसी मनोहारिणी कल्पनाएँ करने लगा था।

मैं अब विराटा जानेवाली बस में बैठा हूँ, भुवन की ससुराल पहुँचने तक का सफर...मगर संग-संग शीतलगढ़ी चल रही है, क्योंकि शीतलगढ़ी न होती तो भुवन न होती, तो मेरी माँ भी न होती और मैं भी न होता। हमारा होना हमारे गाँव का होना है, या हमारे गाँव का होना हमारा होना है? इस समय शीतलगढ़ी गाँव और हम संग-संग थे।

माना कि हम तीन भाई, मैं, बिरजू और लल्लू पिताजी के गाँव बरुआसागर में पैदा हुए हैं, लेकिन अम्मा का संबंध तो इस गाँव से है। लोग मेरा गाँव बरुआसागर बताते रहें, मैंने शीतलगढ़ी को भी उसी दर्जे पर माना है। क्यों माना है, इस मुद्दे पर मैं भी गच्चा खा जाता हूँ। जन्मभूमि ही अपना गाँव होती है, मैं यही मानकर चलता था, वह तो शैतान भुवन थी, जिसने एक दिन बहस में मुझे हराने के लिए कहा—लल्लू का जन्म अस्पताल में हुआ था, लल्लू की जन्मभूमि अस्पताल हुई। हुई न?

भुवन उन दिनों पाँचवीं कक्षा में पढ़ती थी और अपने मास्साब से तमाम सवाल-जवाब करती थी। उन्हीं सवाल-जवाबों में उसने मास्साब के साथ यह खोज निकाला था कि मातृभूमि सबसे बड़ी चीज है, जो माँ से जुड़ी होती है। माँ की तरह हमारे पालन-पोषण में शामिल होती है। यही बात उसने ठोक-ठोककर मेरे दिमाग में भर दी। मातृभूमि माने शीतलगढ़ी।

उसे बहस की बुरी आदत पड़ती जा रही है। मास्टर के मुँह लगती-लगती, वह नानी के मुँह लगने लगी है, यही देखकर नानी ने उसे स्कूल से बिठा लिया था, कहने को मास्टर जी ने उसे छठी कक्षा में दाखिल करने के लिए कहा था, मगर नानी राजी नहीं हुईं और यह कहकर मास्टर को चुप कर दिया कि—हमारे घर में हम दो ही हैं। भुवन पढ़ेगी तो काम कौन करेगा? मैं घर में भी करूँ और खेत में भी?

नानी की बात का काट किसके पास था? खेत में काम करने वाले नाना आज होते तो नानी भुवन की पढ़ाई पर ऐसी कुल्हाड़ी न चलातीं। नाना तो बीच रास्ते क्या, भुवन का जीवन शुरू होते ही अपनी अंतिम यात्रा पर निकल गए। गाँव में कहावत है–'कहाँ गए राजा अमान, जिनखों रोबें चिरइयां।' नानी इस कहावत को अपने आप से और भुवन से जोड़ती हैं।

राजा अमान के नामराशि नाना अमानसिंह कुछ दिन फौज में रहे, उनके पिता ने खेती सँभाली। नाना अपने पिता के मरने पर फौज से छुट्टी लेकर उनका क्रिया-कर्म करने आए थे, मगर लौटकर नहीं जा सके। इस्तीफा दे दिया और मजबूरी दिखाई–कच्ची गृहस्थी है, खेती है, पिता स्वर्ग सिधार गए हैं।

नाना किसान बनकर रह गए। किसान के शरीर में फौजी का बल था। बलशाली शरीर में हौसलेमन्द मन था। बुलन्द हौसला–मन में कोई भय न था।

मगर नाना में जितनी ताकत थी, धक्का उतने जोर का ही लगा। उन्होंने देखा, गाँव का मुखिया उन्हें फौजी हवलदार नहीं, किसानों की तरह भी नहीं, परदेसी मानकर जमीन का कुछ हिस्सा हथियाए ले रहा है। वर्दी उतार देने का मतलब ताकत उतार फेंकना नहीं, मुखिया इस बात पर गौर नहीं कर रहा। नाना की ताकत तिलमिलाने लगी। उनका खून उबलने लगा। धमनियाँ फटने को आ गयीं...यह उल्टी गिनती का खेल ! वे तो देश के लिए लड़ने गए थे, यहाँ घर छिनने की नौबत है! गाँव में लोग समर्थों के चलते लूट-खसोट की दर पर हैं, कीड़े-मकोड़े से बिलबिलाकर रह जाते हैं, तो वे मोर्चे पर किसे बचाने गए थे?

नानी बताया करती हैं–रोष, ताकत और जोश नाना के भीतर धनुष की तरह तन गए। तूफान ऐसा उठा कि बहादुरी का मतलब बदल गया।

नाना ने मुखिया से कहा था–हमारे लिए यह जीना नहीं, खुदकुशी है। धरती हमारी माँ है, तभी किसानी हमारा मान है। फौज में नौकरी कर ली, तब क्या हम यह बात भूल गए? तू और हम दोनों बुंदेले हैं। दोनों की माँ ने बचपन में रक्कस दिया था। दोनों माँओं ने गाँव की खेतों की सीमा दिखाकर कहा था–यह धरती तेरी है। यह धरती तेरी है। इसको कोई नुकसान न पहुँचाए। यह गाँव तुम्हारा है, इसकी सीमा की रक्षा तुम करोगे।–यह कहकर बुन्देली माँएँ अपने लड़कों की कमर में रक्कस का काला डोरा बाँधती हैं। धागे के जरिए लकड़ी की नन्ही तलवार लटकाती हैं। पूरी पपरिया और गुलगुला की पूजा देती हैं कि बेटों को जंग के लिए ललकारती हैं! जानता है ?

नाना ने मुखिया को याद दिलाया था–यह रिवाज अब की नहीं, तब की है जब मुगलमलेछों ने हमला किया था। हमलावरों को पराई धरती का क्या दर्द, हमें अपनी रक्षा में खड़े हो जाना होगा। यह बात मैं नहीं भूला तो तू भी नहीं भूला होगा मुखिया कि–

बारह बरस तक कूकर जीवे, अरु तेरह लों जिए सियार।
बरस अठारह छत्री जीवे, आगे जीवे खों धिक्कार।।

धरती लेकर रहूँगा, पूरी की पूरी—नाना ने एलान कर दिया था।—नानी बताती हैं—नाना खुद से सवाल करते—मुगल कौन? मलेच्छ कौन? अंगरेज कौन?—खुद ही जवाब देते—अन्यायी, अन्यायी, अन्यायी! नाइंसाफी ही हमलावरी है।

अमानसिंह ने छाती ठोंककर अपना पूरा का पूरा खेत जोता, बोया। फसल तैयार कर ली। वे जब लहलहाते खेतों की ओर देखते तो कहते—गेहूँ सरसों की फसल नहीं झूम रही, मेरे पीछे-पीछे जवानों की टोली झूमती चली आ रही है। राइफल की जगह हल-फावड़ा है।

नानी कराहती हैं—गहरा साँस लेकर कहती हैं—उनकी माँ ने भी क्या नाम धरा था—अमान! अमानसिंह !—कहते हुए नानी के चेहरे पर चमक तो आती है, साथ ही आँखों में गीलापन छलकता है। अमान राजा के किस्से बुंदेलखंड में सावन महीने में घर-घर गाए जाते हैं। गीत-कथा का नायक राजा अमान सावन में अपनी बहन को लिवाने उसकी ससुराल गया था। बहनोई का नाम था धंधेरे! धंधेरे ने अमान की बड़ी खातिर की। जल झारी और छप्पन भोगों से स्वागत किया। तोषक तकिया पचरंग पलिका बिछवाए। ऊँची अटारी पर चौपड़ का इतंजाम किया।

बहन कितने सुख में है, अमान को सन्तोष हुआ। लोग भी कितने भले हैं, यह भी सुख की बात थी। कायदा कद्र जानते हैं, सबसे बड़ी बात यही थी। आपस में खूब बातें हुईं। इलाके के राजाओं के बारे में बहसें हुईं। दोनों एक मत थे, सो खुश थे।

चौपड़ का खेल शुरू हुआ। दाँव लगे। पाँसे पलटे।—राजा अमान हारने लगे। लगा कि बहनोई अपने घर में है, मनमानी कर रहा है। बहनोई है बड़े रिश्ते में है, क्या किया जा सकता है? लाँग-डाँट करेंगे तो वह बहन को सताएगा। हमारी चुटिया इसकी एड़ी तले है।

हार पर हार। धंधेरे मुस्कराया।

मात पर मात। राजा अमान का चेहरा तमतमा गया। जी इतना दुखा कि दाँव भूल गए। क्या हो रहा है? जीवन में मिली किसी हार ने अमान को चित्त करने में कामयाबी नहीं पाई। क्या सबंधियों से मात खाना जंग में हार जाने से ज्यादा दुखदायी होता है? आत्मा कटने लगी...

बहनोई ने कटे पर नमक छिड़का—अमान राजा, तुम बुन्देला हो भी, या नहीं? तुम तो किसी लोंडी बाँदी के जाए लगते हो।

गीत की कड़ी—अमान जू प्रान धंधेरे कौ राछरौ...

सचमुच राछरा ही कर डाला अमान ने। रगों में बहता खून था या आग? माथा था या अंगार? आँखें थीं कि बिजलियाँ?—जो हम हुइहैं असल बुन्देला, लैलैहैं

धंधेरे कौ मूँड़।—बहन ने सुना, सुहाग की भीख के लिए आँचल बिछा दिया।

—माँ से बड़ा बहन का सुहाग नहीं—कहकर अमान ने बहनोई का सिर उड़ा दिया।

अमान राजा का रूप अमानसिंह! नानी बताती हैं, नाना कहते थे—धरती माँ से बड़ा कोई नहीं, उन्होंने मुखिया के लिए ताल ठोंक दी।

मुखिया भी आसमान जैसा रुतवा रखता था, धरती या धरती के बेटे से भला क्यों डरता? खड़े-खड़े खेत से फसल कटवा ली।

नाना को आगे कुछ न सूझा। अमानसिंह और सोच भी क्या सकते थे, सिवा इसके कि—जो हम हुइहैं असल बुंदेला लैलैहैं मुखिया कौ मूँड़। किसी हथियार की जरूरत न पड़ी। हाथ हथौड़ा हो गए। लोहे का शिकंजा बन गए। गले का फंदा ...मौत के जितने साधन हो सकते थे, नाना के शरीर से ही बने। नानी बताती हैं—मुखिया ने दुनिया से विदा ली। सच ने अपना भाँडा खुद फोड़ा, नाना खुद ही कबूल गए—हाँ मैंने, मैंने मारा है, क्योंकि मारने के काबिल था। अन्याय किसे अच्छा लगता है? मैं कायर नहीं।

गाँव में हाहाकार मच गया। लोग कहने लगे—जंग में ऐसा जौहर दिखाते तो उन्हें वीरता के लिए, बहादुरी के लिए, साहस के लिए मातृभूमि के रक्षक बेटे की जगह खड़े करके पदक दिया जाता। देश के लिए बैरी को मार गिराना उनकी शानदार भेंट मानी जाती, मगर मुखिया बेईमान था पर था तो गाँव का ही। देश और गाँव का यह अन्तर नानी बताती हैं—वे गुनाह की जगह खड़े थे, कानून सामने था। कानून ने नाना कस लिए। बेईमानी को जड़ से उखाड़ना चाहते थे, खुद पर ही बन आई, सो घबराने लगे।

पड़ोस के भगवानदास के बाप समझाने लगे—अमान, अपने हक के लिए लड़ने से बड़ी कोई जंग नहीं। जाल में फँसे हो, ज्यों-ज्यों निकलना चाहोगे, उलझते जाओगे।

जाल क्या कटता, जवाब तक बन न पा रहा था। देवता नहीं थे सो अलोप हो जाते, भगवान भी नहीं कि रूप बदल लेते। साधुसंत चोला-बाना पहनकर असलियत छिपा लेते हैं और कुछ भी करते हैं। वे कहते—आदमी की जिंदगी मिली है, आदमी की तरह ही मरूँगा। मौत संग-संग चल रही है तो मैं भी पीछे नहीं हट रहा।

नानी बताती हैं—सामने वाले घर के पिरथीसिंह ने कहा था—अमान, तुम हाजिर हो जाओ, केस चलेगा, हम मुकदमा लड़ेंगे। यार, माना कि तुम फौज में रहे हो, पर किसान भी ऐसे कमजोर नहीं कि भेड़ों की तरह कोई हाँक ले, आजमा लो हमें भी। सैसन से हाईकोर्ट तक जाएँगे, हाईकोर्ट से सुपरीम कोर्ट तक हौसला न हारेंगे।

नाना बोले—यह जंग कचहरी का मुकदमा नहीं, सच्ची लड़ाई है। वकीलों की बकवास के दम पर अपना विश्वास नहीं हारना चाहता। अपील पुकार तो बुन्देला तब करता है, जब खुद पर से हौसला हार जाता है। मेरा अरमान पूरा हुआ, बाकी

सबक लेंगे।

पड़ोसियों के नाते भगवानदास के बाप ने और पिरथीसिंह ने यह भी भरोसा दिया तू फरार हो जा। जिन्दा रह, हक के लिए। मबूसा गाँव चला जा, वहाँ के लोग तुझे छिपा लेंगे क्योंकि उनकी मुखिया से रंजिश चली आ रही है।

नाना मुस्कराए। नानी को नाना की वह मुस्कान आज तक याद है, बताती हैं–जैसे कोई दम तोड़ता सिपाही अन्त समय में हँसे। बोले–तुम्हारे भरोसे छोड़ता हूँ, इस घर की मालकिन और छोटी बच्ची की देखभाल करते रहना। आदमी छिप सकता है, मौत से बच सकता है कहीं? मौत के लिए कौन-सा गाँव ऐसा है, जहाँ वह न पहुँचे। मुझे मारनेवाला तो जंग में बैरी तक नहीं हुआ, मुखिया क्या खाकर मारेगा? मैं कभी किसी के पीछे छिपकर मौत से नहीं लड़ा। मैं फौजी आदमी!

लोग कहते हैं अमान मौत से ही लड़ा था, मौत मुखिया के रूप में आई थी क्योंकि जो नहीं लड़े वे बच गए थे, गुजारा कर रहे थे। मुखिया के जीते जी पेट भर रहे थे। अमान गया तो गया, मुखिया जैसे दुष्ट को पार उतार गया, गाँव से दुष्टता का साया उतर गया।

मुखिया के कुछ पिट्‌ठुओं ने अमानसिंह को छिपकर मार गिराया।

खून का बदला खून!

नानी अकेली रह गयीं। साथ के नाम पर दो साल की बेटी भुवन।

नन्ही बच्ची और एक औरत की ताकत कितनी होती है, यह नानी जानती थीं, पर इरादा ऐसा भी किया था कि इस ताकत को बढ़ाकर उन सबकी जान ले लें, जिन्होंने उनके पति को मारा है। गाँव के लोगों ने क्या किया? मुखिया के कोड़े से निजात पाकर पेट भर खाया और डकारें लीं। नानी को हमदर्दी का टोटा न था, साथ लड़ने वालों का अकाल दिखा। फिलहाल उन्होंने उस द्वार को बन्द कर दिया जो मुखिया की ओर जाने वाली गली में खुलता था। खून-खराबा जुल्म से आजाद तो करता है, मगर आजादी लेने के लिए कोई बचे तब न?

नानी की एक बड़ी बेटी भी थी जिसका नाना ने चौदह साल की अवस्था में ब्याह कर दिया था। फौजी की उम्र का क्या भरोसा, अभी लड़ाई छिड़े, वह कुछ दिनों का ही मेहमान हो। वे नानी के ऊपर भार छोड़ना नहीं चाहते थे लेकिन नानी वही कहावत कहकर रह जाती हैं कि तेरे मन कछू और है, कर्ता के कछू और। बड़ी बेटी मन्नू की जिम्मेदारी से मुक्त कर दिया और भुवन के जन्म के कारण बने! नानी पर बच्ची के पालन-पोषण और शादी का भार छोड़ गए।

जन्म के बहुत दिनों तक भुवन को नानी रामढकेली कहती रही थीं। गाँव के लोग हँसते थे, कहा करते कि नए सिरे से वंशबेल में कल्ला फूटे हैं, बिटिया हुई है, आगे लड़का भी हो जाएगा। ऊमान जैसा बहादुर लड़का होना भी चाहिए। नाना मुस्काते थे।

नानी के लड़का नहीं हुआ। उनकी बेटी मन्नू के यहाँ लड़के ने जन्म लिया। मैं चन्दर, चन्द्रप्रकाश भुवन के जन्म के चार महीने बाद इस संसार में आ गया था। गाँव में तब भी हँसी-सी पड़ी थी, मौसी बहनौत संग-संग पल-बढ़ रहे हैं।

पल-बढ़कर अलग हो गए हम। भुवन शीतलगढ़ी में रह गयी, मैं अपने गाँव बरुआसागर आ गया। पिताजी चाहते थे, मैं पढ़ूँ, खूब पढ़ूँ और उनकी आँखों के आगे रहूँ, क्योंकि बेटे को पिता से आचार व्यवहार सीखना होता है। किसी भी आचरण के संस्कार बचपन से ही पड़ते हैं तो पक्के हो जाते हैं। शीलतगढ़ी में इस दीक्षा के लिए कौन है?

...पर अम्मा, अम्मा न रह गयी थीं, अपने पिता की बेटी हो गयीं। जब न तब शीतलगढ़ी का नाम ले-लेकर रोया करतीं और मायके जाने के लिए पिताजी को मनाया करतीं। उस समय पिताजी मानते थे कि अम्मा को शीतलगढ़ी से लगाव कम, पिता का शोक ज्यादा है, वे उन्हें माफ करते रहते और मायके भेज देते। सालों यह सिलसिला चलता रहा।

माँ का ज्यादा आना, लम्बे समय तक रहना, मेरे और भुवन के बीच प्रगाढ़ता का कारण बना। उसके खेल मेरे खेल थे, मेरी चाह, उसकी चाह थी। साथ-साथ रहना सबसे बड़ा सुख था। उसकी और मेरी मजबूत टोली थी, जिसमें कुछ दिन बाद मेरे छोटे भाई भी शामिल हो गए, बिरजू और लल्लू। वे हमसे क्रमशः चार और सात साल छोटे थे।

घर में छोटे-बड़ों के बीच होड़ाहाड़ी-सी चलने लगी है, हमें लगता। कारण था कि पिताजी हमें जितना ही शीतलगढ़ी जाने से रोकें, हम उतने ही वहाँ जाने की जिद करें। जिद का निशाना अम्मा होतीं। वह हलकान हो उठतीं और झुँझलाकर कहतीं—वे जमाने दूसरे थे, जब हम शीतलगढ़ी में छः-छः महीने रह आते थे, क्योंकि तुम्हारे बाप भी उस समय बच्चा जैसे ही थे, बाप न बने थे।—अम्मा का पिताजी के लिए यह ताना अनेक अर्थ रखता था।

मुझे भुवन से बहुत प्यार था, लेकिन इस बात की ईर्ष्या भी थी कि भुवन के यहाँ मेरे बाप सरीखा कोई बाप न था। वह नानी की डाँट मार खाकर भी उतनी ही जीवंत रहती, जितनी कि वह थी और मैं पिता की आँखें देखकर ही मरने लगता। मैं भगवान से प्रार्थना करता, शीतलगढ़ी की माता पर फूल चढ़ाता कि वह बापों की दुनिया मिटा दे। बच्चों को आजादी से जीने दे। मैं पूजा की आदत शीतलगढ़ी से डालकर आया था और अपने बरुआसागर में दोहराता था। पिताजी समझते, मैं भक्ति कर रहा हूँ। सतजुगी बच्चा उनके घर पैदा हुआ हूँ। वे सौभाग्यशाली हैं। वे मुझ पर लाड़ करते और मेरी कमजोरी को समझते हुए कहते—हम भुवन को यहीं ले आएँगे। यहीं बरतन माँज लेगी। तुम्हें खिलाएगी।

मैं, बिरजू और लल्लू पिता के ऐसे वादों को झोली में भरे उस दिन की बाट

जोहते, जिस दिन यह सुनहरा सपना सच होने वाला था। तरह-तरह की योजनाएँ बनाते, भाँति-भाँति के खेल ईजाद करते, सबमें भुवन परोक्ष रूप से शामिल रहती।

न वह दिन आया न आनेवाला था। बस हमारे हाथ अपने ही बनाए कुछ नए खेल रह जाते, जिनको शीतलगढ़ी जाकर अमल में लाया जाता।

चिट्ठी पढ़ने के बाद मैं बेचैन था और वह सब करना चाहता था, जो कुछ वह चाहती थी, क्योंकि उसकी चाहत में सराबोर था। प्यार से लगाव से और भावात्मक उद्वेग से इनकार नहीं करता, पर अपने ही ऊपर आश्चर्यचकित भी होता हूँ कि मैं उससे हलकान होकर कहता भाड़ में जाए भुवन। वह कहाँ और मैं कहाँ। जब देखो मुसीबत खड़ी किए रहेगी।

भुवन से मिलने की इच्छा, उसे देखने की ललक के बीच उसे मैं धक्का क्यों देने लगा? हमारे बीच का वह अनकहा अनजाना 'कुछ' कहाँ गुम हो गया, जिसने मुझे बीच-बीच में शिथिल किया है? सब कुछ ठण्डा-ठण्डा और मैं कभी अपनी पढ़ाई में, कभी प्रतियोगिताओं की तैयारी में तो कभी नौकरी की ताबेदारी में पूरे मन से जुटा रहा।

अम्मा को शीतलगढ़ी के लिए तैयारी में जुटी देखकर उछल पड़ने वाला चन्दर क्या हुआ?

मैंने इम्तहानों के दौरान हनुमान चालीसा का पाठ किया है, परीक्षा पास करके अगली कक्षा में जाने के लिए नहीं। उत्तीर्ण होना दिखाकर पिताजी से रियायत लेते हुए शीतलगढ़ी जाने के लिए ही, क्योंकि वे यात्रा का कार्यक्रम कभी भी रद्द करने का माद्दा रखते थे।

अम्मा की भी हिदायत रहती—सब कुछ धीरे-धीरे, सब कुछ चुपचाप, सब कुछ सहनशीलता से, ऊँची आवाज करके बोलेंगे तो तुम्हारे पिताजी बस का किराया तक न देंगे।

अम्मा भजन करती थीं तो कुछ इस तरह का—मेरी माँ के भाग्य में अकेला रहना बदा है, तब क्या तुम्हारा मोहताज होना भी लिखा है? मैं उनकी बेटी हूँ, जैसे भी पहुँचूँ, पहुँचूँगी। तकदीर ने दगा की तो क्या हमें सभी सजा देंगे? तुम मेरी माँ को कुछ मत समझो पर इतना समझ लो कि तुम्हारे राजपाट से धक्का मिलेगा तो मेरा आसरा मेरी माँ का घर ही होगा। जब तक वह घर है, मुझे किसी का क्या डर?

हाँ, क्या डर? मैं मानता और अम्मा का ले जाया गया कच्चा नारियल कुचबंदिया के देवता पर फोड़ता। अम्मा किसी की उम्र के लिए दुआ करें, मैं भुवन से मिलने की प्रार्थना मन ही मन गाऊँ। उसकी छवि बार-बार दोहराऊँ। उसी का दर्शन करूँ।

चलते-चलते मोंठ आ जाते।

'रामदास! रामदास! रागदास!' हम तीनों भाई बारी-बारी गाड़ीवान का नाम पुकारते। नाम पुकारने के साथ ही जैसे उस पोटली को टेर रहे हों, जिसमें बाँधकर नानी ने लुचई पपरिया और गुलगुला भेजे होंगे।

बैलगाड़ी के मीठे-मीठे हिचकोले लग रहे हैं। हिचकोले खाता हुआ मैं मन ही मन तमाम योजनाएँ दबाए बैठा हूँ—अब की बार शीतलगढ़ी में क्या-क्या करना है?—अम्मा अन्तर्यामिनी की तरह बोलती हैं—देखो, शैतानी कोई नहीं करेगा। जो करेगा, अगली बार बरुआसागर में ही छोड़ दिया जाएगा। पिताजी के संग रहेगा।

मेरा जी, अम्मा के पाँवों से लिपट जाने का होता, कुछ भी सजा दो अम्मा, ऐसा जुल्म न करना। वे न जाने कैसे मेरा सोचा भाँप गयीं, बोलीं—चन्दर, तू तो बड़ा हो गया है, भुवन को भी समझा देना कि तुम लोग पढ़ने वाले लड़के हो। बड़े स्कूल में पढ़ते हो। अंगरेजी पढ़ने वाले ऊधम नहीं काटते।

मैं बात बदलने का बहाना पा गया—अम्मा, तुम देवता पर नारियल फोड़ना भूल गईं।

—भूली नहीं थी, सोचा तेरी नानी के संग एक दिन कुचबंदिया देवता पूजने आऊँगी। अकेली वह भी कहाँ जाती होगी। इस बहाने गाँव से बाहर निकलेगी।

मैं देखता रह गया। घर से बाहर निकलने के लिए पिताजी का मुँह जोहने वाली अम्मा अपने मायके आकर कैसी आजाद होने जा रही है कि नानी को भी घुमा लाएँगी! फिर अम्मा सदा यहीं क्यों नहीं रहतीं?

देख रहा था अम्मा नानी के भेजे लुचई पपरिया हम बच्चों को बाँटने लगीं जबकि गाँव आने ही वाला था। खुद खाने भी लगीं। मैं मुस्करा पड़ा, अम्मा बिलकुल भुवन लग रही थीं। पिताजी के सामने वाली अम्मा कहीं न थीं। मैंने अम्मा के अल्हड़पन का लाभ उठाते हुए पूछ लिया—अम्मा मैं गाड़ी हाँकूँ?

मैं गाड़ी हाँकने का शौकीन पैनिया लेकर रामदास की जगह बैठ गया। रामदास बोला—भइया तुम ही यह सब कर लोगे तो हम क्या करेंगे?

—तुम कुछ भी करो, अभी तो हम यही करेंगे। आओ, साथ बैठ जाओ। गुर बताओ, गुरु बनो।

वह बोला—हम कितने ही गुर बता दें, कलम चलाने वाले हाथ पैनिया कैसे चलाएँगे? गाड़ी हाँकना कलम चलाने जैसा आसान काम नहीं।

—अरे वाह! कलम चलाने वालों को तुम लोग कमजोर मानकर चलते हो। तभी ठेक आई, गाड़ी बुरी तरह उछली। अम्मा उछलने के साथ ही चिल्लाईं—उठ वहाँ से।

मैं नहीं उठा। रास्ता देखकर गाड़ी हाँकने लगा। निचली गहराइयों में से आहिस्ता-आहिस्ता निकाल ले गया, पीछे मुड़कर अम्मा की ओर देखा। अम्मा भी कैसी हैं, चीखती हैं या मुस्काती हैं, बीच की कोई स्थिति नहीं।

तभी झाड़ियाँ आ गईं। झाड़ियों ने बैलों को बड़ा परेशान किया। बैल आगे बढ़ने से इनकार करने लगे क्योंकि झाड़ियाँ आपस में भिड़ी हुई थीं, जैसे एक-दूसरे के गले में हाथ डालकर खड़ी हों और हमें चुनौती दे रही हों।

रामदास बोला—झाड़ियाँ बड़ी जिद्दिन होती हैं, पेड़ों की तरह भोली नहीं कि बीच में फासला रखें, रास्ता दे दें। झाड़ियाँ बड़ी चुड़ैल, इन पर दया नहीं बरतनी चाहिए। बढ़ो, आगे बढ़ो।—कहते हुए रामदास ने मेरे हाथ से पैनिया ले ली और बैलों को कोंचा मारा। गाड़ी झाड़ियों के ऊपर चढ़ गई, रौंदती हुई आगे बढ़ गयी। मगर पीछे देखा कि झाड़ियाँ कुचल जाने के बाद भी ज्यों की त्यों खड़ी हैं।

रामदास को अपने बैलों के पुट्ठों में पैनिया कोंचने का गम था, वह झाड़ियों को स्त्रीजौन की बताकर कोस रहा था और मुझे डाँट रहा था—तुम बैलों को चला रहे हो या सता रहे हो? नाथ खींच दी, बहुत किया, आगे कुछ न करना। पैनिया का होना ही बैल समझते हैं।

और दिन होता तो मैं रामदास की डाँट-फटकार हरगिज न सुनता। गाड़ी से कूदकर पैदल चलने लगता। मैं गुस्से के गुबार को दबा गया क्योंकि आज मकसद कुछ और था।

गाँव के भीतर घुसे, मेरा मकसद सफलता की सीमा में प्रवेश कर गया।

आगे बढ़े, नानी का द्वार दिखने लगा।

द्वार के आगे खड़ी लड़की, भुवन! मेरे भीतर से उत्साह उठा, होठों पर आकर थिरकने लगा—देख मैं गाड़ी हाँककर ले आया!

वह आगे बढ़ आई। सफेद दाँत निकालकर हँसती हुई बोली—बढ़ आगे, मैं तेरे बैलों को रोक लूँगी।—कहकर भुवन ने दोनों बैलों के सींग पकड़ लिए। और ऐसे देखा जैसे गाड़ी न रोकी हो, हमें रोक दिया हो।

मैं उतरा नहीं, पैनिया लिये उस साँवली, इकहरे शरीर की लड़की का चेहरा देखता रहा। बड़ी-बड़ी आँखों में रौब था। ठोड़ी नुकीली सी दृढ़ थी। गोल नथुनों वाली नाक फूल रही थी। बालों में धूल सी भरी थी। एक भाव—धमकी सी दे रही है। हमारा आना, उसके तेवर, खेल चालू हो गया। हमारे शरीर में पंख निकल आए। गाड़ी से उतरे नहीं, घर की ओर उड़े हों जैसे।

हम उड़ते थे कि भुवन ही हम तीनों भाइयों के पंख बाँध देती? उसके पीछे- पीछे रहते, राजा जी के बाग तक जाते, किन्हीं दरख्तों से टकरा जाते। चोट लगती, छिपा लेते। खून बहता, पोंछ डालते। वह क्या हमारा दर्द जान जाती थी कि हमें कैथा महुओं का लोभ देती? उसके कहने से हम पत्थर उठाकर फलों का शिकार करते। वह दूर होती, मगर उसकी छूम छनन सी आवाज कानों में बजती—चन्दर चन्दर चन्दर

...बिरजू बिरजू बिरजू...वह हमें कहीं से पुकारे, हम सुन लेते थे। शीतलगढ़ी आकर हम और करते क्या थे, उसकी चौदह कलाएँ जान लेने का, पा लेने का अभ्यास करते।

वह भी हमें तभी पुकारती, जब किसी खुशी की खबर दे, मसलन किसी पनिया साँप से परिचय कराए, किसी नेवला को साँप से लड़ता दिखाए, छिपकली किसी कोक्रॉच को मुँह में चाँपे हो कि किसी विशेष चिड़िया की भयानक चोंच खुली हो। कैसा परिचय कराया कि राय उलट गयी। घातक पक्षी भोली निकले, मीठी चिड़ियाँ मारक दिखीं। पैनी नजर की मालकिन भुवन बंजारिन की तरह घूमती, गाइड की तरह इतिहास-भूगोल समझाती, मानो शीतलगढ़ी गाँव न हो, कोई प्रसिद्ध ऐतिहासिक स्थल हो।

घर लौटते, नानी झींकतीं, "ओ भुवन, गम खा जा। जे लरका पराए घर की अमानत, बेटा, पाहुनों को सँभारकर रखते हैं।"

वह भोली गिलहरी सी देखती, कुछ देर बाद पूछती, "अम्मा, मैं भी अमानत, ये भी अमानत, पराए घरों की अमानत। तुम्हारे घर की कोई अमानत नहीं?"

"नादान मोंड़ी! अपने घर की अमानत तो बेटा होती है। बेटी और बेटी के पूत कैसे अपने हुए? कहावत है न कि—पूत कौ पूत करेजे कौ टूक। धिय कौ पूत हरामी कौ मूत।"

"अम्मा!" भुवन ने नानी की भद्दी कहावत का बहिष्कार किया।

नानी बोली, "मत माने, दुनिया की रीति जेई है।"

बिरजू सुनता रहा था, नानी के चले जाने के बाद बोला, "भुवन मौसी, दुनिया की रीति किस रंग की होती है?"

भुवन बिरजू, लल्लू का ध्यान नानी की कही कहावत से हटाना चाहती थी। वह नानी की कहावत के लिए मुझसे शर्मिन्दा हो रही थी, नानी ने हमें 'हरामी का मूत' कहा था। एक ओर तो पाहुने सँभालने वाली बात, दूसरी ओर हमें गालियों में तोलने की सजा...कैसी हैं नानी? मैं गुस्सा हो आया था, क्योंकि हरामी का अर्थ जानता था।

भुवन ने हमारा ध्यान अपनी ओर यह कहकर खींचा कि बूढ़ी पुरानी तुम्हारी नानी की बातें भी पुरानी। मैं तुम्हें नयी कहानी सुनाती हूँ। जिसमें नई रीति की बात है, सुनोगे?

नई-पुरानी रीतियों का हमें कोई ज्ञान न था। ज्ञान तो भुवन को भी नहीं था, मगर सारी बात ध्यान बदलने की थी। राजा जी का बाग और भुवन कहानी कहे, हमें नियामतें हासिल होने को थीं। वह बीच में पालथी मारकर बैठी थी। उसने अपने गुलाबी शलवार कमीज के मैले होने की परवाह नहीं की। उसे देखकर लल्लू, बिरजू भी अम्मा की हिदायतें भूल गए, भुवन के आगे पालथी मारकर बैठ गए। बिरजू चिड़िया की बीट के ऊपर बैठ गया, मैं जानता था, पर दाग लगना था सो लग गया।

अर्जुन और करघई के पेड़ की छाया थी, सागौन का घना जंगल, पर हमें थोड़ा-सा भी डर नहीं लग रहा था, क्योंकि कहानी शुरू हो चुकी थी।

कभी, नहीं अभी कुछ दिन पहले इस बाग में एक लड़का रहता था। उसकी छोटी बहन भी साथ रहती थी। दोनों के माँ-बाप मर चुके थे। लड़का आम-जामुन के पेड़ों के नीचे से फल बीनता, बहन उन्हें टोकरी में रखकर बाजार में बेचने जाती। मजे में दिन कट रहे थे। एक दिन क्या हुआ कि बहन ने बाजार में एक दुल्हन देखी। भोली, सुन्दर, गुड़िया-सी दुल्हन! रंगीन कपड़े पहने हुए वह अपने दूल्हा के संग आम खरीदने में हाथ बँटा रही थी। बहन को बड़ा अच्छा लगा।

उसने बाग में आकर अपने भाई से कहा—भाई भाई ब्याह कर लो। आम वाला कह रहा था, मेरी भाभी आ जाएगी, काम में हाथ बँटाएगी। बातें करेगी, मन लगाएगी। संग में हाट बाजार आए जाएगी। कितना अच्छा होगा।

बहन की बात टाले कैसे? भाई ने अच्छी-सी लड़की देखकर ब्याह कर लिया।

भाभी आ गयी। वह भाई के संग-संग लगी डोलती। बहन से भी बातें करती। खूब मेल चल रहा था।

थोड़े दिन बाद भाभी का व्यवहार बदलने लगा। उसने भाई से कहा—तुम्हारी बहन कब तक हमारी छाती पर रहेगी? इसका ब्याह करो। अपने घर जाए, दुनिया की रीति यही है।

ऐसी बातें सुनकर भाई उदास हो गया। बहन से बोले चाले तो घर वाली रूठे।

बहन भी उदास रहने लगी, भइया उसे किस बात की सजा दे रहा है? अपनी उदासी का कारण कहे तो किससे कहे? इस बाग में भाभी-भइया के अलावा उसका कोई नहीं। दुखी थी, अकेली थी सो रास्ते में चलती-फिरती कुतिया अपने संग लगा ली। प्यार की भूखी कुतिया बड़ी समझदार थी। लड़की ने शुरू से अन्त तक अपना दुख सुनाया तो कुतिया ने समझाया—इसमें दुखी होने की क्या बात है? यह तो दुनिया की रीत है।

लड़की उदास होती, जब भाभी खाना न देती, दिन भर काम कराती, वह रोती—कुतिया फिर कहती—यह तो दुनिया की रीत है।

भाई ने बहन का ब्याह कर दिया, बहन विदा हो गयी, कुतिया भी संग विदा हुई। लड़की मेहनत करती, कामकाज उठाती, पति का घर अच्छी तरह चलाती, कुतिया देखभाल रखती। एक बार दोनों को बाग की याद आई। रक्षाबन्धन के दिन भाई बहुत याद आया। लड़की कुतिया को संग लेकर चली आई। भाई के राखी बाँधी, भाई ने बहन को चुनरी उढ़ा दी। गजब कि चुनरी भाभी की थी।

भाभी ने भाई से कहा, उढ़ा तो दी है, दाग न लगे।

दाग कैसे न लगता, पेड़ पर बैठे कौए ने बीट कर दी। दाग पड़ गया। दागदार चुनरी—भइया बहन दोनों डर गए।

भाभी जिद करके बैठ गयी, अनशन कर दिया। बोली, बहन के खून में चुनरी रंगो तब अन्न जल पाऊँगी। नहीं तो जान दे दूँगी।

भइया क्या करे? औरत के वश में कसा आदमी बहन को जंगल में ले गया, संग-संग कुतिया चली। भाई ने बहन को गड़ासे से काट दिया, कुतिया भौंकने लगी। भेद खोलने वाली कुतिया को भी भाई ने काट दिया। बहन के खून में चुनरी रंगी। बहन और कुतिया को अलग-अलग गड्ढों में गाड़ दिया।

दिन-रात का हिसाब कौन रखे? मिट्टी पर घास उग आई। आसपास वन चम्पा उग आई। आया सावन। गाँव की बेटियों को लिवाने जेठ ससुर भादों में आए। रास्ते में चलते लोग फूल तोड़ने का मन बनाते। मरने वाली बहन का जेठ आया, फूल तोड़ने लगा तो आवाज आई–

अहो अहो जेठ हमारे फूल जिन तोरो, डार जिन तोरो
भइया ने बैन मारी, भौजी ने रंगी चुनरी, रंग चूं चूं।

दूसरी कब्र से कुतिया की आवाज आती–दुनिया की रीत यही है।

फिर बहन का देवर आया, वही आवाजें आईं।

अब की बार बहन का पति आया, फिर वही आवाजें–रंग चूं चूं वाली। मगर पति नहीं माना, फूल तोड़ लिया। वन चम्पा हहराकर गिरी, वहाँ से निकली वही बहन और दूसरी कब्र से निकली समझदार कुतिया।

भुवन ने बारी-बारी हम तीनों को देखा और पूछा–दुनिया की रीति सच्ची कि झूठी?

मैं चुप रहा, लल्लू भुवन का मुँह ताकता रहा, बिरजू बोला–झूठी।

वह बोली–शाबाश! देखा न, जो दुनिया की रीति को तोड़ता नहीं, उसी के लिए दुनिया की रीति होती है। नानी की बात का बुरा मत मानना चन्दर।

भुवन ऐसी रहस्यमयी कहानियाँ प्रसंगवश सुना देती और हमें मोह लेती। हम उसे नानी से ज्यादा अकलमन्द और अम्मा से कई गुना ज्यादा साहसी मान चुके थे। यही बात थी कि नानी और अम्मा के मना करने के बावजूद हम उसकी टोली में रहते।

अनर्थ यह हुआ कि बहन और कुतिया इस कदर मन में जगह ले बैठीं कि सारी रात सपने में रंग चूं चूं करती रहीं। दुष्ट भाई था जो गड़ासा लिये बहन की ओर दौड़ता। बहन के कटे हुए अंग मेरे सामने चलते-चलते तड़पने लगते। भाई की तस्वीर ही नहीं, भाई ही मेरे लिए खौफनाक हो गया। यह कौन-सी मजबूरी थी कि बहन को मौत की सजा दे दी। 'दागदार चुनरी' का मतलब क्या था? क्या भाभी का बहाना लेकर भाई ने कोई खेल खेला ? बहरहाल मुझे भाई शब्द से चिढ़ हो गयी।

यह तीन-चार महीने बाद की बात है–

दशहरे की छुट्टियाँ पड़ी थीं। वादे और कायदे के अनुसार हमें शीतलगढ़ी जाना था। अम्मा पिताजी से कितनी ही डरें-झिझकें, दशहरे के आसपास वे अपने बाप की बेटी हो जातीं। नाना फौजी थे, वीर थे, निडर और साहसी थे। अम्मा और नानी दशहरे पर उनके एकमात्र हथियार रायफल की पूजा करतीं। नाना को याद करतीं जैसे उन्हें जीवित कर रही हों, भुवन उस पूजा में बाकायदा हिस्सा लेती। मैं भी शामिल किया जाता, मगर नानी के मन में ही नहीं, चेहरे पर भी यह भाव रहता कि म दूसरे का लड़का...आज सोचता हूँ तो लगता है, नानी मुझे अपनाते हुए डरती थीं। डर पिताजी का था। पिताजी एक तो पुरुष, दूसरे उनके दामाद, नानी दोहरे डर की मार से मेरे ऊपर कोई हक न रख पातीं।

और भुवन उल्टी थी, अपनी माँ की विलोम!

दशहरे की छुट्टियों में हम शीतलगढ़ी पहुँचे तो भुवन अपने द्वार पर 'सुआटा' बनाने की तैयारी में मिट्टी गूँध रही थी। कुम्हार काकी सहायता करती हुई मिट्टी की तासीर समझा रही थीं कि सुआटा मजबूत बने। वह दीवार से मुकम्मल तौर पर चिपका रहे, उखड़ पड़ा तो सुआटा क्या रहा?

नानी हमारे आने पर पकवान बनाने लगीं और भुवन दरवाजे के बाहर घर की दीवार पर सुआटा का स्त्री रूप स्थापित कर रही थी। आसपास चंदा सूरज बनाए, पाँवों के नीचे धरती रची। सहेलियाँ सुआटा की सजावट के लिए सामान ले आईं। आँखों की जगह कौड़ियाँ चिपकाई गईं। हाथों में टूटी चूड़ियों के टुकड़े सजाए। बिन्दी के ऊपर बालों से झाँकता बेंदा पहनाया गया। कानों में बुंदे। होठों पर लाली और नाक में नथ की शोभा। लाल सितारे वाली चुनरी ओढ़कर सुआटा तैयार हुआ। सुआटा के नीचे चबूतरे की धरती ताजा लिपी और रंगोली से सजी हुई। फूल मिठाई चावल हल्दी चढ़ाकर पूजा हुई।

भोर की वेला आई, मैं नींद में था। गहरी और मीठी नींद, मैं कोई अच्छा-सा सपना देख रहा था। सपने में गीत संगीत छिड़ा था। यह क्या, सबसे सुरीला गला भुवन का है। धुन उठ रही है! लय बज रही है। प्रभाती गाई जा रही है?

'उठो उठो सूरजमल भइया, भोर भए
उठो उठो चन्द्रमल भइया भोर भए
ना रे सुआटा, मालिनी खड़ी तेरे द्वार
इन्दरगढ़ की मालिनी ना रे सुआटा, हाट ई हाट बिकाय...'

मैं हड़बड़ाकर उठ बैठा। यह कैसा गीत संगीत है? कैसी धुन लय? चन्द्रमल भइया, सूरजमल भइया कौन हैं? मैं चैतन्य हुआ।

अरे, भुवन सुआटा गा रही है। मैं सुआटा की कथा जानता हूँ, वह हमारे यहाँ लड़कियों द्वारा गाई जाने वाली वीर कथा है। जुझौति का जौहर शामिल है। गढ़

कुंडार पर मोहम्मद तुगलक ने जब हमला किया, तब का वर्णन है। मानसिंह राजा के यहाँ सोना और सुन्दरियाँ एक साथ लुटे। सुलतान ने अपने राज्य की सीमा बढ़ा ली। राजकुमारी केसर दे का डोला माँगा। जब खंगार राजा ने इस प्रस्ताव को ठुकरा दिया तो युद्ध की रणभेरी बजी। जुझौति के सैनिक न कम थे और न कमजोर थे। ईंट का जवाब पत्थर से देना जानते थे। मुगल दोगुने गुस्से से चढ़ आए, कत्ले आम हुआ। तमाम सैनिक और वीर किसान मारे गए। स्त्रियों ने जौहर किया, जौहर में हर जाति शामिल थी। ना रे सुआटा का गीत उन्हीं वीर वीरांगनाओं के लिए है। गाँद की बेटियाँ अपना और अपने वीर भाइयों का नाम इस गीत में जोड़ती हैं कि इस कड़ी को आगे बढ़ाती हैं।

सूरजमल के घुल्ला छूटे (सूरजमल के घुड़िला छूटे)
चन्द्रमल के घुल्ला छूटे (चन्द्रमल के घुड़िला छूटे)
चन्द्रप्रकाश के घुल्ला छूटे (चन्द्रप्रकाश के घुड़िला छूटे)
हिमाचल की कुँअरि लड़ाइती ना रे सुआटा
बघेलिन बेटी निहोरा तिहोरा नाय
अमानसिंह की कुँवरि लड़ाइती ना रे सुआटा
भुवन बेटी निहोरा निहोरा नाय...

हिमाचल की जगह नाना का नाम ले रही थी भुवन, बेटी की जगह अपना (मैं अमानसिंह की कुँवरि युद्ध विद्या में निपुण हूँ। मेरी सखियाँ इस विद्या का मर्म जानती हैं। हम सुन्दरता और भोगविलास के साधन नहीं। जैसे राजमाता बघेलिन के साथ औरतों ने रक्षा का बोझ उठाया था, हम भी उसी तरह की जिम्मेदारी लेते हैं। सूरजमल भइया उठो, घुड़िला खोलो, चन्द्रमल भइया उठो, घुड़िला खोलो, चन्द्रप्रकाश भइया उठो, घोड़ा खोलो, मैं रक्षा की शपथ लेती हूँ।)

वा असि खों काऊ औरै न दैहें
ठाड़े हूँहें तो गड़ि गड़ि जैहें
बैठे हूँहें तो सरगै जैहें।

(उस तलवार को मैं किसी दूसरे के हाथ नहीं पड़ने दूँगी। खड़ी रह गयी तो धरती में गड़ जाऊँगी। बैठ गयी तो मरने के समान हूँ।)

मैं शब्दों से शब्द मिलाने लगा, नाम से नाम। चन्द्रप्रकाश भइया माने मैं, और अमानसिंह की कुँवरि भुवन! मुझे अचानक बहन को जंगल में ले जाकर काटने वाला भाई याद आया। "तू मेरा नाम अपने गीत में क्यों जोड़ती है? मैं क्या तेरा भाई हूँ?"

वह क्षण भर स्तब्ध-सी देखती रही, जैसे जवाब सूझ न रहा हो। जैसे उसकी गाई पंक्तियाँ धरती आसमान का सच हों, जैसे सूरजमल चन्द्रमल की तरह उसका भइया चन्द्रप्रकाश हो।

मैं जवाब माँग रहा था, शायद उसी दुष्ट भाई की तरह, जिसने बहन मारी थी, वह रिश्ते को काट फेंकना जिंदगी काट फेंकने के समान मानती हुई सफेद सी पड़ी जा रही थी। ठोड़ी थरथराई। होठ हल्के से काँपे।

"तू भी तो मुझे मौसी नहीं कहता।"

"मौसी! चू चू चू! मौसी लायक तेरा मुँह है? बराबर वाली उमर की भी कोई मौसी होती है?"

"ठीक है नहीं होती होगी, अब तू मुझसे न बोलना।"

कब कुट्टी हुई, कब सुलह? बचपन की लड़ाइयों का हिसाब कौन रख सकता है? बेहिसाब खताओं, अनकही हजार-हजार माफियों की झोली टाँगे अपनी टोली जंगलों की ओर मुड़ जाती। मुड़ जाती कि मुड़ना पड़ता, क्योंकि भुवन चुनौती देती–

"तुम बेचारे ज्यादा से ज्यादा भैंस बैलों की दुनिया में रहने वाले, नौकरों के कंधों पर चढ़कर नीम की निबौली तोड़ने वाले बाघ तेंदुओं की सार क्या जानो? ऐसी बातें तो वही जानेगा, जिसने जंगल को जाना हो।"

"तू जंगल को जानती है, भुवन मौसी?" बिरजू उसके कंधे पर हाथ धरकर पूछता तो वह बूढ़ियों की तरह सिर हिला-हिलाकर कहती, "जानना पड़ता है भइया, क्या करूँ, वही बहन जो पुकारती है, रंग चूं चूं!"

"पुकारती है? फिर हम क्यों नहीं सुनते?" मैं पूछता।

"पापी भइया लोग नहीं सुनते।" वह मेरी ओर देखकर कहती।

उसकी उलझी-उलझी बातें सिर्फ हमें भरमाने के लिए थीं, तब तो मैं उसके असर में था, आज सोचता हूँ, क्या सचमुच उसने जंगल को जान लिया था? शायद, नहीं तो उसकी पुतलियों में काटी गई बहन की आँखों का दर्द क्यों उमड़ता रहता, जिससे हम बराबर गलते रहते।

जिस समय मैं सातवीं कक्षा में पढ़ता था, उस समय वह राजा जी के बाग के पेड़ों की गिनती हमसे कराया करती। जोड़ लगाकर बताओ कितने हैं? एक- एक जाति के पेड़ों की गिनती करो। बिरजू और मैं होड़ करते, कौन जल्दी बताए? जामुन के बीस–मैं कहता। आम के इक्कीस–बिरजू गिन लेता। कैथा के दस–मैं बताता। इमली के आठ–बिरजू जोड़ता।

इसके बाद वह कच्चे छिलके का हरा आम तोड़कर दिखाती–शर्त बद लो शहद-सा मीठा है। बिरजू ने उत्साह में आकर एक अमिया तोड़ ली, बोला–शहद-सी मीठी है। भुवन ने चटाक् से चांटा मारा और बोली–बरुआसागर के मूढ़ तोते, यहाँ दाँत खट्टे कर रहे हैं।

हम दोनों भाइयों का शामिल गुस्सा भुवन पर था, जिसे हम बूँद-बूँद पी रहे

थे और एक-एक कदम घर लौट रहे थे।

"एऽऽ!" वह बोली, "यह खा, खट्टापन उतर आएगा।" उसने बिरजू के हाथ में अपनी खाई हुई अमिया दे दी। ऐसा करके वह हमें मना लिया करती थी।

मनाकर मोर्चे पर लगाना आसान हो जाता। वह हमें भागने का निर्देश देती। संग-संग भागती। हम हाँफते तो लताड़ती—बोदे कहीं के। बूढ़ों की तरह हाँफते हो! पेड़ों पर चढ़ाई कैसे करोगे? बरुआसागर के मिठिया अच्छी मिठाई बनाते हैं, उसी को खा-खाकर मोटे बैलों की तरह सुस्त हो गये हो, अम्मा से कहूँगी, तुम्हें नमक दिया करे।

"मरखनी बछिया!" मैं रोष में कह बैठा।

"क्या कहा? तेरा झोला अपने घर से उठाकर गली में फेंक दूँगी। पाहुनों को अच्छा खिलाते हैं, इसका यह मतलब नहीं कि वे हमसे रत्ती भर भी बुरा कहें।"

मैं डर के मारे पेड़ पर चढ़ने लगा, या उसे ऐसा करके खुश करना चाहता था?

...मगर नहीं चढ़ पाया।

भुवन ने बाँह घुमाकर पत्थर चलाया, पेड़ पर बिना चढ़े ही जामुन उतार लीं। बिरजू से बोली, "खड़ा-खड़ा क्या देख रहा है, पेड़ पर चढ़। तू चन्दर के मुकाबले फुर्तीला है।" देखते ही देखते वह चढ़ गया।

और मैं भीतर ही भीतर कुढ़ गया, क्योंकि भुवन ने मुझे कनखी से देखा, टेढ़ा होठ करके मुस्काई। कमबख्त, हमारे भाई को फोड़कर हमारी हँसी उड़ा रही है। नानी इससे ठीक ही कहती हैं—जल पिशाचिनी। हाँ, साँवली बाँहें ज्यों जादू से घूमती हों। बाँहों पर हल्की नीली नसों की नदिया सी बहती हों। कुर्ती में आगे दो अमिया धरे घूमती हो, बालों की लटों में तेल की जगह धूल भरी हो। जलपिशाचिनी नहीं, वन प्रेतिनी।

"क्या कहा? वन प्रेतिनी?"

किसने कहा? मैंने? कब कहा, इसने कहाँ से सुन लिया? मैंने अचरज से देखा और वह आराम से कंकड़ उछालकर आम गिरा रही थी। उसकी ऐसी जीतें हमारा अपमान नहीं, हमारी चोटें थीं। ऊपर से वह कह रही थी—नालायको, तुमसे तो यह गिलहरी अच्छी, उछलकर पेड़ पर चढ़ जाती है। तुम इसकी बराबरी करो भी कैसे, गधा पेड़ पर चढ़ा है कभी?—वह कहकर मुँह फेरकर खड़ी हो गयी।

हम हुकुम के गुलाम जरूर थे, मगर गिलहरी और गधे का भेद जानते थे। बिरजू तो बिरजू, मैं भी पेड़ पर चढ़कर अपनी जाँघें छीलने लगा। वह निर्देश दे रही थी, हम टीसों से रो रहे थे।

"सिर्री, रोने लगे! बरुआसागर के मिठिया मिठाई भी लीद मिलाकर बनाते हैं। भैंस के दूधवाली बात होती तो आज तुम बाग लूट लेते।"

फिर तरस खाती हुई सी कहती, "रो मत चन्दर, तेरा भी क्या दोष? तेरे पिताजी भी खेती करते हैं, किसानी नहीं, हमारे पड़ोसी काका सच कह रहे थे। पराई मेहनत का खाने वालों में हिम्मत और ताकत कहाँ से आई?"

मैं रो नहीं रहा था, रुआँसा हो रहा था। उसकी बातें सुनकर लगा चेहरे पर नाक के आसपास आग जल रही है। आग ने मुझे ललकारकर कहा—तेरे पास इसकी ऐसी कई कहानियाँ हैं, जिन्हें खोल दे तो नानी इसकी पीठ पर खाल न छोड़े।

कौन सी? वही लल्लू वाली।

उससे भी ज्यादा तीखी? पनका मैतरानी वाली।

मौके पर घटना या बात याद आ जाना खजाना हाथ लग जाने जैसी खुशी पैदा हो जाना है। मेरा ताप सिराने लगा, ज्यों उसकी चुगलखोरी का दाँव मेरे हाथ में गोली भरी पिस्तौल हो, भुवन जैसे सरदार हुकुम अली को पल भर में ढेर कर सकती हो। दोस्ती में कोई कुछ भी करा ले, दुश्मनी और तौहीन के जरिए हमसे मार ही खाएगा, के सिद्धान्त पर चलने वाला मैं भला मात क्यों खाता?

वह हुकुम चलः रही थी, हम सिर न उठा पा रहे थे। निष्ठावान सिपाही की तरह बगिया उजाड़ रहे थे कि हनूमान की वानर सेना की तरह तोड़ातोड़ी...

तभी माली की आवाज आई—को है रे? को हैऽऽ...—आवाज बाग के आरपार हो गयी। भुवन ने लापरवाही से सिर झटक दिया और बोली, "माली है, मालिक थोड़ेई है? डर रहा है कि कहीं आम के बदले हम उस पर पत्थर न चला दें। सामने आएगा, पैंतरा बदल लेना, समझे!"

मैं पेड़ के तने से लिपटा था, वहीं से बोला, "मैं उतर रहा हूँ भुवनऽऽ..."

"तू!" वह अपना चेहरा उठाकर ऊपर की ओर देखने लगी। लेकिन ऊपर डालों डंगारों के बीच मैं कहाँ? उसने निगाहें नीचे की ओर कीं और हँस पड़ी, "अरे! तू चढ़ा ही कब है, जो उतरेगा?" कहकर वह और भी हँसी। उसकी हँसी मेरे कलेजे को चीरती हुई निकल रही थी। बिरजू और लल्लू के सामने उसने मुझे जी भरकर बेइज्जत किया। बिरजू भी कोई तीसमारते खाँ नहीं था, पर वह उसको मेरे मुकाबले ज्यादा भाव देकर दुश्मनी के लिए भड़का रही थी। ऐसा न करती तो मुझसे कैसे जीतती? भाइयों को अपनी टोली में मिलाना तो राम भगवान भी नहीं भूले थे, अम्मा कहा करती हैं। भाइयों में आपसी दुश्मनी नाश की निशानी होती है।

'भुवन हमारा नाश करने पर तुली है, मैं उसका नाश कर दूँगा' मैंने मन ही मन, प्रतिज्ञा ली। साथ ही अपने हाथ-पाँवों की खैर मनाते हुए आम तोड़े। सबके सब उसे ही दे दिए। लौटने पर नानी से एक-एक बात जड़ दी।

"नानी, भुवन ने लल्लू को, पता है किस पेड़ पर चढ़ा दिया था? बिरिया के पेड़ पर। वह काँटों में फँस गया। उधर से हमें माली घेर रहा था। भुवन लल्लू से नीचे कूद पड़ने की जिद कर रही थी। गिरा तो हाथ-पाँव टूट जाएँगे, मैं हनुमान

चालीसा सुमिरने लगा। भुवन ने अपनी चुन्नी फैलाई और आवाज दी—कूद पड़ लल्लू—जैसे नौ साल का लल्लू आम-जामुन हो, उसकी चुन्नी मजबूत रस्सियों से बुनी गयी हो। सिर्रिन लड़की! अम्मा की तरह लल्लू को पुचकारने लगी—एऽ गिर पड़ रे, हम अपना वश चलते तुझे चोट नहीं लगने देंगे।

"नानी, माली न होता तो आज लल्लू साबुत न होता। वह बेचारा हमें डाँटने फटकारने की जगह बाँहें खोलकर खड़ा हो गया और लल्लू को आम की तरह लपक लिया।"

ये बातें मैंने नानी को पौर के अँधेरे कोने में ले जाकर फुसफुसाती आवाज में कहीं।

भुवन आसपास कहीं न थी।

नानी ने जैसे अँधेरे में ही भुवन को पा लिया हो, वहीं बाँहें घुमाने लगीं। हाथ चलाकर बोलीं, "मोंड़ी सरग धरती एक करे है, हाथ से बेहाथ होती जा रही है, चौदह साल की उमर में हमारा ब्याह हो गया था, सास लड़कौरी होने की बाट हेर रही थी, यह अखेल बछेड़ी सी कुदान मारती है। तू गम खटा चन्दर, इस बछेड़ी के पाँवों में नाल न ठुकवाई तो नाम गेंदारानी नहीं।"

नानी की बातों ने मेरे भीतर अतिरिक्त ताकत पैदा कर दी। भुवन का कमजोर पड़ना ही हमारा शक्तिशाली होना था। शक्ति की बढ़ोतरी करना कौन नहीं चाहता? पनका मैतरानी वाली बात को घटे पूरे पन्द्रह दिन हो चुके थे, मगर आज की बात में जोड़कर वह कहानी कही जाए तो नानी को कई गुना उकसा जाएगी। पिताजी हमेशा इस बात पर जोर देते हैं—कि बातें तो सभी साधारण ही हुआ करती हैं, मौका और माहौल ही उन्हें खास बना देता है।—सो मौका और माहौल, दोनों मेरे कब्जे में थे। भुवन को धूल चटाने की तमन्ना सीने में बलबला रही थी।

"नानी, बाग से लौटते समय देर हो रही थी, ऊपर से लल्लू भूख-भूख चिल्ला रहा था। भुवन अपनी झोली में भरे पके आमों में से दो आम से ज्यादा खर्च करना नहीं चाहती थी कि उसके मन में कोई और बात थी, तब तो हम जान नहीं पाये, पर गौरी के तालाब पर आकर जान गये। रास्ते भर वह हमें तुम्हारा डर दिखाती आई, बोली—अभी-अभी माली अम्मा के पास पहुँचा होगा, दूत किए होंगे। दूत हमारी अम्मा पर असल बात से ज्यादा असर करते हैं, वह आपे से बाहर हो रही होगी। हम देर करेंगे वह और भी गुस्सा होगी, पर ज्यादा देर करेंगे तो वह चिंता करने लगेगी। चिंता में आदमी को याद नहीं रहता कि वह किस बात को लेकर गुस्सा हुआ था? चिन्ता, गुस्से से बड़ी चीज है, मैंने कई बार परख लिया है।

"नानी, भुवन ने ही हमें गौरी के ताल पर रोक लिया था। लल्लू की भूख सुनकर बोली—रोये मत। इतंजाम करती हूँ। पता है क्या इतंजाम किया?"

नानी के सीने में ज्यों साँस अटक गयी हो, बोली, "जल्दी बता, क्या किया?"

“दौड़कर गयी और पनका मैतरानी के घर में घुस गयी। जरा भी झिझकी नहीं, जैसे रोज ही आती जाती हो।”

नानी का चेहरा अँधेरे में था, पर उन्होंने मेरा हाथ पकड़ लिया। नानी का हाथ बर्फ-सा ठण्डा था। मैं भीतर से गर्मी महसूस करने लगा, नानी पर पूरा-पूरा असर हो रहा है।

“फिर?” नानी आगे की बात के लिए उत्सुक थीं।

“वहाँ से टठुलिया में रोटी और बैंगन की तरकारी ले आई। सात-आठ रोटियों के टुकड़े-टुकड़े, बैंगन की तरकारी में कई तरकारी मिली हुई। हमसे बोली—लो, खाओ। अब तुम्हें अपनी नानी, अपनी अम्मा का मुँह नहीं ताकना पड़ेगा।”

नानी ने मेरा हाथ झटके से छोड़ दिया।

मैं बोला, “गंगा सों नानी, मैंने एक कौर भी नहीं खाया। भुवन भले ही जिद पर अड़ी रही और कहने लगी—यह खाना हमारे तुम्हारे ही घरों का है। मैतरानी को कहाँ फुरसत कि रसोई करे, दिन भर हमारे द्वार झाड़ती फिरती है, गू मूत उठाती है।

“छिः! मैंने कहा।

“अरे, खाने को देखकर छिः कह रहा है! एक दिन रोटी के लिए तरसेगा।”

“मैतरानी के घर के खाने के लिए एक बार नहीं, सौ बार छिः कहूँगा। हम **गूजर** हैं, मैतरों से दस गुना बड़ी जात के।

“बामन से बड़ी जात तो नहीं, देखो बामन हमारे घर का खाते हैं न?” कहते हुए उसने रोटी के टुकड़े पर तरकारी धरी और बिरजू की ओर बढ़ा दी। जैसी कि उसे उम्मीद थी, बिरजू रोटी खाने लगा। नानी, बिरजू मेरा भाई नहीं, बैरी है। उस बात को जरूर करेगा, जिसे न करने के लिए मैं अड़ा रहा हूँगा। रोटी खाकर भुवन का पक्का चेला बन गया है। लल्लू तो फिर भूखा ही था, खूब खा गया। भुवन ने बिरजू, लल्लू के संग मिलकर मेरे मुँह में कौर ठूँसना चाहा, मैंने मुँह भींच लिया। नानी अब मैं नहा लूँ? पनका के छुए खाने से मैं भी छू गया।”

मैं रात के समय नहा रहा था और भुवन पिट रही थी। उसने अपनी ही नहीं, बिरजू और लल्लू की जात नीची कर दी। नानी उसे हाथ से नहीं सोटी से मार रही थीं। भुवन के बदले लल्लू रो रहा था। शायद बिरजू पिट रहा था, क्योंकि नानी कह रही थीं—“बिरजू, तू बीच में मत आ, इस डायन की आज खबर ले ही लूँ। बड़ा उत्पात मचाया है।—मन्नू, तू बीच में मत आ, सुधारने के लिए डण्डा ही ठीक है।”

भुवन की मौन सिसकियाँ आँगन में भर गयीं। मैं दालान में छिपकर कपड़े बदलने लगा। वह रो नहीं रही, हमसे शरमा रही थी। धीरे-धीरे मेरे भीतर दया सी रेंगी। मैंने कमीज पहन ली। मन में लगने लगा, गलती हो गयी। पाजामा पहनने के बाद आँगन में आना चाहता था, अपराध बोध से घिर गया।

बाहर कैसे निकलूँ। अम्मा और नानी के रहते हुए भी भुवन का डर ऊपर

चढ़ा चला आ रहा है। डर कि उसकी कही कहानी? भुवन ने कहानी कही थी, तब मैतरानी नीची जात नहीं लगी थी। गौरी, गौरी के ताल की मैतरानी...

—गौरी के ताल का नाम गौरी का ताल क्यों है, यह पता है चन्दर?

—नहीं।

—तो सुन, एक राजा था। अपनी प्रजा को बहुत प्यार करता था। एक रात उसकी हथेली के बीच मोटा काला बाल उग आया। बाल! राजा को चिन्ता हुई। इलाज-जतन किए। बाल नहीं गया। राजा दिन-रात सोच में डूबा रहता। रानियों को चिन्ता लगी। दरबारी लोग भागदौड़ करने लगे कि बाल कैसे कटे? राजा सोचता, बदसूरत बाल के संग मैं भी बदसूरत लगूँगा। वैद्य-हकीम बुलाए गए। दवा दारू हुई। पर कुछ न हुआ। राजा ने पंडित से पत्रा देखने को कहा, और पूछा अशुभ घड़ी है तो इस घड़ी के काटने का उपाय बताओ। उपाय किए, पर कुछ न हुआ। राजा नाई से बोला—तेरे कैंची उस्तरा भोंथरे हो गये हैं, तू देश निकाले के काबिल है। नाई देश गया, परदेश गया, कैंची उस्तरा लाया, पर कुछ न हुआ।

—उस राज से एक जोगी गुजर रहा था, चरवाहे ने कहा—जोग जानते हो तो हमारे राजा की हथेली पर उगा बाल काट दो। राजा तुम्हें आधा राज दे सकता है।

जोगी हँसा। बोला—ऐसी दरकार होती तो जोगी क्यों हो जाता? तेरे राजा के लिए मेरे पास उपाय तो है, पर वह ऐसा है कि राजा मानेगा नहीं। राजा क्या साधारण आदमी भी नहीं मानेगा। चरवाहा बोला—तुम बताओ तो। समझो कि वह बाल नहीं, रोग है और रोगी कौन रहना चाहता है? जोगी पहले तो सोचने लगा, फिर बोला—अपने राजा से कहो, किसी मैतर के घर भोजन करे।

चरवाहा चौंक पड़ा।—मैतर के घर! और कोई उपाय नहीं है? दूसरा इलाज बताओ। यह बात तो न मैं कह सकूँ न तुम कह पाओगे। हम दोनों को 'परजा' ही मार डालेगी, क्योंकि मैतर से सभी ऊँचे होते हैं।

जोगी बोला—तो रहने दो। हथेली पर बाल उगा है, क्या नुकसान दे रहा है? मैतर के घर खाने से राज में उथल-पुथल मच जाएगी, मैं जानता हूँ, इसीलिए बता नहीं रहा था। रानी तक घिन मानेगी। राजा कहीं का न रहेगा।

चरवाहे ने ऐसी अनेक कहानियाँ सुनी थीं जिनमें लकड़हारे, भिखारी और चोरों ने राजा से ऐसा कुछ कहने की हिम्मत की, जिससे राजा और प्रजा का कल्याण हुआ, अन्त में कहनेवाले को धन-दौलत मिली कि लकड़हारा, लकड़हारा न रहा। भिखारी को भीख माँगने की जरूरत न पड़ी। चोर ने चोरी छोड़ दी। हौसला रखनेवालों के दिन फिर जाते हैं, चरवाहे ने समझ लिया था।

चरवाहे ने दरबार में हाजिर होकर राजा से एकांत में बात करने की आज्ञा माँगी और जोगी की बताई दवा राजा को बता दी। जैसी कि आशा थी, पहले राजा चौंका, फिर गुस्सा हुआ। चरवाहा अपनी बात पर अटल रहा, बोला—आगे आप देख

लें। बाल न उड़े तो मुझे मनचाही सजा दें।

रोग के बाद मौत ही आती है। राजा बेहद डरा हुआ था। डर के मारे साहस कर बैठा, अपने निजी मंत्री से कहा—हम मैतर के घर भोजन करेंगे, खबर कर दो।

मंत्री का काम हुकुम बजाना था। पर मैतर विश्वास न कर पाया। राजा के सामने खुद हाजिर हुआ, अपने कानों सब कुछ सुना, तब तैयार हुआ। घर जाकर अपनी घरवाली गौरी को बात बताई तो वह मैतर पर हँसने लगी। हजारों वर्षों से जो न हुआ, वह सपना देखकर क्या होगा? मैतर सेवक आदमी! राजा आने वाले थे। गौरी ने साफ धोती पहनी। रसोई ताजा गोबर से लीपी। चूल्हा पोता। कोरा घड़ा भरा। बर्तन टूटे पिचके थे, मगर चमकदार थे। उसने दमकती परात में ज्वार का आटा माँड़ा, इतना माँड़ा कि उसमें गेहूँ के आटे जैसी लोच आ गयी। साँचे में ढली सी रोटियाँ बनाईं। उधर मैतर बोरसी में कंडा सुलगाकर धुआँ निकल जाने के बाद आलू भून रहा था। नमक-मिर्च डालकर भर्ता बनाया। साफ-सुथरी थाली में रोटी और भर्ता परोस दिए। थाली आगे करते समय बड़ा सकुचाया। राजा खाट पर बैठे थे। रोग के लिए खाना तो खाना ही था, सो खाने लगे। मैतर पास खड़ा बार-बार पूछता कि क्या लाए? राजा बार-बार कहते—रोटी, तरकारी। सारा खाना राजा खा गए। राज रसोई से भी स्वादिष्ट भोजन! रात ही रात में हथेली पर उगा बाल झड़ गया।

बाल तो झड़ गया, प्रजा में खलबली पड़ गयी। भंगी के घर खाना! थू! धिक्कार! राजा चांडाल हो गया।—बामनों ने हल्ला मचा डाला। दरबारी भी खफा हो गए।

राजा घबरा गया, बोला—उपाय बताओ कि मैतर के घर खाने का कलंक छूटे। बाल तो अब झड़ ही गया। दवा की जगह आदमी गो-मूत्र भी पीता है, क्या मैतर के घर खाना उससे भी बुरा है?

—हाँ, गंगाजल पिओ। हवन कराओ और बामन के घर भोजन करो—पंडितों ने बताया। राजा पंडितों से डरता था। पंडित धर्म के देवता होते हैं। पंडित के घर खाना बना, राजा को बुलाया गया। राजा पहुँचा। बामन तो बामन था, सबके घर खाने वाला, अपने घर किसी को खिलाने की सार न जानता था। बामनी ने घर झाड़ा-बुहारा तक नहीं। बासन माँजने की जरूरत न पड़ती थी, दोना पत्तलों में बँधा पड़ोसा आता रहता था। लोटा थाली जंग काई लगे थे, एक दिन, धोने- माँजने से साफ होने वाले नहीं थे।

राजा आ गए। जहाँ बिठाये गए, बैठ गए। बैठने से पहले उन्होंने पंडित के पाँव छुए। मन घिना रहा था, क्योंकि जल पी चुके थे और लोटे में ऐसी बास आ रही थी, जैसे चिड़िया का अण्डा तोड़कर घोल दिया हो।

धर्म रखना था, पवित्र होना था, गंदगी में खाना खाना पड़ा। शुद्धि इसी तरह होगी।

रात बीतते न बीतते बाल फिर उग आया। पहले से ज्यादा कड़ा और काला।

राजा पागल-सा हो उठा। चरवाहे को बुलाया, अकेले में बिठाया, पाँव पकड़ लिए और विनती की—जोगी को बुला। कोई दूसरा उपाय बताए।

चरवाहे ने फिर निडर होकर कह दिया—मैं जानता था, दरबार के लोग ही नहीं परजा भी आपको ऐसा नहीं करने देगी, सो जोगी से कहा भी था। जोगी नहीं माना, बोला—राजा ऐसा ही डरपोक है कि दरबारी ही घेर लें तो रोग क्यों न घेरेगा? लोगों को सही रास्ता दिखाना उसका काम है।

'पहला सुख निरोगी काया' मानकर राजा ने फिर से मैतर के घर खाना खाया। गौरी मैतरानी को अपनी राज रसोई की जिम्मेदारी दी और लोगों से कहा—बामन वह होता है, जो गंदगी को दूर करे।

किताबों में लिखी बात भुवन कैसे सोच लेती है? पनका मैतरानी के घर की रोटी खाते हुए उसका मन क्यों नहीं घिनाया? मुझे अपनी किताब का वह पाठ याद आया, जो गाँधी जी को लेकर इसी विषय पर था। गाँधी जी जैसे महापुरुष झूठ तो नहीं बोलते होंगे। सच्ची में जाति से क्या होता है? मैं पढ़ता हूँ, भुवन की पढ़ाई नानी ने छुड़वा दी, फिर उसे यह पाठ कहाँ से याद हुआ? किस्सा कहानी ही उसके पाठ हैं?

शीतलगढ़ी से विदा होते हुए मन भारी था, फिर भी भूलचूक लेनी-देनी करके हमें चलना तो होता ही। संदूक में अम्मा हमारा सामान नहीं भरती, मानो चिड़िया तोतों की आवाजें भी सहेज लेती। भुवन कंचे देती, इमली देती, झावा और बकरी दुह लेने वाली रस्सी जैसे औजार देकर अपने शिष्यों को विदा देती। अपने कब्जे में की हुई वे चीजें भी सौंप देती, जिनके लिए हमें शीतलगढ़ी में रहते हुए तरसाया था। मालिकी बनाये रहने वाली जीतें, मौसी रखने वाली हारें...सब कुछ हमारे ऊपर निछावर करती हुई मुस्कराती। मुस्कराहट में से रुलाई छनती आती, चुन्नी भीगती जाती। चोर कहीं की! नानी ने कितना मारा था, रोई नहीं, आज कुछ बात नहीं, रो रही है।

बैलगाड़ी हमें लेकर सड़क की ओर चली। भुवन दूर होती गई, हालाँकि दूर से मैंने चिल्लाकर कहा—मैं जल्दी आऊँगा—अपनी बात कहकर मन भारी हो उठा। क्या मैं बच्चे से बड़ा हो रहा था? नहीं तो ऐसा क्यों लगा कि जो कह रहा हूँ, उसका मतलब भी होना चाहिए।

दो

मैं आता-जाता रहा, मगर फासला बढ़ता गया। मिलने से ज्यादा पढ़ाई महत्त्व रखती है, पिताजी की सीखों से यही तय होता। उनकी सीखें आदेश का रूप ले लेतीं। फिर जैसा कि होता है, होता रहा। शीतलगढ़ी जाना अक्सर टलता रहा।

मैंने फिल्म देखी हैं, पर नवीं का इम्तहान देते समय जो फिल्म देखी, वह जहरीले कीड़े-सी मेरे बदन में घुसकर रेंगने लगी। मैंने फिल्म छिपकर देखी थी। बरुआसागर में पिक्चर हाल नहीं है, मुझे दुख होता। टेलीविजन हमारे यहाँ नहीं है, पिताजी उसके पक्ष में नहीं थे। टेलीविजन पिछवाड़े उन मजूरों के पास था, जो सहकारी इमारत चिनने में गारा-ईंटें ढोते थे। फिल्म मैंने वहीं देखी थी।

फिल्म का लड़का मैं था, लड़की भुवन में बदल जाती। दोनों बेफिक्र घूमते, पेड़ों पर चढ़ते, मौका मिलते ही प्यार करने लगते। मुझे सबसे लुभावनी बात प्यार करना लगती। फिल्म खत्म हो गयी, मैं घर आ गया, उसमें देखा प्यार खत्म नहीं हुआ।

नवीं का इम्तहान देते ही शीतलगढ़ी जाने की ठान बैठा था और बार-बार एक ही बात सोचता—अबकी बार राजा जी का बाग नहीं, गौरी का ताल बकवास है, किसी बहाने उरई चला जाऊँगा। भुवन से कहूँगा, आँखों में दर्द बता, थोड़ी-थोड़ी देर में प्याज की झरप आँखों से लगा, नानी मेरे साथ आँखों की जाँच के लिए उरई भेज देंगी। काश ! मोंठ में पिक्चर हाल होता! नहीं, सिनेमा देखते हुए हम पकड़े जाते। उरई की बात अलग है, वहाँ दूर कौन हमें पहचानेगा? क्या इस खतरनाक योजना में भुवन शामिल होगी? अरे वह तो है ही दुस्साहसी लड़की। सिनेमा हाल होता तो अब तक कब की देख भी चुकी होती। भुवन को लेकर अक्सर ही मैं अपनी उलझनों को भी काट देता। हमारा घर इन बातों के लिए बड़ा छोटा था। पिताजी का डर हर कोने को घेरे रहता, मगर इस घर के बाहर भी तो एक दुनिया है, जहाँ बुआ के अनुसार पिताजी भी फाटकदार की बीवी के संग सिनेमा देखने चले जाते हैं। क्या करें, बेचारी विधवा है, पति का बीमा लेने की कोशिश में है, पिताजी बीमा कम्पनी के किसी कर्मचारी को जानते हैं, उस दुखिया पर कृपा कर देते हैं, वह अहसान फरामोश नहीं, पिताजी को थकने नहीं देती।

पिताजी घर से बाहर थे और यही बात थी कि मैं उनकी निगरानी के बाहर था, निकल गया। अकेला ही शीतलगढ़ी पहुँचा।

पन्द्रह साल के लड़का लड़की अब बचपन के भुवन और चन्दर न थे।

पास वाले घर में भगवानदास का ब्याह हुआ था। भगवानदास उम्र का बड़ा था, ब्याह मुश्किल से हुआ था। वह अपनी बीवी पर निछावर रहता सो घर से निकलता न था। घर में भगवानदास की माँ नहीं थी, कोई बन्धन न था। भुवन मुझे असली

फिल्म दिखाना चाहती थी क्योंकि मैंने लाख जतन किए कि नानी भुवन को उरई भेज दें। भुवन ने प्याज की झरप ही नहीं, प्याज ही आँखों से लगा ली, नानी पर कोई असर नहीं पड़ा, उन्होंने गुड़ कपड़े में बाँधकर भुवन की आँख से चिपका दिया।

बेकार! भुवन ने पट्टी खोलकर फेंक दी। सिनेमा देखने की उमंग भी झड़ गयी।

हम चुपचाप छत पर चढ़ जाते, जब नानी सो रही होतीं।

आँगन में झाँकते, जहाँ भगवानदास की बहू खाली पेटीकोट पहने कोठे के द्वार में खड़ी होती और कोहनियों से छाती छिपा रही होती। भगवानदास धरती पर उघारे बदन बैठा, चेहरा उठाकर पत्नी को मूर्ति की तरह देख रहा होता और बीच-बीच में उसकी कोहनियों को ताकत लगाकर हटा देता। यही क्रम देर तक चला। वे खेल रहे थे या हम?

उस दिन के बाद हमारा नया कार्यक्रम तय हुआ। वह मुझे भैंस दुहना सिखाएगी, मैं उसे पतंग उड़ाना। साइकिल भी सीख सकती है, मगर साइकिल देगा कौन? वह बोली—भगवानदास। मैं उसकी बहू के पास उठती-बैठती हूँ, मन लगाती रहती हूँ।

जो सोचा था, उसमें से बहुत कुछ किया। दूध दुहने की विद्या सीखकर जानेवाला चन्दर पिताजी को भी अच्छा लगेगा। मगर भुवन का पतंग उड़ाना नानी को फूटी आँखों नहीं भाया। साइकिल मिली, उसने चलाई, गिरने से ज्यादा सीख नहीं पाई कि नानी भगवानदास से लड़ने पहुँच गयीं। गाली देकर बोलीं, "ठठरी बँधे, हमारी लड़की को साइकिल का लोभ दे-देकर बिगाड़ना चाहते हैं। भुवन भग जाए, तुम हमारा घर भी हथिया लेना।"

कहाँ की बात कहाँ चली गयी! नानी ने बवण्डर मचा दिया। अब छत पर चढ़कर भी क्या देखेंगे? भगवानदास अनमना रहने लगा, लीला अकेली बहू कैसे रच सकती थी? लीला नहीं रुकी। बस पात्र उलट गए।

बहू बैठी रहकर खड़े भगवानदास के बदन से खेला करती, तब वह मुस्काता।

हम समझ रहे थे कि हम दोनों संसार से परे हैं। हमें कोई देख नहीं सकता, जब कि भगवानदास की बहू ने नानी को ताना देते हुए भेद खोल दिया, "कहती हैं कि उनकी बिटिया को लोभ लालच देकर फुसला रहे हैं, अरे अपनी बिटिया के लिए वर खोजो, वह सगे बहनौता को बगल में लेकर सोने की तैयारी कर रही है।"

"अरे हट्ट!" नानी ने समझा, भगवानदास की बहू ताने के बदले का ताना दे रही है, यह विश्वास करने लायक बात नहीं।

रिश्ते ने असलियत बड़े सहज भाव से ढक ली, जबकि मैं और भुवन एक-दूसरे की देह से परिचित हो चुके थे। भुवन का खोजी मन मुझे कहाँ छोड़ता? भगवानदास की बहू जिस रास्ते से गुजर रही है, उस पर कोमल घास की तरह रोम खड़े हैं, वह देखे बिना मानती? मैं तो था ही फिल्म के असर में।

कितने दिन हो गए, पता न चला। नानी के घर जवान बेटा रह रहा था। नानी दिन पर दिन खुश होती जा रही थीं, साथ ही हिम्मतवर। भुवन का आत्मविश्वास दोगुना हो गया।

तभी पिताजी का संदेश आया, चन्दर चला आये। इतने दिन से क्या कर रहा है? पिताजी! वह अपराध बोध की तरह मेरे भीतर प्रविष्ट हुए। वे जगहें अचानक याद आईं जहाँ-जहाँ हमने अब तक अनदेखे-अनजाने बंधन खोले थे। आसपास जुर्म के अहसास घिर आए। मैंने यह क्या किया! पिताजी सुनें तो? बेंतों से उधेड़ डालेंगे। अम्मा रोएँगी—यह, पाप कर्म! नानी भी तो थीं, नानी का डर क्यों नहीं लगा? शायद मेरा पुरुष मन पुरुष से ही डर मान रहा था कि काँप रहा था!

भुवन निर्विकार हो, ऐसा नहीं, मगर वह चालाक चतुर थी। मेरे मुकाबले कई गुना होश्यिार। उसके चेहरे पर गर्व भरा भाव सा रहता। उसकी आवाज ऊँची होती। वह अक्सर मेरे कपड़े पहन लेती और मुझे अपने पास खींच लेती। उस समय वह मुझे लड़की जैसी नहीं, किसी लड़के जैसी लगती। वह मुझे कुचलती मसलती, वह भी मुझे मीठा लगता।

और नानी को खतरनाक। नानी ने उसे इस बात के लिए भी पीटा, गालियाँ दीं—'भट्टी छोत, बाप भइया नहीं तो तू ऐसी मर्दमार भई जा रही है कि मर्द डरे। जनी के लच्छिन कब सीखेगी? मन्नू तो ऐसी न थी, मेरी गाय सी भोरी बिटिया, किसी ने गाँव में रहते नहीं जानी।'

किशोरावस्था में किसी हद से गुजर जाने का अहसास, डरते हुए भी डर न मानने की जिद, रेशमी फूलों के दहकते रहने का आनंद अब तक भी भुलाए नहीं भूलता। लगता है, अगर दुनिया में मनुष्य के पास कुछ बचता है तो वह बचता है, बाकी तो सारा का सारा बूँद-बूँद छीजता चला जाता है।

मैं खप रहा हूँ, दूरियाँ मुँह फाड़ रही हैं। इस फैलाव को कितना भरने की कोशिश करता हूँ, फासला है कि नजदीकियों को पास नहीं आने देता।

नजदीक था तो वह हंटर तक चलाने से बाज नहीं आती थी, आज खबर भेजती है—चन्दर से पूछना, हमसे कोई खता...

वह हिटलर जैसी लड़की अभ्यर्थना पर आ गयी, ताज्जुब है। मिलन किया, बिछोह पाया, ताप ऐसा लगा कि पिघलकर राँगे सी बह निकली। कैसे बताता कि अल्हड़ उम्र का चन्दर भुवन का क्या, किसी का भी रुतबा ओढ़ लेता, जो उस जैसा होता। शासन और हुक्म अच्छा लगता था, क्योंकि भुवन राजा जी के बाग की रानी, गौरी के ताल की मैतरानी और नवीं कक्षा के इम्तहान के दौरान देखी जाने वाली फिल्म की नायिका थी। वे लम्हे रोजमर्रा की जिंदगी के हिस्से न थे, अचानक मिले

रहस्य के चमचम करते सितारे थे। वह उसी संसार को ज्योतिर्मय बनाए हुए टिमटिमाती तारिका-सी जमी है। इधर मुझे दुनिया के ठोस व्यवहार ने बता दिया कि भुवन ने अपने अकेलेपन को बहलाने के लिए वे करिश्मे रचे थे। हाथ कंगन को आरसी क्या, वह हमारी अम्मा से डाँट खाती, नानी की मार सहती, लड़की होने के नाते सारे अपमान पीने की कोशिश करती। सारा कुछ इसलिए कि हमें घोड़ों की तरह जोत सके, गधों की तरह लाद सके और बन्दर की तरह नचा सके। ऐसा करके अपने स्वाभिमान को फिर फिर हासिल कर लेती। हम जैसों को बगल में दबाकर चलना उसके लिए जरूरी था, क्योंकि हमीं नानी और अम्मा की कमजोरी थे। अपनी शैतानियाँ हमारे जरिए घर गाँव और जंगल में उतारती, साथ ही शैतानियों पर पाबंदी लगाती, बदले में समर्थन पाती। भुवन ने सीख लिया था, कहाँ और कितना कसना है, कब ढील देनी है कि अपनी महत्ता बनी रहे, क्योंकि हर कोई उसे अवांछित मानकर चलता। मुझसे पंतग उड़ाना सीखने वाली लड़की दुनिया से पेंच लड़ा सकती थी यह सिद्ध था। नानी कहतीं–पिता पर गई है। अम्मा बोलतीं–अपना मान खुद-ब-खुद करना सीख गयी है।

वही भुवन मुझसे अपनी खता पूछती है, कि शर्मिन्दा करके मार डालने का मंत्र पढ़ती है।–आने की ऐसी इल्तजा मत कर कि कहीं रह ही न पाऊँ। आ नहीं पाता तब क्या मोह भी कम हो गया? भुवन से कैसे कहूँ कि यह निष्ठुरता नहीं मजबूरी है, जो उससे और और जोड़ती है। बिलकुल नानी की तरह, जितनी मारती डाँटती हैं, उतनी ही बेटी से बँधती जाती हैं। किसी को मोह न हो तो दुख क्यों हो? मैं शायद उन बातों को अपने सामने भी नहीं लाना चाहता जिन्हें जाने अनजाने सोचता रहता हूँ। कोई मेरी कमजोरियाँ न भाँप ले, इससे डरता हूँ, फिर भी पारदर्शी बनने की कोशिश करता हूँ। यही दुविधा कि न मिलकर भी भुवन से उबर नहीं सका। यह भी झूठ नहीं कि शीतलगढ़ी जाने के लिए सालों बीत नहीं गए, बाकायदा बिताए हैं। मुझे क्या हो गया है, किसी पल भुवन से मिलने के लिए छटपटाता हूँ और जिस दिन उसके गाँव के नजदीक से गुजरते हुए बचकर लौट आया था, ईश्वर का शुक्रिया अदा करने लगा।

क्या पता भुवन पकड़ ले और आने न दे। भगवानदास की छत की ओर ले जाए, पिछले हिसाब किताब करे। मैं कमजोर पड़ता जाऊँ, नानी या किसी अन्य के द्वारा पकड़ा जाऊँ! नहीं, अब मैं वयस्क हो रहा हूँ।

बचपन की किशोरावस्था की अनगढ़ बातें ऐसे भुला देते हैं लोग?

भुला पाता तो कब का भूल गया होता, हाँ बदल जाते हैं लोग। किसी के प्रति गहरा लगाव ही गलत लगता है, लगावों के लिए भटकन छूटती नहीं। मैं ज्यादा पढ़ी-लिखी लड़कियों के बारे में सोचने लगा हूँ। कालिज का रंग चढ़ा है। लकदक और रंगीन पोशाकें आकर्षित करती हैं, सीने से किताबें चिपकाए चली आती लड़कियों

का सम्मोहन है कि भटकन है? जवाब जानता हूँ फिर भी खुद से पूछता रहता हूँ—हमारे घर को देखते हुए इनमें से किसी के साथ बानक बनेगा?

मेरी जिंदगी की मृग-मरीचिका भुवन नहीं समझ पाएगी। भुवन के साथ निभाऊँ या शिक्षा के साथ न्याय करूँ? जीवन दुचित्ता हो चला है।

इस दुचित्तेपन में मन भुवन की ओर ज्यादा खिंच गया, नहीं तो स्लेबस से संबंधित किताबें जुटाने की होड़ाहोड़ी, प्रतिस्पर्धा में ज्यादा से ज्यादा पढ़ाई, इम्तहान की तैयारी में रात दिन एक...फिर भी भुवन का सपना आ गया।

शिक्षा और डिग्री जैसी ऊँची मंजिलों के बीच वह धरती फोड़कर कहाँ से निकल आई? इतने दिनों कितने संयम से उसके होने की सच्चाई दबाए रहा था और सभ्यता के सोपान चढ़ने की धुन में इलास्टिक की तरह आगे की ओर खिंचता जा रहा था।

सपने ने अचानक रबर छोड़ दी, सिकुड़कर मैं वहीं के वहीं आ गया, चोट अलग से लगी। हमदर्दी का चोला पहनने वाला, अपनत्व में भुवन को डुबोकर रखने वाला मैं पत्थर से भी ज्यादा कठोर निकला कि जाग्रत समय के हाथ ही नहीं आया, मगर नींद के अँधेरे से बचकर कहाँ जाता, चेतन के ऊपर सदा अवचेतन रहता है उसी ने शर्मिन्दा किया।

अवचेतन में भुवन थी। मेरे साथ बरुआसागर वाली बस में बैठकर चल दी। मैं भीतर था, मगर उसकी ठोड़ी खिड़की पर टिकी थी। बाहर का सब कुछ उसकी आँखों के आगे फैला था।

—क्या देख रही हो?—मैंने पूछा

—संसार—उसने कहा।

—इस सड़क पर ही सारा संसार है?

—मेरी नजर में जितनी धरती है, जितना आसमान है, वही संसार है।

—फिर मेरी नजर में क्या है?

—मैं।

अब मैं और वह बस के जरिए पुल पार कर रहे हैं। पुल के बहाने नदी के दोनों किनारे जुड़े हैं। भुवन पहाड़ियाँ, टौरियाँ देखती हुई बीच की बसावटों में खो जाती है।

मैं उँगली से एक गाँव की ओर इशारा करता हूँ—देखो, वो गाँव, वहाँ मेरा दोस्त रहता है, तुम्हारी सारी हरकतें जानता है। उसी ने बताया था कि ऐसी लड़की का ब्याह होना मुश्किल हो जाता है, क्योंकि लड़कियों के आचार व्यवहार को दुनिया बड़े गौर से देखती है, उनके जीवन-मरण पर भले कोई ध्यान न दे।

—मुझे ब्याह की क्या दरकार? तुम्हें मेरी हरकतों के हिसाब से सारी आदतें पड़ी हुई हैं।

—जटायु मढ़िया आ गई।—कोई कहता है।

हम मंदिर तक एक-दूसरे का हाथ पकड़कर पहुँचते हैं। वह आश्चर्य से मेरी ओर देखती है कि शिव की मूर्ति को छूकर कहती है—चन्दर तुम!

—नहीं, यह शिव हैं।

—भुवन!

—नहीं, यह शक्ति की देवी है।

कुछ खण्डित मूर्तियाँ, तुम जोड़-जोड़कर साकार रूप देखना चाहती हो।

मैं कहता हूँ—ये सूर्य मंदिर के अवशेष हैं।

वह कहती है—चू चू चू सूरज भी अपनी चीजों को नहीं बचा पाता!

मैं असमंजस में हूँ, क्या जवाब दूँ? तभी ऊँचे-ऊँचे हरे वृक्षों की छाया हमारे ऊपर छतरी की तरह आ जाती है, बारिश हो, धूप हो, हमें पेड़ बचा लेंगे। जवान तनों की छाया नदी में तैर रही है, पत्तियों की परछाईं, डुबकी लगा-लगाकर नहा रही हैं। हवा निर्द्वंद्व पेड़ों से, पत्तों से और पानी से छेड़खानी करती हुई सर्र से निकल जाती है, भुवन हवा के संग हो जैसे, झरने पर जा पहुँची। मैं भी बादल का रूप हो गया, झर-झर बरसा।

—आओ, नहा लें—भुवन कहती है।

—मैं पानी उड़ेल रहा हूँ—मैं बोला।

—यह स्वर्गाश्रय का झरना है—ऋषि ने कहा।

—महात्मा जी!—भुवन चकित रह गयी।

—झरने का पानी पियो, रोग दूर हो जाएँगे।

—हम बीमार नहीं हैं—मैं और भुवन एक साथ बोले। बाँह जोटी चल दिए। बेतवा का काँच जैसा पारदर्शी पानी साथ-साथ चल रहा है, हमारी छायाएँ नदी की गोद में हैं। एक सोता तिलैथा कि ओर से आया, धीरे से बेतवा की बगल में बिला गया। कितनी धाराएँ, कितने सोते, बेतवा माता चलती जाती है। सोते की कलकल ध्वनि के संग भुवन खिलखिलाती है। यह मौन भाषा...

नहीं, अम्मा गा रही हैं। जाँता चल रहा है।

भोर हो गयी, मैं जागा हुआ हूँ।

सपना रेशमी दुपट्टे-सा लहराता हुआ आँखों पर छा जाता है, कभी दूर उड़ जाता है।

भुवन की चुन्नी मुझे ऐसे ही सताती थी।

सपने से परेशान, सपने के बारे में ही सोचता।

भुवन से बिना मिले रहना सम्भव नहीं, मैं मौके तलाश रहा था। उसका रिश्ता, उसका सम्बन्ध सबके सामने है, जो सबके सामने नहीं, वही अनकहा मेरा है। कैसी

मुश्किल है, बना-बनाया सम्बन्ध बिगाड़ रहा हूँ और जो नहीं है, उसे बना रहा हूँ जो दूसरों ने दिया है, वह सच्चा है या जो मैं बना रहा हूँ, वह शाश्वत है? अम्मा नानी पिताजी से लेकर गाँव के लोग, नातेदार अगर मेरा सोचा हुआ सुनें तो दुराचारी ठहराएँगे, लेकिन मेरे चलते सदाचार है तो यही है कि भुवन से किसी भी हालत में मिला जाए। वह मेरे जीवन को ऐसे छू गयी कि लगा अब तक जो किया, वही किया। सदाचार, शिष्टाचार और श्रम से कमाई हुई शिक्षा तक बेकार है। मैं अपूर्ण हूँ अभी, वह अभाव महत्त्वपूर्ण है, जिसे भरने के बाद मैं जीवन को सिद्ध कर पाऊँगा।

सपने को सर करना मेरे बस में नहीं।

चैत के महीने में खिली कमलिनी बरजोर है। आम के पेड़ों पर आया बौर कोयल के सिवा किसको पुकारे? अशोक पर नए-नए फूल खिलने वाले हैं; मेरे मन का वसंत किसी से डरने वाला नहीं! पिताजी से कहूँगा, जाना है और बस जाना है।

कान में कोयल नहीं, पिताजी कौवे की तरह काँव काँव करने लगे—शीतलगढ़ी कौन जाए मजूरों की किल्लत लगी है। हम साँझ तक वहाँ पहुँच जाएँगे। इतंजाम तो करना ही होगा। खेत में फसल झुकी खड़ी है।

क्या पिताजी ने मेरा सपना भाँप लिया? नहीं, भाँप लिया होता तो शीतलगढ़ी का नाम तक न लेते। हो सकता है उन्होंने खुद वहाँ का सपना देखा हो। अम्मा की जगह भगवानदास की बहू देखी हो या फाटकदार की जनी की छाया पड़ी हो, पिताजी बाप हैं, तब क्या पुरुष नहीं? क्या ये सब जवान होते मन की तरंगें हैं, जवानी उतरते ही आकांक्षाएँ नहीं? किताबों में भी लिखा है, मन पर जवानी चढ़ती है, उतरती नहीं। चढ़ने-उतरने की प्रक्रिया शरीर के साथ घटित होती है। हो न हो, शीतलगढ़ी सुन्दरता का भंडार है, जहाँ जाकर जीवन सार्थक लगने लगता है।

फिर असमंजस...पानी के बबूलों की तरह उमंगें उठी थीं, फुट-फुट फूटने लगीं। कहाँ जा रहा है मूर्ख चन्दर? किसका भला करने जा रहा है? सपना क्या देखा, असलियत से पल्ला छुड़ा लिया। तेरे और भुवन के बीच एक पारम्परिक रिश्ता है जो कभी उसे अपनी समझकर इधर घसीटता है, कभी पराई और बेमेल मानकर दूर फेंकता है। यह घात-प्रतिघात चलता रहता है और आदमी झूलानट सा...

पिताजी से कह चुका था—मैं शीतलगढ़ी चला जाऊँगा, मजूरों की समस्या हल हो जाएगी।

मैंने यह आश्वासन इसलिए दिया कि नानी पहले भी ऐसे संकट में काम आती रही हैं। औरत होने के नाते नानी में मजूरों के लिए कुछ नरमाई रहती है, हो सकता है इसलिए मजूर उनके काम पहले साधते हों। नानी मजूरी में भी ज्यादा नाप जोख नहीं करतीं, हो सकता है इसलिए न करती हों कि उनके पास मर्द के नाम पर घर में कोई नहीं। नानी मजूरों के खाने-पीने का भी खयाल करती हैं, मजूर कहते हैं

कि वे माँ हैं। जो भी कारण रहा हो, उनको कटइयों की कमी कभी नहीं पड़ी। शायद कमी पड़ी हो, मगर नानी ने हमसे मदद कभी नहीं माँगी।

नानी पर इतने अटूट विश्वास के बाद भी भुवन के कारण मैं पीछे हट रहा था। हालाँकि जब शीतलगढ़ी जाने की बात सुनकर पिताजी ने कोई उत्तर नहीं दिया, न हाँ, न ना तो मुझे भीतर ही भीतर लगा था कि एक अक्खड़ और हमलावर जिद बाहर निकल पड़ने को है जो पिताजी पर वार न कर बैठे और कहे—जवान लड़का, बाप का हुकुम ढोने से इनकार करता हूँ। शीतलगढ़ी जाकर रहूँगा, रोक सको तो रोक लो।—धमकियों के कई-कई स्वर मेरे मौन कंठ में फूट रहे थे।

कैसी उम्र थी वह भी अल्हड़पन और पकापन आपस में मुठभेड़ करता रहता।

अचानक पिताजी से मना कर बैठा—आप किसी और को भेज दीजिए। मुझे पढ़ाई करनी है, जरूरी नोट्स बनाने हैं, भूल गया था।

मैंने क्या कहा। पिताजी ने गौर नहीं किया, या जो तय हो चुका था, उसे टालने देना नहीं चाहते थे, वे अम्मा से बातें करने में मशगूल रहे, मसलन—यहाँ मजूरों की ही कमी नहीं, हँसिया तक नहीं मिल रहे। लुहार साले हँसिया बनाते ही कहाँ हैं, घन ढालते हैं। फावड़ा ढूँढ़े नहीं मिलेगा, लोगों को हँसिया फावड़ों से डर लगने लगा है। बढ़ई काम क्यों करें जब पूजा पाठ से ऐश की जिंदगी चल सकती है? बामन बनकर बंबई चले जा रहे हैं। अपनी अम्मा को सन्देश भेज दो मन्नू भूसा बाँधने की पासी(रस्सियों का जाल) भी भेज दें, और हाँ, कटइया अपने गाँव वाले नहीं, ललितपुर तरफ के चैतुआ भेजें। दूर से आया आदमी डरता है सो मुँह बन्द करके काम करता है। अकड़ेगा तो यहाँ हिमायत में खड़ा होने वाला कौन है? लड़ने-झगड़ने के लिए भी तो संगठन चाहिए।

ये सभी बातें अम्मा को नहीं, मुझे याद करके ले जानी थीं और हँसिया फावड़े भी मजूरों के साथ लाने थे, मगर मैं यह सब याद भले ही रख लूँ, ला नहीं पाऊँगा, क्योंकि जाने का इरादा बनते-बनते रह गया। मुझे पिताजी से नहीं, भुवन का ज्यादा डर लग रहा था क्योंकि उसका रुतबा सदा से माना है।

लेकिन पिताजी, मेरे भी बाप!

कहाँ शीतलगढ़ी जाने के नाम पर करेला चबाया-सा मुँह बनाते थे, अब अटल प्रण कर बैठे हैं कि इसी बेटे रूपी नौकर को बैल की तरह जोतकर अपनी ससुराल भेजना है। हँसिया फावड़ा और मजूर तो कोई भी ला सकता था, हुकुमउदूली तो यह कर रहा है। हुकुमउदूली करने वाला काम से इनकार कम करता है, हुक्काम को चुनौती ज्यादा देता है।

मैं अपने दिल के हाथों मारा जा रहा था, पिता पैज बाँधकर मोर्चा खोल बैठे। मैं अगर कह रहा हूँ कि मेरे बाप का व्यवहार दुश्मन जैसा है तो इस बात को माना नहीं जाएगा। कहा यही जाता है कि हर बाप अपने बेटे के सुख के लिए, यश के

लिए, उसके जीवन के लिए अपना सर्वस्व हारने के लिए खुशी-खुशी तैयार रहता है, मगर मेरा अनुभव यह है कि सबसे पहले बाप बेटे को ही पछाड़ता है। बेटे की जी हुजूरी उसका सुख है। उसकी अभ्यर्थना को गाकर वह यश कमाता है। बेटे की जिंदगी के लिए सर्वस्व हार जाने की मुनादी करने वाला पिता पुत्र से जीवन भर चाकरी कराने के बाद अपनी मौत पर पिंडदान और मौत के बाद श्राद्ध के अर्पण-तर्पण का रुक्का लिखाना चाहता है। असलियत यही है, यों भावावेश में कोई अपने लड़के के लिए घर बेच दे, तन-मन लगा दे। पर तन-मन-धन लगाता किसलिए है? यह सोचने की बात है।

पिताजी मुझे भेजकर ही माने, यह उनकी अपने जवान हुए बेटे पर ज्यों पहली फतह हो। फतह में आदमी फतह के सिवा कुछ सोचता नहीं। हो सकता है पिताजी को भी भुवन रूपी जादूगरनी की याद न रही हो, मैं सोच रहा था। लेकिन पिताजी ने मेरा भरम दूर कर दिया, बोले—तेरी नानी गोड़ का दर्द या साँस की तकलीफ में पड़ी हों तो भुवन से कह देना। वह गाँव में ही नहीं, आन गाँव तक जाकर मजूर जोड़ देगी। काम कोताही नहीं करती।

पिताजी ने भुवन पर बड़ा भरोसा किया! या उन्हें हमारे हार्दिक लगाव की खबर है और सोच रहे हैं—भुवन तुम्हारे लिए सब कुछ कर देगी। मैं तुझे इसीलिए भेज रहा हूँ।

सपना देखा था कि गले में सर्प डाल लिया!

शिव की तरह गौरा की परीक्षा लेने पहुँचूँगा। वह सफल भी हो जाएगी, तब भी वरदान की हकदार होगी क्या? आदमी देवताओं का बाप, वरदान जैसी पूँजी को हुकुम के गुलामों पर नहीं लुटाता, उसे घूस के लिए रखता है, जो काबू में नहीं आते उनके पाँवों पर क्या चढ़ाए?

मैं बस में हूँ, बस में मजूरों की दुनिया बसी है। भूमिहीन लोगों का चैतुआ रूप! इन दिनों खेतों में खड़ी फसलें उनका इन्तजार कर रही हैं, वे राजा सरीखे मैले-कुचैले चीकट कपड़ों वाले। उनकी रानियाँ मैलखोर कांकरेजू धोतियों में दुर्गन्ध बसाए हुए पसीने से लथपथ, उनका राजपाट पुटरियाँ, गठरियाँ और मुर्गियाँ। कथूले-कथरियों से बस ठसाठस है।

मैं कहाँ से आ गया, नाक पर बार-बार रूमाल रखता हूँ। सहज होना चाहकर भी चैन से बैठना चुनौती जैसा है। नंगधड़ंग बच्चों की चिल्लपों, उनकी खाँसी, उल्टी, माँओं का छाती खोलकर दूध पिलाना कि अपने आप नजर फिर जाए। छातियों में भी ऐसा अन्तर होता है! मुझे भुवन का ख्याल आया। मैं बस में बैठा-बैठा भगवानदास की छत पर उतर गया।

अभी उबकाई आ रही थी, अब रीझने लगा। कहाँ था, कहाँ आ गया! क्या आदमी अपनी दुनिया अपने संग लेकर चलता है? या सारा का सारा मन का खेल है? मेरे आसपास भुवन ही भुवन है, संग में भगवानदास की बहू ही बहू हैं। बच्चों की चिल्लपों कहाँ हैं? वे सब तो मिलकर कोई गीत गा रही हैं, गीत राग मल्हार की तरह बस में लहरा रहा है।

'ऊपर बदर घैराय, तरें गोरी पनियाँ खों निकरीं
जाए जो कहियो उन राजा ससुर सों, अँगना में कुँअला खुदाएँ
तरें गोरी पनियाँ खों निकरीं
जाय जो कहियो उन राजा जेठ सों, मोतियन की कुड़री मँगाएँ
बहू धन पनियाँ खों निकरीं
जाए जो कहियो उन राजा देउर सों, सोने की गगरी ढलाए
भौजी धन पनियाँ खों निकरी...

वाह! क्या वेश, क्या सपने! राजा ससुर, राजा जेठ, वारे देवर, सजीले सजन सबके सब आँखों में कीचड़ लिये मैली मूँछों वाले चैत काटने जा रहे हैं। संग-संग गोरीधन भी कटाई करेंगी, फिर मालिक जो हुकुम दे, जो आसरा दे, जो अन्न दे...

गीत रुका तो बात बढ़ी। मैंने पूछा—कहाँ जा रहे हो?

उनमें से कई एक साथ बोल पड़े—खिल्ली।

—बरुआसागर चलोगे?

वे हँसे, हँसते हुए मुझे देखते रहे। उनके मैले दाँत मुझे चिढ़ा रहे थे—सफेद पोश बाबूजी, हम खुलकर मना करें तो नाराज हो जाओगे, क्या पता बस के ड्राइवर से मिलकर नीचे उतरवा दो, हमारी हँसी से समझ लो।—मैं ऐसे लोगों की मानसिकता जानता हूँ, खुद हँसकर हमें रुलाना चाहते हैं, जैसे हमारे पुरखों ने इन्हें बेदखल रहने दिया तो अब हमसे बदला लेंगे। उन्होंने मेरे सवाल का जवाब नहीं दिया, सचमुच मुझे बड़ा गुस्सा आया।

—बोलते क्यों नहीं? चलोगे या नहीं?

—बाबूजी, खिल्ली वाले माते को माह फागुन के बीच ही जुबान दे दी थी, जुबान भी कोई चीज है। अगले साल हमारे यहाँ माह फागुन के बीच आना, हम तुम्हारे यहाँ चलेंगे।

क्या हालत और क्या गुमान! पिताजी का रवैया मुझे तनिक नहीं सुहाता क्योंकि वे मजूरों से जुबान से नहीं जूते से बात करते हैं, पर इसे क्या कहूँ, इनकी जुबान ने मेरे ऊपर जूता सा झाड़ दिया। मैं अपने पिता का हुक्म मानने वाला, इन मजदूरों से अपने हुक्म की उदूली देखकर भीतर ही भीतर तिलमिलाता रहा। क्या करता, वह मैं था कि संस्कार, इतना बर्दाश्त करना सीखा न था।

बस से उतरकर पैदल सफर शुरू हुआ। तेज कदमों चलने लगा, जल्दी पहुँच जाऊँ।

मेरे आगे-आगे गधे पर बैठकर एक आदमी मजे से जा रहा था। मैं समझ गया, यह शीतलगढ़ी का कुम्हार होगा। गधे की सवारी करना कुम्हार होने की निशानी है। मैं और भी तेज चला कि कुम्हार के बराबर आकर आगे निकल जाऊँ, मगर उसी समय कुम्हार ने गधे का कान मरोड़ा, वह बैल की चाल चल निकला! बहुत आगे हो गया। मैंने सन्तोष कर लिया, आगे निकल जाना ही अच्छा है, अगर वह मेरे सामने भी गधे पर बैठकर चलता रहता, मेरी तौहीन होती। गाँव के रास्ते में ऐसी उलझनें आना सामान्य बात है, क्योंकि कमीन कामगरों ने बड़ी जातियों की इज्जत करना छोड़ दिया है।

मगर वह संस्कारवान कुम्हार था, मेरे बराबर आने पर गधे से उतर गया। मेरी कई गुम चोटों को उसने सहला दिया। अकेला सफर भारी लग रहा था, मुझे साथ मिल गया। साथ चलकर जाना कि कुम्हार तेज चलता है, कुम्हार से भी ज्यादा गधा तेज चल रहा था, मैं गधे पर बैठ सकता तो कितना अच्छा होता! धूप तेज थी, सूरज के मुकाबले ज्यादा गर्म। घड़ी में देखा, दस ही बजे थे, खुले आसमान के नीचे धूप भी खुलकर चलती है, हम बचें भी कैसे? अम्मा ने बचने के लिए छाता दिया था तो जो मैं वजन के कारण संग नहीं लाया। लाता तो इस धूप से टक्कर ले सकता, अम्मा ने भी देते समय ऐसे ही देखा था जैसे वे छाता न दे रही हों छत दे रही हों। औरतों को अपने बच्चों की धूपताप अपनी धूपताप लगती है। राह में चलती औरत को ही देख लो, सिर पर डलिया है, डलिया में बकरी के बच्चे हैं, बच्चों पर छाता तना है! मेरे भीतर जैसे कोई बच्चा पुलकित हुआ हो, उस स्त्री को देखना चाहता हो।

अरे, बेला! भुवन की सहेली!

मुझे देखकर वह दाँत निकालकर मुस्काई, मैंने समझा भुवन मुस्करा रही है। मैंने कुम्हार का साथ छोड़ दिया, उसे आगे जाने दिया, उसके गधे पर सवारी करने पर भी ध्यान नहीं दिया क्योंकि बेला मेरे साथ-साथ चल रही थी, बकरी के बच्चों पर छाता तना था, छाया का अहसास मेरे संग-संग चला।

घर पहुँचा, नानी से भेंट हुई।

नानी देखते ही खुश हुईं। खुशी उनके बुढ़ियाते चेहरे पर जवानी की लहर की तरह दौड़ गई और देर तक लहराती रही।

मेरे हाथ से मेरा बैग लेकर मुस्कराती हुई बोलीं, "गरमी में चला आया। सँझा की बेराँ आता, पसीने से बचा रहता, थकन भी कम लगती।" नानी यह सब कह

जरूर रही थीं, लेकिन मैं जानता था, भीतर से यही स्वर उठ रहा है—अच्छा किया, जल्दी आ गए।

मैं पौर में पड़ी रहने वाली खटिया पर किसी भी आने वाले मेहमान की तरह बैठ गया। नानी मेरा बैग भीतर ले गयीं। उन्हें मेरी प्यास का अनुमान है, घड़े से पानी ओझ रही हैं, कल-कल की आवाज आ रही है।

नानी लोटा भर पानी ले आईं। मैंने लोटा हाथ में पकड़ा तो लगा, नानी ने पहले लोटा ठण्डा किया है, फिर उसमें ठण्डा पानी भरा है, इस गर्मी में मिट्टी का घड़ा ठण्डा रह सकता है, पीतल का लोटा भला क्यों ठण्डा रहे?

नानी सामने आईं तो लगा भुवन सामने आ गयी। नानी ने भुवन की पुरानी धोती पहन रखी है। पिछली बार आया था तब भुवन ने शलवार कमीज पहनना छोड़कर यही पहली धोती पहनी थी। मैं दो साल बाद आया हूँ, धोती धूल और पसीने से लड़ती हुई भी साबुत है। नानी और भुवन ने धोती सँवारकर पहनी है?

नानी के हाथ में वे ही चूड़ियाँ तो नहीं, जो भुवन ने दो साल पहले...नानी ने उसे टोका था—नंगे हाथ मरदाने हाथ लगते हैं। धोती पहनी है, चूड़ियाँ भी हाथों में डाल ले।--नानी ने पाँच रुपए की आठ कामदानी चूड़ियाँ भुवन को पहनवाई थीं। वे ही लाल चूड़ियाँ हैं? धुँधली पड़ गयी हैं, क्योंकि पुरानी हो गयी हैं। नानी काँच जैसी नाजुक चीज भी सँभालकर रखती हैं।

नानी और भुवन, भुवन और नानी की छवि...पीतल के सुनहरी लोटे पर पानी की ठण्डी बूँदें जड़ी हैं। पसीना सूखने की हिदायत पर पसीना सूख जाने के बाद मैं खोबा (अँजुरी) बनाकर पानी पीने लगता हूँ, नानी टोकती हैं, ''मुँह लगाकर पी ले चन्दर, आराम से।''

नानी भुवन को लोटे से मुँह लगाकर पानी कभी नहीं पीने देतीं, मेरे सामने ही टोका था कई बार, ''ढंग से पानी पी मोंड़ी'' ढंग से माने अँजुरी से।

मैं अब और इन्तजार नहीं कर सकता, पूछना चाहता हूँ—भुवन...

नानी मेरे मुँह से सवाल सुने बिना ही बताती हैं, ''भुवन तो बेटा कटनई को गयी है। अब की बार मजूरों की भारी किल्लत पड़ी है, मौं देखने को नहीं मिल रहे!''

मजूरों की किल्लत पर मुझे धक्का-सा लगा, मगर 'भुवन कटनई को गई है।' सुनकर छटपटाहट लगी। सोचने लगा, चैत काटने वाली औरतों और भुवन में कुछ अन्तर है? भूमिहीन और भूमिधरों की औरतों में क्या फर्क है? भुवन चैतुआ स्त्रियों में गडमड होने लगी तो भुवन से मिलने का चमकदार उत्साह धूमिल पड़ने लगा। संस्कार ही ऐसे हैं कि जितना भुवन के लिए कठिन श्रम के कारण धूल धूसरित होने पर अफसोस कर रहा हूँ, उतना ही उसे खुद से दूर धकेलता जा रहा हूँ।

अनमना-सा पूछता हूँ, ''नानी, भुवन कब आएगी?''

"दुफरिया पीछे।"

"दुपहरिया कब होगी?"

"तुम्हारे लिए तो दुफरिया कब की हो गयी लला।" नानी कहकर हँस दीं। उनका साँवला चेहरा खिल सा गया। मेरे आने पर इतनी खुश हैं नानी, जितनी मैंने कल्पना न की थी। दराँत और थाली लेकर पास आ बैठीं, आलू काटने लगीं। भुवन होती तो नानी के बदले आलू काटती, रसोई करती। अब वह नाना की जगह काम करने गयी है।

मुझे अपना आराम खलने लगा, लेकिन करूँ क्या, कहकर रह गया।

"नानी मैं खेत पर ही चला जाता।"

"सो काए? धूप लग जाएगी। बुखार आ गया तो?"

नानी को मैं अपनी बात बताकर उनका यह भ्रम दूर करना चाहता था कि मैं यहाँ भुवन के कारण नहीं आया हूँ। बात नानी ने ही चला दी।

"कटनई हो रही होगी, तुम्हारे खेतों में।"

"काटने वाले होते तो मैं यहाँ आता?"

"सो काए?"

"चैतुओं की मर्जी, बेवकूफों की तरह जिधर चाहें, मुँह उठाकर चल देते हैं।"

नानी हँस दीं, उनकी ठोड़ी पर पड़ी गुदने की बिन्दी ज्यादा हँसी, उनके मिस्सी लगे दाँत खूब मुस्काए। मैं खिसिया गया, नानी हमारे यहाँ कटइयों के अकाल पर हँस रही हैं? या इस बात पर कि मर्दों की खेती खड़ी सूख रही है और वे भुवन के संग खेत उठा रही हैं।

नानी हँसते-हँसते बोलीं, "चैतुआ सिर्री नहीं होते समझदार होते हैं, जानते हैं कि ओरछा बरुआसागर तरफ के लोग बड़े सूम होते हैं। कटाई का आठवाँ हिस्सा तक नहीं देते। किसान की परख मजूर ही करता है।"

"नानी, जैसे हो, कटइयों का इन्तजाम करना है। पिताजी सूखती फसल देखकर लौटते हैं और अम्मा पर गुस्सा निकालते हैं।"

नानी के भीतर मोह जागा कि औरत जागी, नजर कड़ी करके बोलीं, "सो काए? कटइया क्या मन्नू ने रोक दिए? आदमियों में यह आदत बड़ी बुरी होती है कि अच्छा हो तो वे करें, कुछ कमी वेसी रह जाए तो जनी के माथे मढ़ दें।" कहकर वे मेरे ऊपर जोर-जोर से बिजना डुलाने लगीं। गर्मी इतनी नहीं थी, जितनी वे समझ रही थीं।

"आलू का साग तो अच्छा लगता है न चन्दर?"

"नानी, दोपहरिया कब होगी?"

"तू हलुआ खाएगा?"

मैं यह नहीं पूछ पाता कि भुवन आ रही होगी? मेरे भीतर यह कौन-सा कायर

डरपोक बैठ गया जो सहज बात को भी असहज बनाकर रखता जा रहा है। क्या इसी उम्र को हौसले-मंद जवानी कहते हैं?

नानी कब चली गयीं, मैं असमंजस में पड़ा लेट गया, झपकी भी आ गई।

नानी की आवाज से ही चैतन्य हुआ। वे थाली लिये खड़ी थीं।

मैं सँभलकर बैठ गया। खटिया पर बैठकर खाने में ज्यादा सावधानी बरतनी पड़ती है, क्योंकि खटिया की बुनावट भार के अनुसार आकार ले जाती है। नानी अच्छी तरह जमाकर खटिया पर थाली रखती हैं। मेरे सामने नानी के हाथ हैं। बाएँ हाथ में चाँदी की अँगूठी है, अँगूठी कभी भुवन की उँगली में देखी थी, अब उस पर खुदी डिजाइन में मैल भर गया है। नानी का हाथ भुवन का हाथ है?

भूख थी, सामने खाना भी था, मगर मन न था।

"तू सो रहा था चन्दर, भुवन आई थी। उसने तुझे जगाया नहीं। मैंने जगाने को कहा तो उसने नाहीं कर दी।" नानी कह रही थीं और खाली गिलास में पानी भर रही थीं।

कब? उसने हवा की तरह बेआवाज होकर आना सीख लिया है? हुल्लड़ करना छोड़ दिया? नानी ने बात चलाई तो मेरा साहस बढ़ा।

भुवन! मेरे सामने थी। चैत काटने वाली औरतों की सी साड़ी पहने हुए। कछोटा मारे हुए वह ज्यादा लम्बी लग रही है। मुस्काती नहीं, गुमसुम है। बड़ी होकर लड़कियाँ चुप हो जाती हैं, या चुप कर दी जाती हैं? नानी तो भुवन को होश सँभालते से चुप होने की सीख दे रही हैं, चलो अमल में ले आई।

"आज कैसे आ गए चन्दर?" उसके चेहरे पर साँवलेपन के सिवा कोई रंग नहीं। आँखों में कटीलापन है कि सवाल का पैनापन?

मैं मुस्काता हूँ, ऐसे ही जैसे बेवजह कोई मुस्कराए।

"जिज्जी ठीक हैं?"

"हाँ" मैंने मुस्कराना स्थगित करके जवाब दिया।

"लल्लू और बिरजू?"

"वे दोनों भी। आठवीं और बारहवीं का इम्तहान देने वाले हैं।"

"तुम?"

"बी.ए. का इम्तहान पास करने के बाद नौकरी के इम्तहान पास करने हैं।"

"रोटी खा ली?"

"हाँ।"

इतनी औपचारिकताएँ बरतना कहाँ से सीखा? नानी ने उसे वाकई स्त्री के सद्गुणों में पारंगत कर दिया है। वह अम्मा की तरह गम्भीर है। मेहमान के सामने जैसे परीक्षा दे रही हो और खरी उतर गयी हो। अभ्यास के लिए मैं ही बचा था? कैसे बताऊँ कि उसके व्यवहार के बरक्स मेरी आँखों में प्यार का बेहूदा सपना सजा है।

"नींद आ रही है चन्दर?" वह खड़ी-खड़ी ही पूछ रही है।

"नहीं। नींद क्यों आएगी?" मैं फिर बेशर्मी से मुस्कराता हूँ।

"मैं पिछौरा ले आती हूँ, ओढ़कर नींद जल्दी आती है।"

अजीब बेवकूफ लड़की है। मैं यहाँ सोने आया हूँ? चलो लाने दो पिछौरा।

नानी पिछौरा लेकर प्रकट हुईं, मुझे उढ़ाने लगीं। मैंने चादर पाँवों से परे कर दी।

"नानी भुवन कहाँ गयी?"

"भीतर रोटी खा रही है।"

"किसी थाली लोटे की आवाज तो आई नहीं।"

"हाथ पर धरकर खा रही है। बासन जूठे करो फिर माँजो, इतना टैम कहाँ है?"

"दही भी हाथ पर धरकर खा रही है?"

"भुवन दही नहीं खाती। गर्मियों में भैंस के नीचे दूध भी कम होता है।"

"तरकारी भी हाथ पर धरकर?"

"वह अचार से रोटी खा रही है।"

थोड़ी देर बाद वह हँसिया डोर लेकर सर्र से निकल गयी। मैं देखता रह गया, साथ ही पछताया, लेटा क्यों रहा, शायद उसने मुझे सोया हुआ समझा हो। क्या मैं भीतर नहीं जा सकता था, जहाँ वह थी? वह बड़ी हो गयी है या मैं बड़ा होकर आया हूँ? पिताजी की तरह पाहुना होना मुझे शोभा देता है? क्या हम नानी की बेटी के ससुराल वाले ही बनकर रहेंगे, भले उसके बेटे हों? नानी और भुवन हमारी सेवा टहल के लिए हैं?

उसके चले जाने पर बेचैन हो उठा। खटिया छोड़कर बाहर आ गया। चबूतरे पर नीम का पेड़ है। धूप में नीम की पत्तियाँ सिंक रही हैं, नीचे से छाया उठ रही है। छाया और धूप के बीच से भुवन को आवाज देना चाहता था कि तोतों ने शोर मचा डाला। हो सकता है मुझे अजनबी मानकर ऐसा किया हो।

मैं उसके पास क्यों नहीं चला जाता?

राजा जी के बाग का रास्ता मालूम था। पहचानी हुई जगह का आकर्षण लगा कि बाग बनकर बचपन ही पुकारने लगा। धीरे-धीरे उसी रास्ते उसी जगह की ओर बढ़ा।

बाग में आम-जामुन के पेड़ पहचान लिए। वह बिरिया भी, जिस पर चढ़कर लल्लू बाग का बन्दर हो गया था। भुवन की कही कहानी 'रंग चूँ चूँ' याद आई। बाग में नए बच्चे खेल रहे हैं। माली ने मुझे पहचाना नहीं। वह भूल गया है या मैं बदला-बदला हूँ। बाग ने मुझे पहचाना? भुवन के पगचिह्न कहीं नहीं...

क्या हो गया?

भुवन खेत और फसल के संग है, मुझे बाग याद रह गया।

रात में भुवन ने रोटी बनाईं, नानी ने परसीं। मैं खाने के लिए खटिया पर ही नहीं बैठा रहा, उठकर चौके में आ गया। चूल्हे के पास गर्मी थी, भुवन के चेहरे पर पसीना था। शायद खेत में आया पसीना चूल्हे की आग की रोशनी में चमकने लगा था, क्योंकि मेरे बदन पर कहीं भी गीलापन न था।

वह बराबर आग जलाए जा रही थी, लालटेन की रोशनी से ज्यादा रोशनी चूल्हे में से उठ रही थी, चौका प्रकाशित था। मेरे लिए सजाए हुए थाली-लोटा दमक रहे थे। चूल्हे की गरमाई के सहारे साग की पतीली जमी थी, पास ही सूखी सब्जी की कढ़इया लगी थी। भुवन की बनाई रसोई थी कि रसोई से पैदा हुई भूख थी? मैं पालथी मारकर बैठा भी नहीं था, अचानक मुँह से निकल गया—नानी, कब से देख रहा था, तुम रोटी परसो।

भुवन मेरी ओर देखने लगी, पर ऐसे दिखाया जैसे देखा न हो। उसका तन-मन अच्छी से अच्छी रोटी सेंकने में था। उसकी आदत मैं जानता हूँ, पूरी लगन के साथ काम करना और अपना लोहा मनवा लेना। नानी के मुकाबले रसोई में ज्यादा पारंगत हो गयी है, इससे इनकार नहीं किया जा सकता, क्योंकि मैं साग सब्जी चख चुका था। मगर मैं उसकी तारीफ में कुछ कहूँगा तो यह मेरे बचपन के संस्कारों की तौहीन होगी। मैं उसके पीछे-पीछे रहा पर कभी प्रकटतः लोहा नहीं माना।

वह बार-बार कनखियों से मुझे खाते हुए देखती, मगर मैं गूँगे की तरह खाता जा रहा था।

अन्त में उठते हुए बोला—नानी, आदमी की भूख ही स्वाद बन जाती है। है न?

नानी कुछ बोलें, उसके पहले भुवन ने ताजा सिंकी फूली हुई रोटी चूल्हे के घए में रखे बउआ पर मारी। रोटी फट गयी, गर्म भाप निकल गयी। मैं आगे कुछ और भी कहने वाला था, नहीं कह पाया और बैठक में चला आया।

मौसम ऐसा था कि रात के समय आँगन में सोना शुरू हो गया था।

नानी ने तीन खटियाँ बिछवा लीं।

मेरे हिस्से की खटिया नानी की चारपाई के नजदीक पड़ी। भुवन भी नानी के पास वाली खटिया पर सो रही थी, यानी कि नानी बीच में थीं नहीं तो मेरी और भुवन की खटिया आपस में भिड़ी हुई नजदीक से नजदीक होतीं। नजदीक होतीं, इस इच्छा से मन में कई इच्छाएँ जाग्रत हो उठीं, जब कि यह भी जानता था कि नानी के आसपास रहते हुए सारी इच्छाएँ बेकार जाने वाली हैं।

क्यों? क्या मैं भुवन को उसी तरह जगा नहीं सकता, जैसे भुवन मुझे झकझोर

कर जगा देती थी?

मगर भुवन तो सोई ही नहीं। अँधेरे में उसकी चूड़ियाँ खनक जाती हैं। और यह बात भी तय है कि ये चूड़ियाँ नानी की कलाई में पड़ी चूड़ियाँ नहीं। भुवन नानी के मुकाबले ढीली चूड़ियाँ पहनती है। कटनई के समय भी नहीं उतारीं! उसे चूड़ियाँ टूट जाने का डर नहीं?

आकाश में बिजली चुपचाप चमकी। बिजली की रोशनी में भुवन का चेहरा कौंधा। वह पूरी नहीं आधी दिखी। जैसे भुवन हो और नहीं हो। बरसात हो तो कैसा रहे? भीतर जाने का मौका मिले और भुवन से बोलने चालने का अवसर भी। वर्षा मेरे लिए बहुत कुछ मनचाहा जुटा सकती है, लेकिन कुदरत का मेहरबान होना किसी के बस में नहीं।

शायद भुवन सो गयी। उसके साँसों की जवान आवाज आँगन में फैल रही है। बिजली फिर चमकी। तीसरी खटिया पर जैसे कथरी बिछाकर चादर सो रही हो। भुवन कहाँ है?

नानी ने भुवन को कब चादर उढ़ाई? उढ़ातीं तो वे मुझे पहले उढ़ातीं। उसने खुद ही ओढ़ ली होगी, चादर ओढ़ने से नींद आ जाती है, भुवन ऐसा मानती है। पर मुझे लग रहा है वह थक गयी होगी। थके हुए लोग जल्दी सो जाते हैं। नानी से कहूँगा, भुवन एक दिन खेत काटने न जाए तो? मैं आया हूँ, कल वह घर रहे। कल की बात आज सोची भी तो नहीं जा सकती, कल पर मेरा वश चलेगा या नहीं? पिताजी कहते हैं आने वाला समय ही हमें बताता है कि क्या करना है, नहीं तो जो करना पड़ जाता है, वह पहले क्यों नहीं किया था? या आज ही क्यों किया? हाँ, किसने सोचा था कि मैं सपने के वशीभूत होकर यहाँ तक आ जाऊँगा? इतने दिन भुवन का भाव भुलाकर इतने नजदीक आना चाहूँगा।

उसके तेवरों में अपनी उपेक्षा का गुस्सा है। निश्चित ही वह सोई नहीं है, भले दिन भर की मेहनत से थक गयी हो। नींद की साँसों का अभिनय वह बचपन से करती चली आ रही है। सब जानें सो रही है, वह जग रही होती, जागने की सी मुद्रा में गहरी नींद ले रही होती, यह भी एक खेल था।

रात कितनी बीत गयी? अँधेरा ही रात था।

नानी आधी रात समझकर भुवन को सोई हुई मान बैठीं। अपने अनुमान को प्रमाणित करना चाहा सो पुकारने लगीं—भुवन, सो गईं बेटा?

कोई आवाज नहीं, कोई हरकत नहीं। आकाश में बिजली भी खामोश हो गयी।

कुछ देर नानी भी चुप रहीं! फिर मेरी ओर करवट लिया। धीरे-धीरे मेरा हाथ टटोला और हाथ पकड़कर बोलीं—चन्दर, अपने पिताजी से कहना बेटा कि भुवन के लिए कोई लरका...इतने दिन से खोज रहे हैं, अभी कोई मिला नहीं? संग की बिटियाँ लरकौरी हो गयीं। इतेक उमर में मन्नू के तुम दो हो लिए थे।

नानी क्या कह रही हैं? पिताजी वर खोज रहे हैं। मुझे पता भी नहीं !

—बेटा, आज के दिना बाप जिन्दा होते तो तुम्हारे पिताजी को हम इतना कष्टा न देते। अब करें क्या, इरफिर के वे ही एक दीखते हैं। और कौन है हमारा?

मैं सन्न सा था, सुन्न हुआ पड़ा रहा। नहीं, भुवन भी हरगिज नहीं सो रही, वह भी सुन्न हो गयी है। नानी बोले जा रही हैं।

—बताने को तो गाँव के, बिरादरी के लोग तमाम लरका बताते हैं, पर वही बात कि घर है तो वर भुवन के जोग नहीं बैठता, वर है तो घर के नाम पर मड़ैया है। आँखें मींचके तो फेंकी नहीं जाती। मताई और बाप दोनों का धरम हमें ही निभाना है, सो बेटा चैन नहीं पड़ता।

नानी की पसीजती हथेली की गिरफ्त में मेरी कलाई है। मैं कहना चाहता हूँ—अभी से! इतनी जल्दी?

वह कहती हैं—चन्दर तें बिटिया होता तो मन्नू अब तक सास बन गयी होती। बरजोर सिंह कब के हाथ पीले कर चुके होते।

मैं घबरा रहा हूँ, नानी को पता है? भुवन को अपनी, केवल अपनी मानकर सपने का मारा यहाँ भागता चला आया। आया हूँ तब से लगातार उससे एकांत में मिलने की कोशिश कर रहा हूँ। बताना चाह रहा हूँ—तुम्हारे बिना मेरा जीवन कुछ नहीं—और नानी हैं कि बेगाने बीहड़ में खींचने लगीं। भुवन सामने है, और मैं दूर से दूर जा रहा हूँ। मेरे मन में काँटा-सा कसकने लगा, नानी दुश्मन-सी लगने लगीं जैसे मेरा खिलौना मुझसे छीनकर किसी दूसरे को देना चाहती हों।

नानी को भुवन के ब्याह की चिन्ता सोने नहीं देती। नानी की आवाज दर्द से भरी हुई थी, नानी के भीतर अनगिनत चोटे हैं, क्योंकि खुद को हर जगह अकेली पा रही हैं।

मैं सोने की कोशिश करके भी नहीं सो पाया, भुवन की ही चिन्ता में जाग रहा हूँ, उसे बचाने की फिक्र लगी है, जबकि इस कुँआरी कन्या की फिक्रमन्द माँ कब की सो गयी।

भुवन क्या सोच रही होगी? मैं पूछूँ कि तुमने इस बारे में क्या सोचा है? क्या सचमुच तुम मेरे लिए ऐसी ही लौ लगाए हो, जैसी कि मैं तुम्हारे लिए?

यदि उसने कह दिया—नहीं, कतई नहीं।—तब मैं क्या करूँगा? अगर वह कहे कि तेरे जैसे चाहने वाले गाँव में भी कितने ही लड़के हैं, तब मैं क्या जवाब दूँगा?

नहीं, भुवन ऐसा नहीं कहेगी, ऐसा नहीं कह सकती। पहली बार तो कोई लड़की अपने मुँह से अपने आशिकों का एलान नहीं करती। दूसरे, वह जानती है कि मेरा उसके लिए क्या भाव है और कितने नजदीक हूँ। तीसरे घर और नाते का डर भी लगेगा।

—तब क्या तुम भुवन से शादी कर लोगे?—मैं खुद से पूछता हूँ। जवाब चाहता

हूँ। जवाब में पिताजी याद आते हैं। पिताजी याद आते ही उनका दिया ज्ञान याद आता है। मर्यादा और परम्परा निभाने वाला बेटा ही सपूत माना जाता है। मैं घर का बड़ा बेटा हूँ।

पिताजी की छवि से दहलता हूँ, पर छवि पिताजी तो नहीं। सो सोचता हूँ।—मर्यादा परम्परा किसके लिए थी? उन बच्चों के लिए, जो चौदह साल की उम्र में ब्याह के नाम पर मौर बाँधकर पालकी में बिठा दिए जाते थे और समझ दिया जाता था, तुम बारात के संग पराए गाँव जा रहे हो, डरना सहमना नहीं। झिझक के मारे रोना नहीं। पिताजी कहते हैं कि वे अपने ब्याह के समय गाँव से चलने की वेला, बहुत रोए थे और शीतलगढ़ी में जब नाई ने घोड़े पर चढ़ाने की कोशिश की तो वे नाई के बाल पकड़कर घोड़े से फिसलने लगे थे। उनको तीन-चार आदमियों ने जबरदस्ती काबू में किया था। भाँवरों के समय वे फूफा की कलाई में बँधी रस्सी के जरिए पाँव का टखना बँधा महसूस कर रहे थे। कन्या पक्ष के किसी आदमी ने टोका तो फूफा ने चटपट जवाब दे दिया था—हमारे यहाँ यह चलन है जू।

मैं पिताजी जैसा बच्चा नहीं। बड़ा हो गया हूँ, अपनी बात कहने का हकदार हूँ। कैसे कहा जाए, वह ढंग भी जानता हूँ क्योंकि पढ़ा-लिखा हूँ। तर्क दे सकता हूँ कि किसी अनजान से, बिना प्रेम के ब्याह को लोग जन्म-जन्म का बन्धन क्यों कहते हैं? क्योंकि वह बन्धन के सिवा कुछ होता ही नहीं। विवाह जवानी की जरूरत है, क्योंकि जवान होते लड़के-लड़कियाँ अपनी इच्छाओं का महत्त्व समझते हैं और जीवन साथी उसी को बनाने की सोचते हैं, जो उस इच्छा के अनुरूप हो। इसमें बुरा क्या है? यही बुरा है कि हमारे बड़े लोग उनकी ऐसी इच्छाओं को अपनी तौहीन मानते हैं।

नहीं, मैं बड़ों की तौहीन नहीं कर रहा, मेरी हार्दिक इच्छा है,—भुवन को ता-जिंदगी साथ रखूँ—इस इच्छा का सम्मान करना चाहता हूँ।

आवेग था, अँधेरा था, तीसरी खटिया पर भुवन थी। मैं धीरे से उठा और अन्दाजे से उसकी खटिया के पास पहुँच गया। खड़ा रहा। हाथ पकड़ूँ, न पकड़ूँ की दुविधा न थी, बस कैसे पकड़ूँ और उठाकर ले जाऊँ, यही चिन्ता थी।

जवान खून की तरंगों ने साहस की हिलोरें जगा दीं। उत्साह ठाठें मारने लगा। देह सनसना उठी। मैंने भुवन की कलाई थाम ली।

वह कसमसाई, मतलब समझ गई, मगर हिली तक नहीं। कैसी लड़की है, मैं झटके दे रहा हूँ, उसमें हरकत तक नहीं! लेकिन मैंने हिम्मत नहीं हारी। हौसला इतना था कि हारते-हारते न हारता। जवानी की दहलीज पर खड़ी यह पहली रात बड़ी बेसब्र होकर आई, मैं भुवन को खींचने लगा।

वह कुछ कहना नहीं चाहती थी। कहना मतलब कि मुँह से आवाज निकालना,

आवाज से नानी जाग जाती। वह थप्पड़ नहीं मार सकती थी, उसमें भी आवाज रहती है और न वह धक्का दे सकती थी, धक्के से मैं गिर सकता था। भुवन एक ओर तो मुझे बचा रही थी, दूसरी ओर नानी का भरम रख रही थी। ऐसा न होता तो चुपचाप फिर मेरे साथ उठी क्यों चली आती?

हम कोठे में आ गए। दोनों एक-दूसरे का हाथ पकड़े थे, ठोकर खाकर मैं गिर सकता था, इसलिए भुवन आगे-आगे चलकर आई थी। अँधेरे में प्यार करना बड़ा आसान, सुविधापूर्ण था। प्यार के नाम पर एक-दूसरे को बाँहों में भींच लेना था। एक-दूसरे में समा जाना, दुनिया के साम्राज्य को फतह कर लेना था। भुवन जैसे जन्म जन्म की प्यासी हो। मेरी देह का कोई हिस्सा मेरा न था। उसका शरीर मेरे हवाले था। मन में उमड़ता प्रेम तन पर ऐसे लहराता है, पता न था। एक-दूसरे में समाना किस हद तक होता है, यह भी मालून न था।

उस रात हम एक-दूसरे के लिए समर्पित होने का प्रमाण देना चाहते थे, अँधेरा बड़ा सहायक था। गर्मी थी, पसीना था, मगर परवाह न थी। मंजिल की चाह ने मदहोश कर डाला।

रोशनी दुश्मन की तरह आई। धुँधली सी किरणों ने तबाही मचा दी। भुवन छिटककर अलग हो गयी। मैं ठगा सा रह गया।

नानी ने आँगन में ढिबरी जला दी थी। ढिबरी का उजाला इतना तेज कभी देखा नहीं था। आँगन में जली ढिबरी, कोठे में सेंध लगा गयी। हमारे कपड़े अस्तव्यस्त दिखे। भुवन बाहर भागी।

मैं कमीज पहनता हुआ बाहर आया। कलेजा धड़क उठा था, अशुभ की आशंका भयानक हो उठी। नानी कुएँ से पानी खींचने वाली रस्सी लेकर छत की कड़ी में फन्दा फँसा चुकी थीं। दूसरा फन्दा अपनी गर्दन में कसने जा रही थीं।

ऐसे दृश्य का सपना कभी देखा था? ऐसी कल्पना की थी?

भुवन बिल्ली की तरह कूदकर नानी के ऊपर झपट पड़ी। मेरा कलेजा मुँह को आ गया।

भुवन ने नानी के गले का फन्दा निकाल फेंका और नानी के पाँवों में लिपटकर बोली—अम्मा मुझे मार डालो। मार डालो अम्मा।—वह कह रही थी, मैं काँप रहा था। शरीर थोथा हो गया।

मुझ पढ़े-लिखे के तर्क भीतर ही भीतर पानी हो गए। डूबते आदमी की जैसी घुटन के सिवा उस घर में मेरे लिए कुछ न था। इच्छा का, साहस का, जवानी का अन्त ऐसे आएगा, काश ! सोच लिया होता तो असमय मरना न पड़ता। नानी जिस मौत के लिए कृत संकल्प हो गयीं, उस मौत के भय ने मेरे पुरुषत्व पर ऐसा आघात किया कि मैं फिर उसके बारे में सोचना तक अपराध मान बैठा।—मैं दोषी हूँ, कलंकी हूँ, जघन्य अपराधी...मौसी के साथ सम्भोग की इच्छा जताने वाले युवकों की कथा

कहानियाँ पढ़ी हैं मैंने। सुनता आया हूँ कि मौसी माँ समान होती है। मैं नाते भूल गया कि जवानी में अन्धा हो गया? नानी ने फन्दा लगाकर ऐसा कोड़ा फटकारा कि रीढ़ टूट गयी।

भुवन मुझसे अच्छी अवस्था में थी, माँ के पाँवों में लिपटकर सजा माँग रही थी। सजा माँगकर उसने मुझे ज्यादा से ज्यादा अपराधी बना डाला। अब मैं कहाँ जाऊँ? रात का नहीं, अँधेरे का नहीं, मुझे नानी का डर मारे डाल रहा था, मगर मैं मर भी तो नहीं रहा था।

अँधेरे की काली चादर ओढ़कर रातोंरात ही भागा। सवेरे का सामना करना मेरे बस की बात नहीं थी। हालाँकि किसी 'सुबह' की इच्छा से मैं भुवन की ओर बढ़ा था। प्रगाढ़ता न हो तो प्रेम किस रूप में होगा? प्रेम हवाओं में नहीं होता, दो मनुष्यों में होता है। पशुओं का प्रेम भी उनको मनुष्यों से जोड़ता है। यही प्रेम साहस देगा, मैं पिताजी से भिड़ नहीं जाऊँगा तो अपनी इच्छा की खातिर अड़ तो सकता हूँ। अड़ जाऊँगा तो सफल होना दुश्वार नहीं...यह सोचा था या नहीं सोचा था, इच्छा ऐसे ही लक्ष्य की ओर ले जा रही थी। नानी ने यह क्या किया, बीच में ही इच्छा को कुचलने की योजना बना डाली। कुछ पूछा होता, कुछ समझाया होता और कुछ सुना होता...मैं उनकी चिन्ता पर यह नहीं कह पाया कि नानी मैं हूँ तो सही। ऐसा ही लड़का हूँ, जैसे लड़के की तुम्हें खोज है। नानी मुझे रिश्ते की बाधा समझातीं। मैं उन्हें उनकी स्थितियों पर सोचने के लिए कहता। वे, जो नानी को अकेली औरत देखकर कहते हैं—बेटी के ब्याह का कन्यादान करो, वर के नाम अपनी धरती कर दो। या—तुम्हारी बेटी के लिए अच्छे से अच्छा घर वर मिलेगा, अच्छी रकम भरो। हाथ में पैसा नहीं है तो थोड़ा-सा खेत बेच दो। अकेली के लिए खेत का कितना रकबा चाहिए? आखिर में तो लड़कियों का ही होना है।—ऐसे सारे लोग नानी को अभी से मरा मानकर जायदाद हड़पने के लिए तैयार बैठे हैं।

मुझे लग रहा था कि नानी ने मेरे उस सपने के खम्भे हिला दिए जिन पर मैं मनचाही दुनिया बसाने के लिए छत डाल रहा था। नहीं बता पाया कि मैंने एक ही सपना देखा था, भुवन का सपना, उसे छिन्न-भिन्न कर डाला, मेरे पास अब क्या बचा? कई बार मैं भ्रम का शिकार हुआ, कालिज के कैंटीन में समोसे बेचने वाली लड़की भी मुझे प्यार करने लगी है, क्या मैं उसके प्यार में पागल हो जाऊँगा? शायद नहीं। इसलिए नहीं कि वह समोसे बेचने वाली लड़की है, बल्कि इसलिए कि मेरे बाद अगर कोई दूसरा लड़का आता है तो वह मुझे भूल जाती है। पढ़कर चला जाऊँगा तो पहचानना भी छोड़ देगी। भुवन ऐसा कर पाएगी? मुझे सचमुच ही अपने लगाव से ज्यादा भुवन के प्रेम पर भरोसा था, इसलिए हक का अहसास होता था।

आज वह दिन याद आता है, मैं पिताजी के सामने चार-पाँच दिन नहीं गया था। तब अम्मा ने यह कहकर बचा लिया था—चन्दर मजूर नहीं ला पाया सो डर रहा है। अब मजूर लाना, आसमान के तारे तोड़कर लाना है, आसमान के तारे कौन तोड़ सकता है? तुम जाते तो तुम भी खाली हाथ लौटते।

पिताजी खोखली-सी हँसी हँसे थे, व्यंग भरे स्वर में कहा था—मसें भीगता लड़का हर कदम पर अपनी जीत चाहता है, नहीं तो मरने-जीने पर बात तोड़ता है। चन्दर को मजूरों ने हरा लिया, अब बाप को मुँह कैसे दिखाए? यही कहना चाहती हो न?

अम्मा यकायक सहम-सी गयीं। क्यों सहम गयीं, पिताजी ने दो क्षण में ही मामला साफ कर डाला—यह नहीं कहतीं कि हरामी क्या कांड करके आया है? ऐसी ही लुच्ची तुम्हारी बहन। बछेड़ी की तरह जवानी चढ़ रही है तो वहीं गधा घोड़ा ढूँढ़ ले, हमारे लड़के का सत्यानाश करने पर क्यों तुली है?—कहकर उन्होंने अम्मा को ही पछाड़ डाला।

पिताजी को नहीं पता था कि कोठे के अँधेरे में मैं अम्मा के बक्सा पर बैठा सुन रहा हूँ। या पिताजी को पक्का पता था और वे अपने हरामी बेटे को यही सुनाना चाहते थे। भुवन के लिए बख्शी गयीं गालियाँ मेरे लिए उस समय मौत से ज्यादा तकलीफदेह थीं। अपने घर के साथ-साथ नानी का घर आँखों के सामने डोलने लगा। चक्कर आने का मुझे अब तक कोई अनुभव नहीं था, आज जाना कि चक्कर आदमी को धरती का छोड़ें न आसमान का। मेरे लिए अब कौन-सी जगह है? गुनहगारों के लिए कौन-सा कोना होता है? मैं कई दिनों तक अँधेरे में भूखा-प्यासा पड़ा बचपन की यादों की पोटली को ठोकर मार-मारकर गेंद की तरह उछालता रहा, उछालता रहा, जब तक कि वह चिथड़े-चिथड़े न हो गयी।

तीन

'भुवन मेरे जीवन में हादसा है' मैंने मान लिया था। कारण कि मैं हार गया था। प्रतियोगी परीक्षाएँ जान ले रही थीं, जिनमें मैं पहली साल तो शामिल ही नहीं हो पाया क्योंकि किताबें छूने का विचार आते ही देह में काँटे फूटने लगते। जिस व्यक्ति की किताबों के पन्नों पर 'भुवन' नाम की लड़की के सिवा कुछ छपा न हो, वह क्या पढ़े? उस लड़की का हँसना-मुस्कराना उसी का रोना-फफकना और उसी के राग-द्वेष...यह किस तरह की किताब देख रहा हूँ मैं? अपने आप पर झुँझलाता हुआ मैं भुवन के रुतबे को सहलाना नहीं चाहता था, किताब के पन्ने चीर डालना चाहता। धज्जी-धज्जी चिन्दी-चिन्दी होता हुआ वह परिन्दा बड़ा सन्तोष देता, जिसे मैंने अपनी

इच्छा की तरह पाला था।

दूसरे साल की बात है, मैंने परीक्षाएँ दीं, मगर ऐसे दीं जैसे अपनी ही परीक्षा ले रहा हूँ। परीक्षा लेते समय उस भुवन को जिन्दगी से निकाल फेंकना चाहता, जिससे कक्षाएँ पास करते समय पीछा छुड़ा लेता था। असल में वह मेरे जीवन में थी ही नहीं, गले कहाँ से लग गयी, याद न कर पाता। सच कहूँ तो उस लड़की को भुलाकर मैंने खुद को मुक्त महसूस किया और उम्र के हिसाब से लड़के का पहला कर्तव्य होता है 'कैरियर' पकड़ना, उसी ओर अग्रसर था। अग्रसर रहा।

अग्रसर होने से मंजिल मिल जाए तो इससे अच्छा भी क्या? मैं प्रतियोगी परीक्षाओं, साक्षात्कारों और प्रविष्टियों के विधानों से गुजरता रहा, गिरता रहा, पछड़ता रहा। हारकर भी हार का प्रतिरोध करता रहा। जब कुछ बन पड़ता तो भीतर से एक अलग ही किस्म का आनन्द उमड़ता, उस आनन्द का भाँडा फोड़ता पिताजी के सिर। 'हिटलरी अनुशासन के मालिक के बेटे या तो रट्टू तोते बन जाते हैं या प्रेमी हो जाते हैं,' ऐसा सुना था, मेरे ही ऊपर गुजरेगी, सोचा न था।...लेकिन मैं तो अब इन दोनों में से भी कुछ नहीं, पागल-सा हो चला। बीमार की तरह घर की खटिया तोड़ रहा था।

पिताजी मेरी काहिली पर मुस्कराकर रह गए, जबकि मैं समझता था, वे कोड़ा उठाकर मेरी ओर दौड़ेंगे। वे मुस्कराते हुए ही उस कोठे में आए, जिसके अन्धकार में मैं अँधेरा बनकर ही लेटा रहता था।

उनके हाथ में झकझकाती लालटेन थी क्योंकि बिजली न थी।

लालटेन धरती पर रख दी, मगर उसका उजाला कोठे की छत तक को प्रकाशित करने लगा। पिताजी खड़े थे, उनका कद लम्बा था मगर वह लम्बाई मेरे लिए साक्षात् भय के कद्दावर रूप में खड़ी थी। उनकी मुस्कान किसी दैत्य की मुस्कान जैसी थी। वे मेरा चेहरा रोशनी के सामने डालकर उस पर कालिख पोतने आए हैं, अभी कहने वाले हैं—हरामी बेंचो, जा उस बछेड़ी के पास, जिसकी टाँगों को सहलाकर समय गँवा दिया।

मुझे ज्यों जूड़ी का बुखार चढ़ आया हो। भीतर 'अम्मा अम्मा' शब्द गूँजने लगा। इस आह कराह के सिवा मेरी झोली में बचा भी क्या है, मैंने सोचा और बेशर्म की तरह उठकर बैठने लगा। या कि पिता के सामने खटिया पर पड़ा रहूँ, संस्कारों को यह गँवारा न हुआ। तन और मन का आपसी व्यवहार बड़ा अटपटा था।

"अरे, उठो नहीं। पड़े रहो। जी अच्छा नहीं?" पिताजी ने कहा तो लगा उनका स्वर उनका अपना नहीं, किसी से उधार लिया हुआ है।

वे उसी खटिया पर बैठ गए। मेरी पीठ पर हाथ धर दिया। पीठ सहलाते रहे, मुझे ऐसा ही लगा, जबकि वे मेरी पीठ थपथपा रहे थे।

"अब घबराते काए हो चन्दर? मोर्चा मार लिया।" पिताजी ने यह वाक्य मुझे

खटिया से उठाने के लिए इस्तेमाल किया है, मैं समझ रहा था। जब साईस का घोड़ा कोड़ा खाते-खाते दर्द से आहत होकर रास्ते में बैठ जाता है, तब साईस भी जान लेता है कि अब यह कोड़े से उठने वाला नहीं, सहलाना-फुसलाना-पुटियाना जैसे उपाय करने होंगे।

"उठो चन्दर, हाथ-मुँह धोकर कपड़े बदलो, अब तो जिन्दगी बदलने वाली है।" कहकर वे और भी मुस्कराए।

मैंने उनकी मुस्कराहट को जी भरकर देखना चाहा, सिर उठाकर देखने लगा तो बोले, "नौकरी पक्की हो गयी है, समझ लो।"

'तुम राजा हो गए हो' कोई कहे तो आप मान लेंगे? ऐसे ही मैं अविश्वास से हँस पड़ा। वे आश्चर्य से बोले, "अरे! हमें झूठा समझ रहे हो?"

वे जो पूछ रहे थे, उसके लिए मैं 'हाँ' कैसे कहूँ?

बहरहाल उन्होंने बताया कि किन्हीं गोपनीय उपायों से उन्होंने मेरे लिए नौकरी हासिल कर ली है। नौकरी हासिल करना इतना कठिन नहीं था, जितना मैं मान रहा था। पिताजी ने कहा कि आज वह जमाना है, जब कौआ मोती चुगे और हंस लंघिन मर जाए। उन्होंने मुझ हंस को लंघिन मर जाने से बचा लिया है तो बुरा क्या किया? बाप हैं वे, मगर इंसाफ के चलते हितैषी बने हैं। वे इस घर का भला चाहते हैं। इस घर के रिश्तेदारों का शुभ चाहते हैं। रिश्तेदारों के रिश्तेदारों के यहाँ भी मनहूसियत उन्हें पसन्द नहीं। उनका यह नजरिया मुझे उस समय समाज सुधारक के नजरिया लगा। परिवारों से ही तो समाज बनता है।

अपने व्यक्तित्व के विकास की सीढ़ी पर पाँव टिकाए हुए मैं अपने बाप को उस पिता की जगह खड़ा देख रहा था, जो सन्तान की असफलताओं से टूटा नहीं भिड़ गया। वे इस कामयाबी पर कह भी रहे थे, "मेहनत तो तुम्हारी ही थी चन्दर।"

पिताजी को ज्यादा बोलने की आदत नहीं। वे लालटेन धरकर बाहर निकल गए। मैं लालटेन की रोशनी से आँखें मिला रहा था। किस तरह सम्भव हुआ होगा सब कुछ? सिफारिश या घूँस? नहीं नहीं, इस शुभ घड़ी में मुझे ऐसी बेहूदी बातें नहीं सोचनी चाहिए। मैं तो ऐसा टूट गया था कि इण्टरव्यू के बारे में सोचते ही पसीना छोड़ने लगता, बोर्ड के सामनें जाते समय टाँगें डगमगातीं और प्रश्न सुनकर उत्तर देना असम्भव हो जाता। देता भी तो हकलाने लगता! किसी तरह भी खुद को व्यक्त न कर पाता। फिर कैसे सम्भव हुई कामयाबी? कामयाबी के आगे कोई सवाल कोई तर्क नहीं ठहरा करता, मैं खुद से कहता और झिलमिलाते हुए बिजली के लट्टुओं में खो जाता। जहाँ जाऊँगा वहाँ ऐसा अँधेरा न होगा।

पिताजी ने बताया, "असिस्टेंट डेवलपमेंट आफिसर वाली पोस्ट मिली है। अभी अपनी माँ को न बताना। सरकारी चिट्ठी न आ जाए तब तक बात पचाए रहनी है। तुम्हारी माँ को प्रसाद बाँटने की बुरी आदत है।"

कैसे हुआ और क्यों हुआ? नौकरी की खुशी में भुवन याद आने लगी। अम्मा से पहले मैं उसे बताना चाहता।

चाहता था, भुवन के अलावा मेरा जीवन-साथी कोई दूसरा न हो।...लेकिन नौकरी कह रही थी—बी केयरफुल। यानी कि सावधानी से काम करो। तुम्हारी नौकरी मामूली नहीं है। और अठारह साल वाले वह लड़के नहीं, जिसके होठों पर जमे रोम इतने मुलायम होते हैं कि सख्ती की बात सोच तक नहीं पाता। अपनी ही आवाज अपने कानों में गूँजती—प्रेम ही प्रेमी को पस्त कर डालता है।—मुझे डर लगने लगा, क्योंकि मैं अब नौकरीपेशा था, प्रशिक्षण के लिए जा रहा था।

ट्रेनिंग के माहौल ने मुझे बीते समय से उबारने में मदद दी। नए दोस्त, नई जानकारियाँ और नया रुतबा, जीवन ही नएपन में ढलने लगा। भुवन को भुला देने जैसी मुद्रा अपनाकर मैंने खुद को ही नहीं ढाला, घरवालों को भी चैन और शान्ति बख्श दी। जैसे पुराने जाले पोंछकर सारा कुछ साफ स्वच्छ कर दिखाया हो, सुख इसी का नाम है। शीतलगढ़ी का रहस्य और आकर्षण मेरे जीवन में कहीं न था। इस नौकरी को सौ सौ सलाम, जिसने जिन्दगी के उन विषों को सोख लिया, जिनसे घर की मान मर्यादा का हनन होता था।

पद और प्रतिष्ठा के साथ एक मुश्त वेतन के सुनहरी जाल के नीचे धूल-धूसरित भुवन ढँक गयी या कि खो गयी! हो सकता है मैंने ही अपने और उसके सम्बन्ध को किशोरावस्था का सम्मोहन मानकर प्रेम के सारे मुलम्मे उखाड़ फेंके हों कि जीवनगत व्यवहार सीख सकूँ। संयम के कवच पहन लिए हों, अंकुशों की बाड़ खड़ी कर ली हो, तभी तो नानी की बीमारी की बात सुनकर नहीं गया। भुवन के खलिहान में किसी दुश्मन ने आग लगा दी, यह घटना मैंने कान के ऊपर से उतार दी। उसके बाद सूचना आई कि भुवन को स्वर्गीय मुखिया के नाती ने छेड़ा, दोनों में मारपीट हुई, भुवन के कपड़े फट गए...

मैंने नींद की गोलियाँ खाकर इस हादसे पर विजय पाई थी। कैसा नशा था! यह सजा मैं किसको दे रहा था? नौकरी कर रहा था या भुवन को भूल जाने के जानलेवा अभ्यास से गुजर रहा था? जो भी कर रहा था नौकरी नामक पूँछ से ही पिछले सुनहरी जीवन में आग लगाने के उपक्रम में लगा था।

ट्रेनिंग के बाद जिला इटावा ब्लॉक अजीतमल में पोस्टिंग हुई। क्वार्टर के साथ चपरासी मिला। भुवन नहीं मिली तो क्या हुआ? व्यस्तताओं ने ऐसे भाव खोले कि हर अभाव भरता चला गया। उसी दौरान गाँव गया था।

"चन्दर अब कभी नहीं आएगा?" भुवन ने पूछा।

"छुट्टी मिलेगी, तब आएगा," बिरजू ने बताया।

"छुट्टी कब मिलेगी?"

"जब सरकार देगी?"

"सरकार छुट्टी कब देती है बिरजू?"

बिरजू ने जब यह सब बताया तो मैं हँसकर रह गया था। हँसी में बहुत से दृश्य उड़ गए—मसलन नानी का फाँसी लगाने वाला दृश्य, साथ ही भुवन की अंतरंगता के दृश्य, पिताजी के क्रूर चेहरे के सामने खड़े होने वाले दृश्य!

बिरजू कह रहा था, "नानी तुमको याद करती हैं भइया। कहती हैं चन्दर बड़ा समझदार लड़का निकला। वह तो भुवनिया के भरमाये भरम जाता था। खोजिन मोंड़ी। और फिर लड़कपन सदा थोड़ेई रहता है। चलो भुवन का भी ब्याह हुआ जाता है।"

ब्याह! आँखों के आगे अँधेरा-सा छा गया।

बिरजू अलक्षित है।

पिताजी मुझे बेवकूफ कहते हैं, इसमें उनका कोई दोष नहीं, मैंने सोचा।

सचमुच पिताजी ने तनिक समय में दो काम सर कर लिए। पहला था मुझे नौकरी दिलाना और दूसरा भुवन का ब्याह तय करना। ये दो काम नहीं थे, हमारे दोनों घरों (बरुआसागर और शीतलगढ़ी) के चलते चमत्कार थे, भगवान का वरदान थे। अब हमसे ज्यादा राजा कौन? और पिताजी से ज्यादा कुशल प्रगतिगामी कौन था? लगता नहीं था कि यह वही घर है, जहाँ मुझे उन बातों के लिए लज्जित किया गया था, जिन बातों को मैं इंसानियत के तौर पर मानकर अड़ जाता था।

फिर भी 'ब्याह' शब्द ने मुझे दहला दिया। नानी मेरी समझदारी की दुहाई दे रही थीं, मैं समझा क्या? हाँ इतना जरूर है कि मेरा नानी के यहाँ न जा पाना भुवन की पवित्रता बरकरार रखने में सहायक हुआ, नानी इसी बात की कृतज्ञ हैं। वे भुवन में भी संयम देख पाईं; जैसे हर माँ देखना चाहती है।

ब्याह! मैं चाहता तो अपने ऑफिस में, अपने कार्यक्षेत्र में लड़के तलाश सकता था, मगर मैंने ऐसा क्यों नहीं किया, यह मैं खुद के सामने भी खोलना नहीं चाहता था, आज अपने ही सामने छद्म का भाँडा फूटा पड़ा है। पुराने रोग की तरह पेट का शूल उखड़ आया। दर्द के कारण चक्कर आने लगे। ज्यादा दर्द बढ़ा उल्टी करने जैसा मुँह हो गया।

बीता समय याद आने लगा। मैं क्यों चला आया यहाँ?

मेरी फटी-फटी आँखों और बिगड़ती हालत को बिरजू देख रहा है, घबराहट और भी बढ़ने लगी। अब तक की जमा की हुई विशिष्टता खण्ड-खण्ड हो गयी।

ओह! मैं अचानक गम्भीर होने लगा। मुझे सारा ध्यान अपने कैरियर पर लगाना चाहिए। पिता ने किस तरह पद का पदक मेरे हाथ में थमाया है और मैं दो कौड़ी की लड़की भुवन के गम का मारा, सारा कुछ राईरेत करने पर उतारू हो गया हूँ।

मैं उठ खड़ा हुआ। दोनों बाँहें ऊपर उठाकर अँगड़ाई लेता हुआ ज्यों अब तक

किसी दुख के तहत नहीं, सुस्ती के कारण चेहरे और शरीर ने नई भंगिमाएँ अपना ली हों। साँस तक को रोक देने वाली बेचैनियों के जंगल से संयमपूर्वक निकल आना मेरी उपलब्धि थी।

मैं हतप्रभ अवाक् और अवसन्न कैसे विचित्र अनुभव से गुजर रहा था कि जिसे स्वयं भी शब्द नहीं दे सका। क्या करूँ, क्या न करूँ? भीतर ही भीतर विष भरी तरंगें चलतीं तो बाहरी संसार में चमकती हुई लाल पीली आँधी घेरने लगती।

मैं तिनके-सा असहाय उड़ने लगा। धरातल दूर होता गया।

सवेरे अपने क्वार्टर पर था। बरुआसागर से अजीतमल (इटावा) तक का सफर...नौकर ने चाय बनाकर दी। मैं सकून से पीने लगा। नहा-धोकर जल्दी से जल्दी दफ्तर पहुँचना चाहता था। वहाँ के काम याद करने लगा, मगर कुछ भी याद न आया।

नहाया। साफ और नए फैशन के कपड़े पहनकर मुस्तैदी से खड़ा हो गया। नाश्ता तैयार था अण्डा टोस्ट चाय। अचानक महसूस हुआ कि घुटने खोखले से होने लगे हैं। मैं खड़ा का खड़ा रह गया। अपने को साधता हुआ दीवार के सहारे टिक गया। इस कमजोरी का क्या कारण था, मैं समझा नहीं, न समझना चाहा।

नौकर कितना कुछ समझ गया कि नाश्ता वहीं ले आया, जहाँ मैं खड़ा था? कुर्सी वहीं रख दी, जहाँ से मैं आगे नहीं बढ़ सका था। मैं कुछ नहीं कर सका, बस झेंप गया।

नाश्ता कर रहा था, इतना सँभलकर कि कहीं कुछ गिर न जाए।

मेरा बैग और साथ ही दो-तीन चिट्ठियाँ लेकर नौकर फिर हाजिर हो गया। मैं उसकी ओर हँसा। हँसते ही लगा कि मेरी हँसी में छिपी विकलता उसके सामने बिखर गयी है और वह मुझे गौर से देख रहा है।

मैं चिट्ठियाँ देखने लगा। किसी चीज को तल्लीन होकर देखना भी मुझसे मेरी मुक्ति थी।

दो चिट्ठी दफ्तर की, जिनमें मीटिंग्स की इत्तला थी; कितनी देर बाँधे रहतीं? तीसरी चिट्ठी बिरजू की लिखी हुई...क्या लिखा होगा, यह भी जानता था, फिर भी तन्मय होकर पढ़ने लगा—अम्मा शीतलगढ़ी जाने की तैयारी में जुटी हैं। तुम को हर हाल में आना है। ब्याह के लिए कम से कम एक हफ्ता की छुट्टी तो चाहिए ही। वहाँ हमारे सिवा काम करने वाला कौन है? गाँव के लोग तो व्यवहारी ही ज्यादा होते हैं। अम्मा ने लिखवाया है कि वह उस घर की बड़ी बेटी हैं तो चन्दर बड़े बेटा के ठौर है। जिम्मेदारी ज्यादा बनती है, आगे खुद समझ लो।

यह बात तो मुझे गाँव में ही पता लग गयी थी कि भुवन का संबंध ऐसे घर में हुआ है, जहाँ किसी बात की कमी नहीं। अब अनुमान लगा सकता था कि भरेपूरे घर से बारात कैसी आएगी? हमको सत्कार कैसा करना होगा?

लेकिन अम्मा ने खास तौर पर लिखवाया है—जिनके यहाँ साढ़े तीन सौ बीघा खेत हो, तेल मिल लगी हो, उरई में बारह दुकानें किराए पर चलती हों, उनके स्वागत में क्या-क्या जतन निभाने होंगे, चन्दर तुम ध्यान करना। पढ़े-लिखे नौकर पेशा लोग लियाकतदार होते हैं। हो सके तो अपने कोई यार दोस्त संग ले आना। हमारी ओर से भइयाबंदी निभा लेंगे।

अम्मा! अम्मा तो पागल हो गयी हैं! उनकी बहन का ब्याह न हुआ सीता जी का स्वयंवर हो गया! मैं बुरी तरह चिढ़ गया था।

बहुत सोचने-समझने के बाद निष्कर्ष यही निकला कि मेरा जाना ठीक नहीं। उस विवाह से मेरा क्या ताल्लुक, जिस लड़की से मेरा कोई सम्बन्ध नहीं। या मेरे बिना ब्याह होगा नहीं?

चिट्ठी लिख दी थी—मैं आ नहीं सकूँगा, दफ्तर का अर्जेण्ट काम आ पड़ा है। बिरजू को एक दोपहर अपने क्वाटर के ताले लगे दरवाजे के आगे बैठा देखकर मेरा माथा ठनका। हो न हो यह...।

मैं ताला खोल रहा था और सोच रहा था कि दिल खोलकर कह डालूँ—मैं तुझसे डर रहा हूँ बिरजू। भइया, तू वह बात मत कहना जो मैं सोच रहा हूँ। अच्छा-खासा रह रहा हूँ, मेरी गत मत बना।

हम दोनों भीतर आ गए। मैंने भीतर से दरवाजे की कुंडी चढ़ा ली।

गौर से देखा, वह मेरे पुराने कपड़े पहने हुए था। नारंगी बुश्शर्ट और सलेटी पेंट। वह थका हुआ सा था, जैसे सिर पर बोझ लादकर आया हो। वह मेरे बिस्तर पर बैठ गया।

मैंने पीने के लिए शीशे के गिलास में पानी दिया। उसने प्रश्न किया—

''सच्ची में तुम्हें एक भी छुट्टी नहीं?'' उसने गहरी निगाहों से देखते हुए कहा।

''मैंने झूठी चिट्ठी लिखी है क्या? दफ्तर में पता कर ले।'' कहकर मैं हँस दिया। आगे जोड़ा, ''बिरजू, मैं जानता हूँ, मेरा आना खानदान की प्रतिष्ठा बढ़ाएगा, पर इस प्रतिष्ठा से वरपक्ष को क्या मतलब?''

''फिर अम्मा ठीक ही कह रही थीं कि चन्दर अपनी नौकरी ही करता रहे, बस। हम लोग उसके क्या मतलब के? साल दो साल में तरक्की कर जाएगा, कौन कहेगा कि चन्दर हमारा बेटा है? हमारी अम्मा का नाती है। तेरे पिताजी भी उसके बाप होने के काबिल नहीं, किसी अफसर को ही अपना बाप मान ले।''

'अम्मा!' मैंने मन ही मन पुकारा। तुम्हें तो मैंने कभी दुख नहीं दिया, यहाँ तक कि अपनी सफाई में जवाब तक नहीं दिया, तुम व्यंगबाण चलाने लगीं। जली-कटी सुनाने को मैं ही मिला था। मेरे दिल का दुख माँ भी नहीं समझ पाई, मुझसे ज्यादा अभागा कौन होगा? मैं कराह कर रह गया।

बिरजू आगे बोला—अम्मा कह रही थीं—मैं पागल हूँ, जो उसे बुलाने के लिए

कभी चिट्ठी डलवाती हूँ, कभी लड़के को भेजती हूँ।

मैं खुल पड़ना चाहता हूँ। कहूँ कि अम्मा पागल नहीं, खासी चैतन्य हैं। सब कुछ जानती-समझती हैं। भावनाओं का शोषण कैसे होता है, यह अम्मा से ज्यादा कोई नहीं जानता। बचपन की बातें ज्यादा मायने नहीं रखती हैं पर आज से मिलाकर देखो तो उनके अर्थ कुछ और ही खुलते हैं। हम सोचा करते थे, अम्मा हमारी खातिर शीतलगढ़ी जाती हैं। हमको खुश रखना उनका प्रिय काम है। पर अम्मा जाती थीं अपने लिए, अपने मायके के लिए। पिताजी अकेली को हरगिज नहीं जाने देते, जैसे कि ज्यादातर आदमी अपनी पत्नी को नहीं जाने देते। वे अविश्वास करते हैं या असुरक्षित समझते हैं, पता नहीं, पर औरत का अकेला होना उनको रास नहीं आता। अम्मा मुझे संग ले जाकर यह सिद्ध कर देती थीं कि वे अकेली नहीं जा रहीं, लड़का साथ है। लड़का माने मर्द, भले वह नौ-दस साल का हो। मैं वहाँ जाने के लिए हमेशा ही तो तैयार नहीं रहता था, वह मुझे भुवन के संग नए-नए खेल खेलने का लोभ देतीं, आजाद होकर बाग, ताल और हाट बाजार में घूमनें का लालच दिखातीं और ले जाकर मानतीं।

—पता है शीतलगढ़ी जाकर क्या करतीं? बरुआसागर से नौ-दस साल के बेटे की छाया में घूँघट मारकर चलने वाली अम्मा शीतलगढ़ी में खलिहान उठवातीं, फिर फसल भरकर मोंठ के बाजार में बेचने जातीं। गाँव के गाड़ीवान और मोंठ के आढ़तिये उन्हें खूब जानते-पहचानते। मोलभाव में उनकी बराबरी कौन कर सकता है? चाहता तो मैं भी उनकी तरह घड़ी-घड़ी रूप बदलता। पर्दे में रहकर कुछ भी करता।

बिरजू बोला—भइया, तुम गुस्से में ही नहीं, कुढ़न में भी फँस गए हो। शान्त हो जाओ। ठण्डे दिमाग से सोचो।

—क्या सोचूँ? यही कि मैंने जो किया गलत किया? मैं गुनहगार की जगह खड़ा हूँ। अभी तक तो मेरे शीतलगढ़ी जाने के नाम पर अम्मा तुझे ही जासूस बनाकर छोड़ देती थीं। नानी को मेरा आना बुखार का आना लगता, वे सन्निपात की शिकार होने लगतीं। मैं भुवन को कहीं भगा न ले जाऊँ। मैं उसके साथ बरबाद न हो जाऊँ। दोनों घरों का मिलाजुला भाव यही था न?

बिरजू के चेहरे पर निराशा के भाव उभर आए, जिनसे वह उबरने की कोशिश करने लगा। उसी कोशिश में कहने लगा—चन्दर भइया, माना कि तुम भुवन का जीवन सँवारना चाहते थे, लेकिन तुम्हारे तौर तरीके घरवालों के हिसाब से गलत थे। अब रिश्ते हैं तो हैं, जरूरी है कि पति पत्नी बनकर ही उसका उद्धार करते? प्यार था तो त्याग भी जरूरी था। तुम उसकी खुशी को दूसरा मोड़ भी तो दे सकते थे।

—दूसरा मोड़ क्या?

—उसे पढ़ाते, ज्यादा पढ़ाते। ज्ञान की भागीदार बनाते। वह खुद-ब-खुद राह

खोज लेती या तुम ही उसे उन्नति की राह पर ले चलते। कौन रोकता? नानी ने क्यों पाँचवीं के बाद उसे पढ़ने नहीं दिया, तुमने यह सवाल किसी से पूछा? उसने नाना की जगह खेती की, तुम कभी सहायता के लिए गए? अम्मा ठीक कहती हैं, प्यार के नाम पर बस मौज मजा ही नहीं होता, जद्दोजहद होती है। तुम चलो या मत चलो, किसी को अन्तर नहीं पड़ने वाला।

मैं सुन रहा था, चेहरे पर झेंपभरी मुस्कान लिए। बिरजू ने चार-पाँच वाक्यों में मेरे सवालों का, मेरे गुस्से का उत्तर दे दिया! हालाँकि यह जवाब मुझे संतुष्ट नहीं कर पा रहा था, क्योंकि मैं अपनी जगह ठीक था, यही मान रहा था कि बिना पास आए प्यार भी गहराइयाँ नहीं लेता। मैं समाज सुधारक नहीं था न कोई ऋषि या देवता। साधारण मनुष्य था, जिसमें मनुष्य की सारी कमजोरियाँ थीं। मैं भुवन को कोई वरदान नहीं दे सकता था, आजीवन साथ देकर बात रख लेना चाहता था, जो समाज की दृष्टि में भी होना चाहिए था, मगर समाज भी तो सीधा-सादा नहीं, जटिल रचना का व्यूह है। कहाँ फँसना पड़ जाए, समझ में जल्दी ही नहीं आता। काँटों भरे रास्ते में झाड़ों से दामन बचाते हुए चलो तो अपने सिवा किसकी ओर देख पाओगे?

नहीं, मैं नहीं गया।

भुवन का ब्याह हो रहा होगा मुँह छिपाकर रहना भारी लगने लगा। अपने आपसे कितना युद्ध किया, भुवन और नानी की अलग-अलग अदालतों में हाजिर होने का फैसला डगमगा गया। जानता था कि मेरे इस निर्णय को घमण्ड की दर पर रखा जाएगा और मुझे क्रूर बेरहम बेमुरब्बत मानकर त्याग दिए जाने की हद पर विलाप किया जाएगा। कौन समझेगा कि घरवालों के लिए जो इज़्ज़त का परचम लहराने वाला विषय है, वही मेरी फजीहत का कारण बनेगा।

मेरी भीतरी दुनिया में उथल-पुथल मची थी क्योंकि तरह-तरह की कल्पनाओं ने मन में बसा संसार रौंद डाला। भुवन, सादा धोती पहने हुए अवतरित होती। उसके हाथों में कचारा (ब्याह की काली चूड़ियाँ) बजते। हल्दी लगा बदन महकता। मैं उसके चेहरे को अपनी नजरों से टटोलता, उसकी आँखों में भाव नहीं, आँसू भर आते। कहीं वह रो न पड़े, मैं डर जाता।

मैं अपनी असल दुनिया का राजा...सोचता कि सामना करना क्या कठिन है? बीते समय की बातें बीता समय हो गयीं। वह मेरा हाथ पकड़ ले और एकांत में ले जाए तो भी क्या? मैं तो अब भुवन का भला चाहने वाला, सोच रहा हूँ वह अच्छे घराने में जा रही है, सदा सुखी रहे। चुप बैठा रहा।

अकेलापन और चुप्पी, एक-दूसरे के पर्याय...छटपटाकर मैंने अपनी आवाज को पकड़ लिया हो जैसे—तू बिरजू से मेरे बारे में पूछती थी, मेरा अहं सुख पाता

था। तू बड़े घर में ब्याही जा रही है, मेरा मन घायल हो गया है। सुख चैन से रहेगी, मुझे भूल जाएगी, जैसे मैं तुझे भूलने लगा था। मैं यह नहीं चाहता कि तू मुझे.. .काश ! तू किसी गरीब किसान के यहाँ ब्याही जाती तो मिलने के संजोग बनते, क्योंकि मैं मदद करने की हालत में होता। तू कृतज्ञ होती, मुझमें देव भाव जागता। क्या तू ही मुझे ताकतवरी का अहसास नहीं दिलाती रही है?

नहीं, मैं आता हूँ। मुझे आना चाहिए था।

नहीं आ पाया!

पर तू मेरे सामने है। आ मेरे पास आ!

लगा कि मैं आगे बढ़ रहा था। नजदीक और नजदीक...

'आइ लव यू भुवन!' मैं मन ही मन बोलता हूँ।

वह गुमसुम है।

कुछ बोलेगी नहीं? कोई ताना, कोई उलाहना? झोली में एक शिकायत तक नहीं! बड़े घर का अरमान था, वैभव की कल्पना उसकी पूँजी होगी।

मेरी साँस जोर-जोर से चल रही है, उन्हीं साँसों में आवाज मिलाकर कहता हूँ, "आओ, भीतर चलें।"

मन का एक कोना कि शीतलगढ़ी वाले घर का भीतरी कोठा...वह मेरे पीछे-पीछे चली आई।

"उदास नहीं होते भुवन" मैं कहता हूँ।

उसके कचारा झनझनाए क्योंकि उसने आँचल सँवारा है।

"चुप क्यों हो? कुछ तो बोलो! बोलो न भुवन"...मैंने हाथ बढ़ाकर उसका हाथ पकड़ना चाहा।

उसने हाथ छुड़ाया नहीं। मिले हुए दोनों हाथों को गहरी नजर से देखती रही।

कोठे में बक्सा है, जिसमें भुवन की बहुत सारी चीजें रखी रहती हैं। मैं उसी बक्से पर बैठ गया हूँ, मगर डर सा रहा हूँ। भीतर से कोई जकड़ रहा है। फिर भी उसे अपने पास खींचता हुआ कहता हूँ—"आओ प्यार करो। करो न?"

वह अधीर-सी...

मैं धीरज देता हुआ उसकी बाँह पकड़कर पास बिठा लेता हूँ, "मैं हूँ, मैं हूँ तो सही। घबराने की क्या बात है? चलोगी मेरे संग? चलो, दोनों भाग चलें।"

उसने बड़ी-बड़ी आँखों की बरौनियाँ उठाकर मुझे देखा।

मैंने न जाने किस सत्ता के अधीन होकर बोला, "हाँ, चलो।"

उसकी आँखों में लपटें-सी उठीं। चेहरा तूफान में डूबने लगा। मैं कुछ कहता, कुछ बोलता, उससे पहले ही भुवन ने मेरे गाल पर भरपूर तमाचा जड़ दिया।

तमाचा! यकायक सोच भी नहीं पाया कि क्या हुआ? कनपटी से आग सी निकली। सकते में आ गया था मैं। पागल की तरह ऊलजलूल बकने लगा—साली,

सोचती है कि घर परिवार का रिवाज तोड़ेगी और जाएगी डोली में बैठकर! तेरी खातिर घुट रहा हूँ और तू नखरे बता रही है! दो टके की लड़की...

कल्पना झटके के साथ टूटी। होश में आ गया था।

कहाँ भुवन, कहाँ भुवन का ब्याह? सबसे मन फट गया।

मैं भुवन से कोसों दूर था। कहाँ विराटा, कहाँ अजीतमल?

क्या यह दूरी ही उसके नजदीक होने का अहसास नहीं जताती थी? कहने के लिए मैं किसी भावनात्मक निकटता के लिए अपने आपको पात्र न मानता, पर वह कौन था, जो बिरजू से उसकी ससुराल के बारे में खोज-खोजकर पूछता? इटावा जिले के अजीतमल ब्लॉक से विराटा की ओर तबादला कराने की सोचता? बेतवा नदी के तट मेरी आँखों के आगे घूमते।

क्योंकि बिरजू ने बताया था—भइया, एक बार देखो विराटा, बेतवा की धार पर जंगलों के बीच। धार इतनी चौड़ी कि पूछो नहीं। ऊँची पहाड़ियाँ और घने पेड़। दुर्गा का मंदिर, कितना पुराना, जबकि पुराना विराटा अब कहीं है नहीं।

भुवन मौसी का घर क्या है, हवेली है। ब्याह की सजावट हुई होगी सो जगमगा रही थी। भुवन मौसी की सास ने एक-एक कोठा खोलकर दिखाया। कह रही थीं, गर्मियों के लिए अलग कोठा है और सर्दियों के लिए अलग। अपना डब्बू नाई तो एक-एक में घुसकर सर्दी-गर्मी खाए। सबसे पहले तो भुवन मौसी की सास को ही देखकर गश खा गया, बोला—बरफ की बनी जनी! बेचारी सास गल गयीं। चर्मरोग हुआ है, एकदम भूरी हो गयी हैं।

कुसुम दीदी हैं एक। भुवन मौसी की जिठानी। अजयसिंह की पत्नी। बड़ी मिलनसार हैं। कह रही थीं—दीदी नहीं, हमसे मौसी कहो।

भइया, वहाँ का नाई बड़ा मजेदार है। हमने पूछा कुँवर साब के पिता जू कहाँ हैं? वह बोला—वे, वे तो न नरक में न स्वर्ग में, न धरती पर न आकाश में। घर से चले गए सो समझो कि संन्यासी हो गए। कोई कहता है मर गए, मरी मिट्टी किसी ने देखी नहीं? नाई कह रहा था, अजयसिंह सतजुगी आदमी हैं। माँ का बड़ा आदर करते हैं। भइया को प्राण से प्यारा मानते हैं।

मैं सोचने लगा, अच्छा हुआ मैं नहीं गया। भुवन के घर की ऐसी सुख शान्ति देख न पाता और कोई न कोई कमी खोजने लगता। क्या मैं चाहता हूँ कि कोई कमी निकले? नहीं, मैं क्यों चाहूँगा? उसकी खुशी मेरी खुशी है। वह खुश तो होगी? क्यों नहीं होगी? इसलिए नहीं होगी कि अम्मा एक रात पिताजी से लड़ रही थीं। बिरजू भी बता रहा था कि ब्याह के समय अम्मा गाते-गाते रो पड़ी थीं और रोते-रोते उन्हें दौरा पड़ गया था।

मैं समझता हूँ अम्मा को दौरा तब पड़ता है जब उनके मन मुताबिक बात न हो, या उन्होंने कोई बड़ा नुकसान उठाया हो।

"क्यों रो पड़ी थीं अम्मा?" मैंने पूछा था। बिरजू ने बताया–

"वो कुखिया वाला गीत गा रही थीं–कुखियाँ भलीं जिन जन्मे कन्हैया...जैसा कुछ, और 'कुखियाँ बुरी जिन जनमी लड़लड़ी भई बज्जुर की रात।' कहकर खूब रोईं। नानी ने अम्मा को बाँहों में भर लिया। दोनों जनी एक-दूसरे के कंधे पर सिर धरकर रोने लगीं। रोते-रोते अम्मा बेहोश हो गयीं। नानी घबरा रही थीं।

"वो भगवानदास की जनी है न, भुवन मौसी की गुइयाँ गुनवंती को गाली देने लगी–डाह की मारी है गुनवंती सो भुवन के वर को सिर्री कह रही है। क्या करे बिचारी, खुद को तो काना वर मिला है।

"डब्बू नाई ने गुनवंती को डाँट बताई–कौन कहता है कि मोंड़ा सिर्री है? वह तो गऊ है गऊ। अपने रामचन्द्र जू भइया का लछमन। आँख का इशारा ही समझ लेता है।

"पंडित जी बोले–विराटावाले जितने बड़े हैं उतने ही उदार हैं। उन्हें क्या चाहिए? बस शुद्ध कुल की बेटी। पवित्र चरित्रवाली। हाँ ऐसी वैसी के लिए उनके यहाँ जगह नहीं। धनधान्य की उनके यहाँ कमी नहीं सो 'दायजा' माँगें। और यहाँ भी कंचन-कन्या है। चाल चलन की दौलत से भरपूर। आज अमानसिंह का बैरी मुखिया भी जिंदा होता तो देखता कि धर्म में कैसी ताकत होती है! ईमानदारी की बेल पर पुण्य फल ही लगते हैं।

"पंडितजी ने अम्मा के चेहरे पर गंगाजल के छींटे मारे और समझाईं-बुझाईं तब जाकर भाँवरें और पाँव पखराई हुई। दूल्हे का चेहरा देखकर अम्मा शान्त हो गईं। तस्वीर में बने रामचन्द्र जी जैसा सलौना मुँह माथा! आग में सामग्री डाल रहा था। नानी ने मुझे पुकारा था–बिरजू, अपनी मतारी को समझा। किसी ने भरमा ली है। हीरा से लड़का को दोष लगाती हैं रंडी रांड़ें और तेरी माँ झाँसे में आ गई।"

बिरजू की बताई कथा में सारा कुछ इतना सीधा सरल नहीं, जैसा कि देखने या सुनने में लगा। अम्मा भी इतनी आसान औरत नहीं कि बिना बात के रोने लगें। पिताजी से अकारण ही कभी नहीं लड़ीं अम्मा।

मैं अधनींद में था, बार-बार याद करने लगा–क्या कहा था अम्मा ने? यही कि कौन-सा अहसान किया कि हमारी बहन के लिए घर खोज दिया? खोज दिया कि खुद ही रिश्ता आ गया था? तुम्हारी सज्जनता और जिम्मेदारी...अब क्या कहें? जो होना था हो गया!

–तो न होने देतीं।

–कैसे न होने देते? ब्याह शादी तो ऐसी जंग है, जो छिड़ जाए तो बिटिया वाला लड़ भी न पाए और भाग भी न सके।

अम्मा और पिताजी का संवाद एक पहेली बन गया। मैं उस पहेली को जितनी ही सुलझाने की कोशिश करता, वह उलझती जाती। डब्बू नाई विराटा में होते कार्य-कलापों का चश्मदीद गवाह बस 'भाग बली है, भाग बली है' का कीर्तन करता तो बिरजू वहाँ की शान शौकत बखानते हुए न अघाता। नानी देवता मनातीं। अम्मा चुप्पी मार गयीं। पिताजी से कुछ पूछने की हिम्मत कैसे हो, मेरे भाग्यविधाता के दर्जे पर विराजमान थे इन दिनों।

'कुँवर को ब्याही गयी है, कुँवरानी है।' मैं खुद को समझाता। फिर मन में शक का सर्प फन फटकारता—कुँवर के लिए भुवन जैसी साधारण लड़की, आखिर क्यों? कुँवर राजा मानसिंह की तरह तो शीतलगढ़ी नहीं आए थे कि भुवन को बैलों के सींग पकड़ते देखा हो और उसकी बहादुरी पर लट्टू हो गए हों। और न ही मन्नू की तरह घुड़सवारी करते देखा कि वह झाँसी के राजा की पत्नी बनने के योग्य जैसी लगती। अजयसिंह को अपने भाई विजयसिंह के लिए बहादुर स्त्री भी क्यों चाहिए थी, जबकि उन्हें तो किसी नौकरानी की भी जरूरत नहीं। बड़े किसान हैं, अच्छी आमदनी के मालिक हैं। बराबरी के परिवारों की कमी तो नहीं? मेरे भीतर का चन्दर बार-बार इन सवालों से गुजरता।

...मगर चन्द्रप्रकाश कहता कि मैं अपने डाह की मशाल लेकर तर्कों के जंगल में घुस गया हूँ। चाहता हूँ किसी हिंसक जीव की गंध आए। ऐसी कोई खाई दिखे, जिसमें गिरकर भुवन खत्म हो जाए। वह मेरी नहीं हो सकी तो किसी और की भी नहीं हो पाएगी। वह मेरा खिलौना थी, जिसको विजयसिंह जैसा मूर्ख जीव छीन ले गया। कोई ऐसी बात बने जो उसके पति को धराशायी कर दे। पति गिरेगा, पत्नी अपने आप झुक जाएगी।

सोचते-विचारते यहाँ-वहाँ के कुलावे मिलाते हुए मैं और भुवन के लिए मंगल-गीत गाती हुई अम्मा और नानी समझते-बूझते नासमझों से दिग्भ्रमित आपस में इस बात को लेकर मौन रहते। कहीं कोई बात बेस्वाद, जीवन खट्टा करने वाली न निकल आए, इसी से डरते थे वरन् अम्मा कितनी ही बार कुछ कहने के लिए तत्पर, अपने होठ भींचकर रह गयीं। नानी जानबूझकर मेरा आना टालती थीं। पिताजी तो जैसे भुवन की शादी करके ऐसे गंगा नहा गये थे, जैसे वे ही बेटी के बाप हों और बेटी को राजपाट सौंप चुके हों।

सबके पास कहने-सुनने और जानने की उत्कट इच्छाएँ थीं, पर सब चुप थे। हवेली की छोटी बहू बनी भुवन से मेरा तो लगभग मौन युद्ध ही चल रहा था। कभी सोचता वह कैसे बाजी मार ले गयी? बीहड़ की सखी बेमतलब ही रानी बन गयी! फिर सोचता, अपनी जिंदगी बरबाद करने चली गयी। लल्लू झूठ तो नहीं कह रहा था कि जब वह शीतलगढ़ी गया था तो नानी ने खेतों का चक्कर लगाने भेजा था कि गाँव के लोग समझे रहें कि नानी अकेली नहीं। नाती नतूले आते जाते हैं। तभी

तो मुखिया के नाती ने रास्ता रोककर लल्लू से कहा था—खक्कासाय के नाती बन गये हो! पसेरी भर सोना दिखाकर तेरी नानी गाँव में रुतबा पैदा करना चाहती है। विराटा के कुँवरों के यहाँ रिश्तेदारी करके बेशक धाक जम जाएगी पर उस सिर्रिया को कहाँ बैठाओगे, जो तुम्हारी मौसी की जिंदगी का कोढ़ बन गया है? तुम लोगों ने धन माल से तोलकर बेटी बेची है। थू!

पुश्तैनी दुश्मनी! मुखिया नहीं रहा, हमारे नाना स्वर्गवासी हो गए, दुश्मनी बाकायदा जीवित है, जबकि नानी ने मुखिया की ओर गैल में खुलने वाला दरवाजा बन्द कर दिया फिर भी पीढ़ी दर पीढ़ी व्यंग, गालियाँ और दबे-छिपे दोष उघाड़ने का सिलसिला...लल्लू रोने में आ गया था। लल्लू और मुखिया का नाती हमउम्र हैं, तेरे नाना, मेरे बब्बा के कड़ुवे संबंधों को लेकर शुरू से बहस करते रहे हैं।

...लेकिन यह सब बहस का हिस्सा होते हुए भी कुछ ऐसा है जो हमें सचेत कर देता है। यहाँ मृतकों का मामला नहीं, जिंदा लोगों की सच्चाइयाँ न हों, यह सब सोचते हुए भी मैंने लल्लू से कहा था—तू हममें सबसे छोटा है। लोगों का हम पर वश नहीं जाता, तुझ पर वार करते हैं, समझा?

अम्मा ने भी यही कहा कि तेरी भुवन मौसी को शौक सार नहीं सो गहनों की पोटली बाँधकर तेरी नानी को दे दी कि लो धरो, हमें तो पहनते अकबकाई लगती है। जेवर चुभते हैं। रेशमी साड़ी पागल बना देती है। हमारे बैरियों से देखा नहीं जाता कि अमानसिंह की बेटियाँ गहनों से भी अफर गयीं। लल्लू, तू उस मुखिया के बीज का बुरा मत माने किसी दिन बिरजू कुचल आएगा। इन्हीं बैरियों के कारण तो तेरी नानी ने चटपट सारे गहने तेरे पिताजी के पास भिजवा दिए। डाका पड़ जाता, यह बात शर्तिया है।

गुनवंती ने क्या कहा?

मुखिया के नाती ने क्या कहा? जो कुछ कहा, हमारे जी का जंजाल हो गया।

नानी ने मेरे पास खबर भेजी कि चन्दर एक बार विराटा जाकर भुवन की खबर ले आए। या उसे लिवा ही लाए। वे खबर भेज चुकी हैं, वे पहुँचा नहीं रहे। बड़ी चिन्ता लगी है। कह दे कि नानी बड़ी बीमार हैं।

खबर लाने वाला लल्लू ही था, जो कह रहा था, "भइया, नानी बड़ी परेशान हैं। हरदम आँखें उमड़ी रहती हैं। अम्मा बार-बार हमें भेजती हैं कि नानी को अकेला न लगे। पर नानी को डर-सा ही लगा रहता है।"

नानी के पास से लल्लू लौटा और अम्मा चली गयीं।

अम्मा ने शीतलगढ़ी से लौटकर बताया—

भुवन हवेली के नौकर के साथ विराटा से शीतलगढ़ी आई थी। मिलना-भेंटना

तो ऐसे ही हुआ जैसे पहली दूसरी बार आकर हुआ था।...मगर बोलने-बतियाने की तासीर बदली हुई थी। हालाँकि ऊपर से देखने में भुवन न तो दुबली हुई न ओप उजास घटी, उल्टे रंग निखर गया था। कपड़े लत्ते ऐसे उस गाँव में किसके होंगे?

नानी ने बेटी की बलैयाँ लीं। राई नौन उतारा। नजर झाड़ी। पर सबसे पहले अम्मा से यह कह दिया था—मन्नू, भुवन को कुरेदना नहीं। पराए ठौर पर ढोर भी जल्दी रहता रुपता नहीं। रहते-रहते ठौर रास आ जाता है। बेटी, जिंदगानी अब वहीं से है। हमारा कुछ पूछना उकसाने का काम करेगा। उकसाकर हम क्या पाएँगे, सिवा गँवाने के?

हवेली, टहलुआ, कपड़े गहने...नानी ने अपनी नजर इन सब चीजों के परे नहीं जाने दी। मुखिया के नाती ने क्या कहा था, भूलकर भी जुबान पर नहीं लाईं। भुवन नौकर के संग आई है, इस बात को उन्होंने विजयसिंह का लिहाज माना। वे आजकल के लड़कों की तरह बेशर्म नहीं हैं, नहीं तो लोग उन्हें लछमन जू के मुकाबले धरते? नहीं चाहते कि मेहरिया खसम के संग ही आए जाए। नानी के जमाने में तो लड़का माँ के सामने अपने बच्चे को भी नहीं उठाता था, भले बच्चा रोते-रोते हलकान हो जाए। नानी के हिसाब से वह अच्छा समय था, जब चाचा काका भतीजों से अपने बेटों की तरह जुड़े रहते थे। नानी खुश थीं क्योंकि मान गयीं, अजयसिंह को फुरसत न होगी, विजयसिंह ने पुराना धर्म निभाया है, चलो सतजुग है उनके घर में।

और लो, ऐसी ही भुवन। ससुराल की बातें कर-करके कान नहीं खा रही। बेशर्मी नहीं दिखा रही, अदब कायदे जानती है। नानी को उससे ऐसी उम्मीद हरगिज न थी। देखकर तसल्ली हुई, बेटी बाप की लाज निभा देगी। कैसा ही वर हो, जिंदगी पार कर लेगी।

नानी और अम्मा ने गोरस और भात बनाया था, क्योंकि नानी ने कन्या जिंवाना बोला था। महामाई के मंदिर पर धोक दी थी—मइया सबका भला करना, मेरी पत राखना।

भात भरी परात लेकर भुवन गई थी और गोरस का घैला लेकर अम्मा। नानी पीछे-पीछे पूजा का सामान लेकर चलीं।

नानी ने पूजा की। रोली चावल नारियल चढ़ाया। भुवन कन्याओं के आगे रखे कटोरों में भात डाल रही थी, अम्मा गोरस परस रही थीं। नानी मंदिर की सीढ़ियाँ उतरकर नीचे आईं। भुवन ने भात की परात नानी को थमा दी, बोली—हम भी महामाई पूज आएँ, तुम भात परसतीं रहना।

अम्मा चौंकीं।

नानी चौंकीं।

भुवन महामाई के चरणों में शीश टेककर धारोंधार रोए चली जा रही थी।

रोने की आवाज बाहर तक आने लगी। कन्याओं ने खाना छोड़ दिया, वे मंदिर की ओर देखने लगीं। नानी और अम्मा भात और गोरस छोड़कर मंदिर में भागीं।

सबने देखा, भुवन सिर पत्थर पर रगड़-रगड़कर रोती हुई कह रही है—महामाई, मेरा क्या कसूर? मैंने अपना सत्त नहीं डिगाया, तू परीक्षा ले ले। मइया मेरी जानी-अनजानी खता माफ कर दे।

नानी सुन्न-सी खड़ी रह गयीं। अम्मा भुवन को उठाने की सोच रही थीं, पर देवी की शरण में से उठाना भी तो पाप होता है।

अम्मा मुझे भुवन की यह कथा सुना रही थीं और मैं उसके बचपन में बोले संवाद भूला नहीं था—चन्दर, मंदिर के दिए में से तेल निकालकर मैं बालों में लगा लेती हूँ, देवी क्या कर लेगी? देवी पर चढ़ा प्रसाद पुजारी से छिपकर चुरा लो और बरेंदियों को दे दो, वे भूखे रहते हैं। पथरा प्रसाद खा सकते हैं?

मैं कहता—तू हमें अधरम सिखाती है, हमारे पिताजी हमें मारेंगे।

वह कहती—तू छोटा है, अभी पिट लेगा पर बड़ा होकर तो नहीं पिटेगा।

आज उसी भुवन को क्या हो गया? देवी की मढ़िया में रोने क्यों गयी? अपनी माँ से सच बातें छिपाईं, पत्थरों के सामने विलाप कर रही है। क्या भुवन का आदमियों के ऊपर विश्वास नहीं रहा? नानी उसके जीवन में अब कोई तब्दीली नहीं ला सकतीं; अम्मा उसका भाग्य नहीं पलट पाएँगी और मैं...मुझसे कोई उम्मीद नहीं रही होगी। जब आदमी को कहीं कोई नहीं दिखता, तब भगवान दिखता है। भुवन सुबकियाँ लेकर देवी को पुकार रही है, मतलब कि किसी को भी नहीं पुकार रही। मुखिया का नाती गलत नहीं कह रहा था।

अब उसके जीवन का क्या छिपा रह गया? उसका विवाह कितना सुनहरा रह गया? बूढ़ी नानी और आधी उम्र बिताने वाली अम्मा किस ढोंग के सहारे भुवन को दिलासा दे रही थीं? और भुवन, तब तो बड़ी शहादत दे रही थी, अब माँ माँ चिल्लाने लगी! हवेली के सुख चाहती है, दुख कौन झेलेगा?

मेरे लिए अब कोई जिज्ञासा नहीं बची थी, इसलिए खुद को धोखे में रखना भी मुमकिन न था। सारी चेष्टाएँ सुन्न पड़ गयीं, मन भी खण्ड-खण्ड हो गया, चीखने को मन किया—रहस्य रखकर सर्वनाश करना था, कर दिया। अब तो रहस्य खोल दो। उसे मुझसे छीन लिया, बड़ा तीर मार लिया। अब नानी क्या करेंगी? उसको यहाँ बुलाना बन्द कर देंगी। खुद को कस लेंगी। बूढ़ी जानती है ज्यादा निकटता से मोह बढ़ता है, ममता कठिन हो जाती है, उसे काटना होगा। उसको सुख की आदत पड़ जाने दो, तकलीफ सहने यहाँ कौन आएगा?

अम्मा ने कह-बताकर मुझे उधेड़ डाला। काश ! मैं रहता, भुवन से पूछता, माजरा क्या है? लेकिन पूछकर क्या कर लेता? माजरा तो पता है। आग होती है तो धुआँ उठता है। गुनवंती ने धुआँ उठता ही देखा है, आग होने का प्रमाण पा

लिया। तभी तो कहा। नहीं तो ऐसी बात कहने वाला तो अपने लिए खुद डरता है। गुनवंती तो उसकी खास सहेली है।

सारी बात सामने आ गयी। आकाश पर टँका परदा उखड़ गया, हमारी अम्मा जब न देखो तब रो देती थीं, रोना भगवान को सुनाकर होता—परमेसुर, बाप कतल हो गए, मताई बिटिया अकेली रह गईं। खेती पाती माँ ने अकेले सँभाली। बैल की जगह बैल बनी, आदमी की जगह आदमी। किसान की विधवा की जिन्दगानी मजूरनी से बुरी होती है। पर मोरे देवता, बुढ़ापे में भी खाक पड़ेगी, सो न पता था। माँ का कलेजा काढ़ लिया। भुवन की तकदीर फूट गयी।

—अम्मा, हर समय रोती रहती हो! रोने से क्या होगा? पहले देखना चाहिए था—मैं उन्हें धीरज देता, चुपाता और मन ही मन दुखी होता।

वे बोलीं—बेटा 'चुपचुप' करते रहे। बिटिया की बात पर परतीत कौन करता है। कुछ शिकायत करे तो सोचते हैं, सासरे के खिलाफ बोल रही है। आइंदा जुबान खोलने को मना करते हैं, ज्यों देवताओं पर धूल पड़ रही हो। नहीं तो मोंड़ी ने साफ-साफ कह दिया था—

—ये गहने धरो चाहे लौटा दो, लाखों के होंगे। पर एक खरी बात सुन लो, भले टका की सही। मैं वहाँ जाने वाली नहीं।

तेरी नानी सकते में आ गयी, बोली—काए, काए नहीं जाएगी सासरे?

भुवन ने माँ की आँखों में आँखें डालकर कहा—पता है तुम्हें, पर मेरे मुँह से सुन लो, वह सिर्री है, पागल।

—को है सिर्री?

—तुम्हारा जंवाई, विजयसिंह, कुँवर विजयसिंह। और कुछ?

—तें गर्रा गयी है। सूधरे से पागल कहने लगी।

—क्या देखकर गर्रा गयी? क्या है वहाँ?

—सुख साके।

—सुख साकों पर बिक जाऊँ? पागल की सेवा करना सुख साके होता है तो किसी पागलखाने में नौकरी कर लेती।

—भोरे लरका को दाग नहीं लगाते बिन्नू—माँ नरमाई बरतने लगी।

—भोरे का नाम पागल है। पागल को भोरा कह लो, पर मैं तो यह नहीं मान रही!

—तें मान, मत मान, अपनी गत खुद बनानी है, बना।

—अम्मा, बिना बाप के मेरी गति नहीं बनी, उसकी तो औकात क्या है?

—तें राजकुमार की औकात पूछ रही है?

—वह आदमी भी पूरा नहीं, राजकुमार तो तब होगा।

नानी आगे बात नहीं बढ़ाना चाहती थीं। भुवन अपने बाल खोलने लगी। नानी ने अम्मा को इशारा किया, पूछ इससे लिवाने कब आएँगे?

उसने बहन के सवाल का कोई जवाब नहीं दिया। माँ को नजरों से पटखनी देने लगी।

—यह मुँहजोरी छोड़ दे भुवन, वहाँ यह सब कहाँ तक चलेगा।

—वहाँ जा कौन रहा है जिज्जी?

नानी चिढ़ गयीं—हमने ब्याह में पइसा झोंका सो बिरथां? चन्दर को लेकर भगना था तो भग जाती। तेरे जुलम तो देख लेते, क्या-क्या करती है?

भुवन ने जैसे बात पर कोई गौर न किया हो, नानी ऐसी गालियाँ उसी दिन से दे रही हैं, जब से दोनों की घनिष्ठता निकटता देखी है।

पता नहीं नानी को अपनी बदजुबानी पर पछतावा हुआ या उनका मकसद भुवन को मना लेना था, माँ की तरह पोटने लगीं—तें कुँआरेपन के सपने देख रही है बेटा? गया समय अपनी देह से लिपटता है क्या? बिटिया की जात बाप के आँगन में तितली बनकर खेलती है, गाय की तरह विदा होती है। ब्याह पीछे कुत्ता की जौन निभानी पड़ती है, भोंको चीखो तो सासरे की पच्छदारी में ही। तू तो पाँच किलास पढ़ी है, भगवानदास की बहू को संतोषी-माता की कथा सुनाती थी। सती की कथा बाँचती थी। कुढ़िया की जोरू कुढ़िया को वेसा के घर नहीं ले गयी थी, कथा में। तेंने क्या गुना भुवन?

भुवन पर—कटी चिड़िया-सी बिलबिलाई और बोली—अम्मा, सब तरह से मुझे ही...।—उसने अम्मा से कहा—जिज्जी, वह कुढ़िया की तरह भी सुख आनन्द कहाँ जानता है कि मैं उसके सुख आनन्द जुटाऊँ। सुख तो क्या समझेगा, दुख भी नहीं जानता। खुद को दुख ही देता रहता है। सर्दी की रात पूरी की पूरी हाथ-पाँव धोते-धोते निकाल देगा। शीत रात में आँगन के कोने में मुँह देकर बैठा रहेगा। जो खुद करेगा, मुझसे कराएगा। कहता है, हर जगह कीड़े हैं, हर जगह खून है, हर जगह आदमी का...आगे कहने वाली बात नहीं है जिज्जी। मैं बहू का व्रत पूरी तरह निभा रही हूँ, कोताही करूँ तो सास की साँस रुकने लगती है। जेठ को बेचैनी होने लगती है, नौकरों में भगदड़ पड़ जाती है। वे समझते हैं बहुओं की पीठ पर लदा परिवार बहुओं के कसमसाते ही ओंधे मुँह गिरेगा। हवेली ढहने की खबर तो नहीं सुनी तुमने? सब कुछ जस का तस है। बताओ मेरी कहाँ कमी है?

अम्मा ने भुवन के सिर पर हाथ फेरा। बालों को सहलाती रही। अम्मा ने नानी को समझाया कि माँ गौर करे, भुवन क्या कह रही है?

नानी बोलीं—वह उन्ना कपड़ा नहीं फाड़ता। हारी बीमारी लगी होगी।

भुवन का चेहरा लाल पड़ गया, सिर झटककर बोली—नहीं फाड़ता उन्ना कपड़ा,

पर फाड़ने लगेगा। और तुम खबर सुनकर कहोगी—अपने ही कपड़ा तो फाड़ता है।—मुझे पीटेगा तो सोचेगी, अपनी जोरू को सभी पीटते हैं। मेरे कपड़े फाड़ेगा तो भी क्या ताज्जुब कि कहो, अपनी औरत को कौन नंगी नहीं करता? जान से मार डाले तो घी के दीए जलाना कि बेटी पति के हाथों मरी, सीधी स्वर्ग को गयी होगी।

भुवन ने चार-छः बातें क्या कहीं, माँ के नियम-धरम चबा डाले। शोर नहीं हुआ, लोग भी नहीं जुड़े, फिर भी नानी किवाड़ें बंद कर आईं। आकर बोलीं—मोंड़ी बौहत हो चुका, आगे जुबान चलाई तो...जलता चिमटा...

मगर नानी कुछ नहीं जला पाईं, जलता हुआ जो कुछ फेंका, वह भुवन ने फेंका।

—अम्मा, तो तुम जानती थीं कुँवर का छोटा भइया...नहीं तो आज सती-कथा की याद क्यों दिलाई?—भुवन के होठ टेढ़े हो गए, गर्दन धीरे-धीरे हिलने लगी।

—अरे! कैसी बातें कर रही है? आँख देखते मक्खी लील जाते? हम क्या अंधे-बहरे थे?—नानी ने दृढ़ होकर भुवन को विश्वास दिलाया।

—अम्मा, तुम लोग अंधे-बहरे होते तो अच्छा होता, विराटावालों की शानशौकत के गुलाम तो न हो जाते। अपनी वाहवाही सुनकर पराई कराह घूँटने में माहिर हो गए।

—मोंड़ी! दोस पर दोस मढ़े जा रही है। अच्छा-भला लरका देखा था हमने तो।

—अम्मा, अपने दोष दूसरों पर नहीं फेंका करते—भुवन के होठ करुआ रहे थे।

नानी अब आगे क्या कहें? कभी बड़ी बेटी को देखें कभी छोटी को। और यह जाहिर करने की कोशिश करें कि भुवन कैसी नादान है, पति के खिलाफ बोलकर मायके वालों के लिए खतरे की घण्टी बजा रही है।

हमारी अम्मा की खास बात यह है कि उनका जी बड़ी जल्दी घबरा जाता है, भले उनकी माँ या बहन का मामला हो। वह मददगार हैं, खूब हैं, पर झकरों में नहीं उलझना चाहतीं सो बाहर निकल आईं। क्या करतीं, भुवन और नानी की कलह के बीच में अम्मा ऐसा खम्भा थीं, जिसे दोनों बारी-बारी पकड़ लेतीं।

अंत में भुवन रोने लगी। याकि आक्षेप माँ पर फेंककर पछता रही थी। कह रही थी—किसी की खता नहीं, सबने उसे दूल्हे के रूप में सजावजा देखा है, वह किसको पागल लगता था? अब देखे कोई, बट्टी पर बट्टी साबुन खत्म करता रहता है। हाथ-पाँवों की खाल फूल जाती है। उसका मैल छूटता नहीं। दस बार थाली मँजवाएगा, वह शुद्ध होती नहीं।

नानी को बल मिला, बोलीं—बेटा तू गोबर कूरा डालती हुई गयी है, बड़े घरों के बालकों की सफइयत का इलम क्या? हाथ-पाँव धोना सिर्रीपना नहीं होता।

अम्मा ने भुवन के कान में धीरे से पूछा—परने बैठने में कैसा है?

भुवन ने आँखें नीची कर लीं।

—अरी औरत को औरत से क्या शरम, बता न?

—हमें छूने से भी डरता है। ब्याह के दिनों में पलंग से चिपककर नीचे बैठा रहा। हम हिलते-डुलते तो वह डर जाता, चौंक पड़ता।—कहकर भुवन आँसू पोंछने लगी। जैसे पति के पागलपन पर दुख नहीं, अपनी तकदीर पर शोक हो, बोली—मैं क्या पत्थर की बनी हूँ जिज्जी? बहू का नाम पाकर सिंगार पटार करती रहूँ, बस।

यही बात उसने भगवानदास की बहू से कही थी—अम्मा कहती है—भगवानदास की बहू एक की चार बनाने वाली, कुएँ पर चरचा कर दी—भुवन बिन्नू अब नहीं जानेवालीं। सोने के शंकर जी को कोई भगतिन भले ढारती रहे, गौरा पार्वती क्या चीन्हतीं? कथा में खुलासा लिखा है, उन्हें तो बेटा चाहिए था। वो सिर्री भुवन के तन पर रीझे न बदन को छुए। अब बिन्नू क्या गिन्नियों की सेज पर सोकर अपनी देह की अगन बुझाए? देह को तो जीती-जागती देह ही चाहिए।

मेरे मन से निकला—हाँ चाहिए। पर नानी भुवन पर बूढ़ी शेरनी सी झपटीं, कमर पर तीन-चार लातें मारीं, बाल घसीट लिए—रंडी वेसा हो गयी है? जवानी चढ़ी है तो गधा-घोड़ा पकड़ ले। भगवानदास की लुगाई अपने आदमी से ज्यादा सगी हो गयी? वह गाँव में ड्योंड़ी पीट रही है और हमारी नाक कट रही है।—कहकर भुवन को झटके से छोड़ दिया और नानी अपनी छाती में घूँसा मारने लगीं। दीवार से टकराकर सिर फोड़ने लगीं।

भुवन अपनी पिटाई भूल गयी।

—डुकइया, तू मरने पर तुली रहती है! नाक नहीं बची तो जिंदगी का भी क्या करेगी? ला, मैं घोंट दूँ तेरा गला—कहकर भुवन ने नानी की गर्दन कस ली—मर जा। किसी का क्या ले जाएगी? हवेलीवाले तेरी लाश पर रोने नहीं आएँगे। तू नहीं होगी, बड़ा अच्छा रहेगा, वे मुझे खुलकर सताएँगें। ले मर मर मर—कहकर दो तीन झटके दिए।—तू नहीं मर रही न? मरेगी कैसे, तेरी जान मेरी जान से जुड़कर सखत जान हो गयी है।

नानी की हिलकी बँध गयी। वे भुवन के कन्धे पर सिर धरकर सिसकने लगीं।

भुवन ने धीरे से कहा—अम्मा, मेरी दुनिया दूसरी जनियों जैसी नहीं। दिन में कैसी भी रहे, रात को बदल जाती है। मैं जानती हूँ, जनी अपने आदमी की कमी-वेसी किसी से कहती नहीं। पति की कमजोरी जनी की लाचारी बन जाती है, फिर इस मामले में सहाय भी कौन करे? एक ही गली बचती है—आदमी जैसा भी है उससे मिलकर रहो या फिर अलग होकर जिओ। अब मैं क्या करूँ? लो, तुम ही बता दो।

नानी के ऊपर ज्यों अपराध का बोझ धरा हो, कंधे झुका लिए। क्या बोलें? क्या कहें? नानी सोच के अथाह सागर में डूबी-सी ज्यों आखिरी दम उछाल खाकर

निकली हों, सो पूछ बैठीं, "बेटा, सास से पूछती कि उसका पूत ऐसा काए है?"

भुवन बड़ा कड़वा मुस्काई, "अम्मा! उनसे पूछ लेती तो क्या कर लेती?"

"कर तो कुछ न लेती पर समझ तो बहुत कुछ लेती।"

भुवन ने आँखें बंद कर लीं। आँसू छिपा लिए। कोशिश करके सहज-सी हुई तो बात का छोर पकड़ा, "अम्मा, सास से पूछा था मैंने। बड़ी सीधी-सी बात कह दी—मैं मर जाऊँगी तो इस अभागे को कौन पूछेगा? भाभी भौजाई किसकी हुई हैं? भुवन, माँ के बाद आदमी को उसकी औरत ही सँभालती है। बेटी, ब्याह तो फ़िर लाजिमी था।—अम्मा बोलो, उनकी क्या खता?"

भुवन ने माँ की ओर भरी आँखों टकटकी लगा दी, जैसे आँखें लाख कोशिशों के बाद भी बन्द न हो पा रही हों।

नानी के होठों से जहर गिरा हो जैसे, "कोई खता नहीं। उस सिर्रिया का ब्याह लाजिमी था। पइसा में कमीवेसी नहीं, ता जिंदगी चाकरनी रख छोड़ते।"

भुवन ने भरे कण्ठ से तुरन्त जवाब दिया, "बैद हकीमों ने भी ब्याह जरूरी बताया था। चाकरनी से क्या बनता?"

"नहीं बनता तो हमारी मोंड़ी को टाँग लिया। पूछती तो सही कि रड़ो जू यह पूत किस जिनावर से जायंदा है? आदमी नहीं जुटे थे उसे? नासिया कुँवर...हमारी आहें खाली जाने वाली नहीं।" नानी पाँव फैलाकर भगवान को टेरने लगीं।

इतना दुख और मुझे एक चिट्ठी तक नहीं लिखी। अचम्भा करने की बात भी क्या थी उसकी प्रकृति ही ऐसी है। और कोई होती तो मेरे कंधे पर सिर रखकर भलर भलर रोती, जिसका कि मुझे इंतजार था। भुवन ऐसी कहाँ? कुँआरेपन में एक बार कहा था—चन्दर पास आने के बाद दूर जाने का दुख बहुत सालता है। अब दूरियों को मान ही लें तो अच्छा हो।

ऐसी भुवन को नानी भी कहाँ तक लचाएँ?

अम्मा बताती थीं—

नानी ने भुवन के गोड़ पकड़ लिए थे, विनती की थी—बेटी तू तप में उतरी है, कोई रंडी वेसा नहीं कि घड़ी घड़ी आदमी बदले। तेरे तप से विजयसिंह ठीक हो जाएगा एक दिन! नानी ने हिम्मतवर की तरह न गुस्सा किया न गर्व दिखाया। दबी छिपी बात की तरह गाँठ में बँधा भेद भुवन को बताया, जिसे वे जिंदगी का मर्म समझ रही थीं। फुसफुसाकर बताने लगीं, "इतनी बड़ी जायदाद के तीन हिस्सा हैं। एक जेठ का एक सास का और एक तेरा। तू कोई मजूरनी नहीं, हिस्सेदार है बराबरी की। इस बात को अब अपनी गाँठ बाँध ले। तुझे हिस्से पर रहना है, नहीं

तो जनी किस बात की? भेड़-बकरिया की दर मत बना अपनी।"

नानी ने बहादुर की तरह भुवन की बाँह नहीं पकड़ी ज्यों जिंदगी पकड़ ली हो। अपनी बेबसी को परे झाड़कर समाज और कानून के सामने खड़ी नानी की निगाह भुवन पर थी।

"बेटा, माना कि तेरा चाहा नहीं हुआ, पर अनचाहे भी जिंदगानी चलानी पड़ती है, ठाड़ी हो जा। मैं वह बात भी कह सकती हूँ, जो तुझे अच्छी लगे, पर हर अच्छी बात मजबूत नहीं होती, और जीना तो मजबूती का ही दूसरा नाम है।"

अम्मा ने मुझे बताया था—

विराटा से बुलावा आ गया।

अभी नहीं जाना, यह पक्की बात है, भुवन ने जिद पकड़ ली।

अम्मा ने भुवन को झिड़की दी, "माँ तुझे यहाँ रहने देगी?"

"रहने वाले को कौन रोक सकता है जिज्जी?" जैसे भुवन ने जवाब माँगा हो।

"तू माँ के सुख के लिए नहीं, दुख देने उतरी है भुवन।"

"कोई बिटिया अपनी माँ को सुख नहीं देती, अम्मा तो खुद ही कहती हैं।"

"सुख? अरे बाप मताई की गैल में बिटियाँ निछावर हो जाती हैं। विराटा की देवी दुर्गा की कहानी सुनी तो होगी।"

"जिज्जी, जरूरी तो नहीं कि मैं भी विराटा की देवी दुर्गा हो जाऊँ? हो भी नहीं सकती। मुझे लगता है कि मैं लड़की नहीं, चिड़िया का बच्चा हूँ, घोंसला छोड़ने की आदत नहीं डाल पा रही जिज्जी! अम्मा बार-बार उड़ा देती हैं, मैं फिर-फिर यहीं आ दुबकती हूँ। भूखी रखें अम्मा, प्यासी रखें! गलती मेरी एक ही हुई, सासरे में नए चाकर की तरह अच्छी सेवा दिखा आई सो उन लोगों को भी चस्का लग गया।"

भुवन की बातें सुनकर नानी और अम्मा स्तब्ध रह गईं। निष्कर्ष यही निकला कि इस लड़की को समझाना-बुझाना बेकार है। नानी ने कराहकर कहा था, "चलो एक चिट्ठी लिखाए देते हैं। कुछ दिन के लिए बात टल जाएगी। भुवन चैन से रह लेगी।"

अम्मा बोलीं, "पर बकरा की माँ कब तक सीरनी बाँटेगी?"

सावन उतरकर भादों लग गई थी।

अँधियारी रातों में झरझर पानी बरसता। नानी की आँखों से झर-सा लगा था। बिरजू अम्मा को लिवाने दो बार हो आया, लेकिन अम्मा आई ही नहीं। आती कैसे नानी आने दें, तब न आएँ। नानी के घर में भुवन नहीं, जैसे कोई शिला द्वार में अड़ गयी हो। बाहर आने जाने का रास्ता बन्द हो गया हो। बाहर निकलने पर लोग

पूछने लगते–भुवन सासरे नहीं गई, क्या बात है?–इस 'क्या बात' का जवाब कौन दे? और क्या दे? कैसे कहें कि उनकी भुवन ने ब्याह की भाँवरें उधेड़ डालने की ठानी है। जो अब तक किसी ने नहीं किया वह अमानसिंह की बेटी कर पाएगी? एक युग की साधना और तपस्या का फल यही है।

और भुवन पूछ रही थी, "अम्मा ब्याह करना पाप नहीं तो ब्याह छोड़ना क्यों पाप है? तुम अपने ऊपर पाप मत चढ़ाओ, तुम्हें तो वर के बारे में कुछ पता ही नहीं था। अब मैं अपनी अक्ल के हिसाब से जो भी करूँ। नरक स्वरग मेरे लिए बनेगा।"

नानी ने बूढ़ी पलकों के नीचे से कौड़ी जैसी आँखें फैला दीं। अम्मा सकते में आ गयीं। वह बोले जा रही थी, जैसी कि उसकी आदत रही है, अपनी बात कहे बिना मानती नहीं–"बताओ मैं क्या करूँ? तुम दोनों कहती हो प्यार कर, पुटिया कर रख। सास कहती है कि इसे अपना बच्चा समझ। प्यार तो उससे होता है अम्मा, जो हम जैसा ही हो। बूढ़े से बच्चा प्यार करेगा? जवानी में कोई बच्चा से प्यार करता है, दुलार भले ही करे। अम्मा, ब्याह के बाद बच्चा होने में भी नौ महीने लगते हैं, कोई पहले दिन से ही पूरे मर्द को अपना बच्चा कैसे मान ले? तुम लोगों की बातें मेरी समझ में नहीं आतीं। कैसा पतिव्रता धरम सिखाती हो? और इस धरम का मतलब मेरी समझ में क्यों नहीं आता?" कहते हुए वह अम्मा के हिसाब से कातर हो उठी। लगभग रुआँसी होकर बोली, "मुझे माफी देना अम्मा।" कहते-कहते जार-जार रोने लगी। इतना रोई, जितना अब तक कभी नहीं रोई थी।

विराटा का लिबउआ नौकर तो कब का लौट गया था, नानी ने एक प्रार्थना भरी चिट्ठी भी भेजी थी। शायद उसी के चलते अजयसिंह एक महीने के लिए चुप हो गए। नानी में भी अब खुशामद बरामद का भाव न रह गया था और भुवन जैसे अपनी नखदंत विहीन माँ के प्रति ममताबोध में निरुपाय होती जाती हो। तेवर प्रखर नहीं थे।

कहते हैं कि 'मामुलिया' ब्याही लड़कियाँ नहीं खेलतीं, लेकिन भुवन ने कुँवारे ब्याहेपन की कोई परवाह न करके उस साल मामुलिया खेली। नानी मामुलिया का मतलब समझती थीं, अम्मा ने अपने लड़कपन में यह खेल खेला था, भुवन का भाव अब समझ में आ रहा था–वह बारहमासी और कनेर के फूल बीननेवाती विवाहिता लड़की कुँआरी कन्याओं के संग आँगन के एक कोने में 'सूखे काँटों वाला झकरा' गाड़ रही थी। झकरा मजबूती से खड़ा किया। मिलकर लड़कियों ने उसके आसपास लीप दिया। भुवन ने आटे का चौक पूरा। झकरे का एक एक काँटा फूलों से सजाया।

गीत भरा समवेत स्वर गूँज उठा–

ल्याओ ल्याओ रतन जड़े फूल, सजाओ मेरी मामुलिया
ल्याओ ल्याओ गेंदा हजारी के फूल, सजाओ मेरी मामुलिया

कहाँ लगादऊँ मामुलिया?
अँगना लगादऊँ मामुलिया!
मामुलिया के आए लिबउआ छिटक चली मोरी मामुलिया
जा जा बाबुलजी के बाग, उतईं गई मोरी मामुलिया
अम्मा रानी देखन आईं, बाग बना ल्याई मामुलिया...

(ओ बाबुल, हमारा जीवन आँगन में गड़े इस झकरे जैसा है, नीरस और काँटेदार। हम इस जिंदगी के एक-एक काँटे में फूल सजा लेंगे। हम परदेस में रहकर तुम्हारे आँगन को गुलजार रहने के गीत गाएँगे। अम्मा तुम बागों में जाना, वहीं कहीं हम होंगे।)

नानी मामुलिया के अवसर पर बिटियों के चेहरे देख-देखकर मुस्काया करती थीं। आज उनके आँसू थामे नहीं थम रहे। क्या नानी को अपनी बेटी का यह रूप भी रास नहीं आ रहा था? आखिर क्या चाहती थीं नानी?

अब की बार कोई चिट्ठी नहीं, खबर नहीं, लिबउआ नौकर नहीं, खुद कुँवर अजयसिंह आए। नानी के घर देहरी सहम से गए।

भुवन को जाना होगा।

हाँ, उसने एक बार भी नहीं कहा कि विराटा जाने के लिए उसका मन नहीं। नानी बार-बार पूछ रही थीं।—बेटा, जाएगी सो तें?

वह सामान समेट रही थी जैसे ठान लिया हो कि अपने जीवन की विसंगति के साथ लड़ते-लड़ते वह कितनी भद्दी हो गयी है। बेटी के जीवन की शालीनता को बरकरार रखते-रखते ही सब कुछ तबाह होता गया, जिसका उसे पता ही नहीं चला। आज माँ उसके धीर और शान्त रूप के पीछे कोई खदबदाता बुदबुद स्वर सुन रही है, सो विनती पर आ गयी है। माँ की विनय उसे मार डालने के लिए काफी है।

उसका बस चलता तो इस फरेबी कुँवर, जो उसे अपने पागल भाई के लिए ब्याह ले गया, को कोड़ों से पीटकर इस घर से बाहर कर देती। लेकिन समय था कि सिर नहीं उठाने दे रहा था। कमजोर और बूढ़ी माँ के साथ यह लड़ाई कितनी देर ठहर पाती। लड़ने के लिए, ऐसे कुँवरों से लड़ने के लिए एक सेना नहीं तो कम से कम एक टुकड़ी तो चाहिए ही। भुवन ने पीछे मुड़कर देखा कि उसके साथ कौन है? बड़ी बहन के सिवा कोई नहीं दीखा! उसकी अनुभूतियाँ उतनी तीव्र और तीखी रहीं कि नहीं रहीं, लेकिन व्यवहार में गजब का ठण्डापन था।

आई थी तो बड़ी-बड़ी आँखों में घबराहट हिलोरें ले रही थी, आज वे आँखें सूनी रीती...घबराहट और भय तक नहीं, प्यार लगाव तो बहुत दूर रह गया।

अम्मा ने बताया था—भुवन एक-एक डग ऐसे धर रही थी ज्यों पहाड़ लाँघ रही हो। हम सब जानते थे कि उसकी इच्छा क्या है, पर वह हम सबकी इच्छा करती जा रही थी और पीठ पसीने से तर हो गयी। हम यह भी जानते थे कि जो सुख दुख हुआ है, हमारे करे ही हुआ है, पर हम कह रहे थे कि भाग्य में सुख नहीं बदा तो उसे कौन दे सकता है?

मैंने सोचा था—अम्मा इसलिए ही पिताजी से उस रात लड़ी थी? जरूर। मैं क्यों नहीं लड़ा? किससे डर गया था? उसको जीवनसंगिनी बनाता, यह पाप था और उसको एक पागल को सौंप दिया गया, यह अन्याय नहीं, विवाह है! मैं अपना वकील, अपना न्यायाधीश, अपने बारे में क्या सोचता हूँ? एक फैसला तक तो अपने लिए ले नहीं पाया। भुवन के लिए किस हक से दुख करता हूँ, सम्बन्ध, संस्कार और समाज की चिन्ता में डूबा रहता हूँ।

बिरजू ठीक ही ताना देता है—अपनी नौकरी बचाने के हेरफेर में सारे लगाव जुड़ाव भूल गए हो तुम। हाथ पर हाथ धरकर दुख कौन न कर ले, पर काम तो हाथ पर हाथ धरकर नहीं होते।

अम्मा मंगल माली का नाम भी किसी बात पर लाई थीं तो मुझे लगा कि हमसे तो वही अच्छा है कम से कम भुवन को आम तोड़ने वाले प्रसंगों के जरिए जानता है और उसकी इस तरह की बेबसी को किसी हालत में स्वीकार नहीं करना चाहता!

पता नहीं क्यों, या मुझे सब कुछ पता था इसलिए, भुवन से जो-जो जुड़ा था, सब याद आए। भगवानदास की बहू की चुनौतियाँ और गाँव की नाइन का विदागीत...

> बिटिया भली जो अपने घर की, सुख दुख पेट पचाए भलें जू
> असुअन असुअन विदा करी थीं, हँस हँस लौट कें आए भलें जू।

चार

नानी का सन्देश आया और मुझे शीतलगढ़ी जाना पड़ा।

खबर लगी कि भुवन ने कंठी ले ली है, जोगिन हो रही है। इस सूचना से सचमुच मैं स्तब्ध रह गया। भुवन औरत से संन्यासिनी बन गई? साधु होना पुण्य की बात माना जाता है, मगर यह जो कुछ हुआ, मुझे अपना किया पाप-सा लग रहा था। पाप को मैं सहज स्वीकार कर नहीं पा रहा था तो भुवन के बूते को याद करके। वह तो मामुलिया का गीत गाकर गई थी, जिसमें हर लड़की की तरह गाते

हुए आश्वासन दिया था—हमारा जीवन सूखे झकरे के समान है। हम झकरे के नुकीले काँटों में फूल सजाकर जिंदगी गुलजार कर लेंगे।

नानी का झुर्रीदार चेहरा रह-रहकर काँपने लगता था और वह एक ही वाक्य बराबर दोहरा रही थीं—चन्दर, मोंड़ी जोगिन हो गयी।

नानी को कन्धों से पकड़कर मैंने समझाया—कंठी लेकर कोई जोगी जोगिन नहीं हो जाता। हो भी गयी है तो रहती तो उसी घर में है? वन जंगल में तो नहीं निकल गयी?

मेरे बहुत समझाने पर या मेरे यहाँ आने से सहारा-सा पाने पर नानी सहज होने की कोशिश करने लगीं। फिर भी वे कभी स्तब्ध तो कभी बिलकुल शान्त-सी हो जातीं। उनका व्यवहार अटपटा सा था। जब आटा माड़ने की परात लेकर घड़ोंची के पास पहुँचीं और भूल गयीं कि आटे का मटका कोठे में है, ये पानी की गगरियाँ हैं, तो मुझे धक्का-सा लगा। नहाना था और धुतिया सलूका लेकर अटारी पर चढ़ गयीं! मैं हाथ पकड़कर उन्हें नीचे उतारकर लाया था और अब समझने के लिए यह बाकी न बचा था कि नानी के भीतर की उथल-पुथल सारी गड़बड़ी की जड़ है।

नानी को सँभालते हुए मैं अपना दुख भूल गया। लेकिन मेरा दुख भुवन का ही दुख था जो कि नानी का भी दुख था, भूलने से वह खत्म तो नहीं हो रहा था। मन में आया, अम्मा को नानी के पास छोड़ूँ और विराटा जाकर बात की गम्भीरता का पता लगाऊँ। नानी को भी मैंने यही कहकर दिलासा दी थी कि कंठी वाली बात लिखकर भुवन ने तो चिट्ठी नहीं डाली, यह सब अफवाह भी तो हो सकती है।

पड़ोस की भगवानदास की बहू मैंने ही बुला ली थी, कि नानी का काम उठा दे। उसने रोटी पानी चौका बासन से लेकर नानी और मेरे कपड़े धोने तक का काम निपटा दिया। साथ ही वे बातें कान लगाकर सुनीं, नहीं सुन पाई तो खोद-खोदकर नानी से पूछीं, जो बातें भुवन से जुड़ी थीं। वह बड़ी खुश-सी थी और अपनत्व भरे लहजे में नानी को समझा रही थी—

—काकी, गम न करो। हौसला न हारो। कंठी क्या ससुरी लोहे की साँकल हो गयी, सो टूटेगी नहीं। मनकों और धागे से ही तो बनी होगी, भुवन बिन्नू छिन में तोड़ डालेंगी। और जो कंठी में कोई सत्त है तो फिर सुमिरने में क्या गुरेज?

नानी ने पछतावे भरी आँखों से मेरी ओर देखा। मैंने समझ लिया, नानी पछता नहीं रहीं, मुझे धिक्कार रही हैं कि मैं इस 'बादर-फाड़' पड़ोसिन को सहायता के लिए क्यों बुला लाया? उसने दबी-छिपी बात हथियाने के लालच में सारा काम ऐसे उठाया है, जितना मन लगाकर वह निजी काम भी न करती हो। अब एक बात में चार बात मिलाकर आगे का काम करेगी, जो नानी को गली तक में निकलने पर मुश्किल पैदा करेगा।

नानी भगवानदास की बहू को बुलाने पर खफा थीं और मैं मंगल माली को भुवन की ससुराल भेजना नानी की गलती मान रहा था, इस मौके पर अपने बचाव में मैंने नानी को तर्क दिया—भगवानदास की बहू की चुगलखोरी की चिंता कर रही हो नानी और वह मंगल माली कम दूता है, जिसे तुमने विराटा भेजा? मैं कहता हूँ क्यों भेजा था? मैं मर गया था? मान लो मुझे छुट्टी नहीं मिलती तो बिरजू जाता। पर तुम तो नाक पर मक्खी नहीं बैठने देतीं, जैसे ही हम लोगों से जरा-सी देर बन पड़ी, तुमने मंगल को भेजकर हमें दिखा दिया कि तुम्हें हमारी दरकार नहीं। जब पिताजी यह बात कहते हैं तो मैं सच नहीं मानता, मगर आज खुद भुगत रहा हूँ।

नानी नाक पर उँगली रखे चुप थीं। लग रहा था वे कुछ सोच रही हैं, पर उनकी उँगली के पास आकर आँखों से बहते आँसू उलझ रहे थे। देखते ही मुझे दुख हुआ और नानी से कुछ न कहने का वादा किया। लाचार नानी को मैं भी दबाने लगा। बूढ़ी हैं फिर अपनी हैं, कहेंगी भी क्या?

साला माली, जितनी समझ है, उतना ही तो समझेगा। वहाँ कितना कुछ हुआ या कुछ भी नहीं हुआ हो, वह समझ गया हो ज्यादा से ज्यादा। उसकी तो आदत है, हम लोग चार आम तोड़ लेते थे और वह कहता था, बाग उजाड़ दिया। बड़े और ऊँचे घरों के बच्चों को वह बड़ी से बड़ी सजा दिलाकर महासंतोष पाता था। उसने भुवन की कंठी वाली बात भी भारी करके बताई होगी। पिताजी झूठ नहीं कहते कि नीच कौम को बड़ी जात की खामियाँ पकड़ने और उन्हें उघाड़ने में ऐसा आनन्द आता है, जैसे वह अपने पुरखों का हमसे बदला ले पा रहे हों। राई का पहाड़ बना है यहाँ भी।

मैंने मंगल माली से मिलना चाहा। नानी ने उसके लिए ऐसा आभास दिया था जैसे मंगल से कुछ पूछना भुवन से पूछने जैसा है। और कहा कि मंगल दूता चुगला नहीं, उसने अपना विराटा जाना तक किसी के आगे नहीं खोला है। नानी की बातों पर यकीन तो नहीं आया क्योंकि माली भी आदमी होता है, वह खाली चिड़िया तोतों से बतियाकर नहीं रह जाएगा, किसी आदमी से भी बातें करना चाहेगा। ठीक है, जो कुछ मुझे बताएगा, मैं उसमें से अपने अनुमान को प्रमाण बनाकर बढ़ा-घटा लूँगा। असलियत अपने आप निथर आएगी।

मैं मंगल से बाग में ही मिला, जहाँ चिड़िया तोतों के अलावा कोई न था। सिर झुकाए मौन पेड़ थे, उन पर लटके हुए भोले फल थे। बाग की फिजा बदली हुई थी, वह सब कहीं न था, जो भुवन और हमारे बचपन में हुआ करता था।

जो मंगल हमें बाग के आसपास देखते ही अमंगल की तरह घूरता था, अब हाथ जोड़कर खड़ा था। उम्र ने सिर के काले बाल सफेद करना शुरू कर दिया है, कंधे बेवजह ही झुके से हैं। पहनावा वही धोती और कमीज। कपड़ों की रंगत भी मिट्टी के रंग की।

उसे देखते ही मैं अपनत्व से भर उठा। उसका खिचड़ी मूँछों वाला चेहरा किसी दयालु बुजुर्ग का सा लगने लगा। आँखें भी ममता भरी सी थीं। 'राम राम भइया' कहते हुए होठ दुलार के साथ खुले। पता नहीं वह मुझे ही प्यारा लग रहा था, कि भुवन से मिलकर आया था, या वही ऐसे पेश आया जैसे उसकी आगे की ज़िंदगी भुवन के लिए ही हो। मेरे स्वर्गीय नाना होते तो कुछ इस तरह की छवि अख्तियार करते होते। यह पिता की तस्वीर है।

बाग में धरती पर बैठकर बातें हुईं। हम दोनों आमने-सामने थे।

दोनों सोच रहे थे कि बात सामने से शुरू हो, इसलिए ही मौन खिंचता गया। मैं सोचने लगा माली भुवन के घर के वैभव में गोते लगा रहा है या उस वैभव में छिपे दुख को कह नहीं पा रहा? हो सकता है जिस खबर को गाँठ में बाँध लाया है, उसे पुण्य की दर पर समझ रहा हो। यह भी तो हो सकता है कि वह मन ही मन हमारे किए का मखौल उड़ा रहा हो।

वह अचानक बोला—हम कौन जाते भइया, तुम्हारी नानी ने बीस बेर कही कि चन्दर अफसर हो गया है सो नहीं जाएगा। बिरजू खेती में फँसा है सो नहीं जाएगा। चन्दर के पिता के लिए सदा सौ काम आगे रहते हैं, उनसे आस लगाना विरथां है। एक तू ही है, जो बाग में पानी लगाकर चला जाएगा। रे, बिटिया की खबर लाना गाय को लोआ देने जैसा पुन्न है।—वह अपने जाने का मूल कारण बताकर स्वयं को सिद्ध करना चाह रहा था।

मैं माली जैसा उत्तेजना में आ जाने वाला नहीं था सो सुनता गुनता रहा। उसको आगे कहने के लिए बिना सवाल किए आजाद छोड़ दिया। मुँह ऐसे बना लिया, जैसे मैं अभी भी दस-बारह साल का चन्दर हूँ। बच्चे के सामने वह झूठ नहीं बोलेगा क्योंकि भय न होगा।

सचमुच ही उसने मुझे बच्चा मानकर कहा—बड़ी बेजां बात है भइया। नाक रेंट बहाते तक तो तुम यहीं रहे, लायक हुए सो कोयल के छौनों की तरह उड़ गए।

मैंने स्वीकार किया।

उसने साहस के साथ सुनाया—तुम्हारे पिताजू तो संत महात्माओं को पार कर गए, जिन्हें दीन दुनिया की खबर नहीं रहती। सुनते हैं कि तुम्हारे पिताजू और कुँवर की तो अच्छी जान-पहचान थी। भइया, फिर डुकरो को क्यों फँसाया?

मैं अपराधी के भाव लिए बैठा था। बस कहने के लिए कहा—आखिर क्या हुआ मंगल मामा?

वह बोला—मोंड़ी लखपतियों में ब्याहकर कंगाल कर डाली। अपनी भुवन कैसी ताकतवर बेटी थी! यहाँ बाग के मालिक और मुखिया के नाती बेटा उससे थर्राते थे। याद है वह किस्सा कि मुखिया के नाती की छाती पर लात...पर अब याद करने से क्या फायदा?—वह कहकर ऐसा निराश हुआ जैसे बाग के ऊपर से बहार निकल

गई हो और बाग में बौर न आया हो, तो फल की आशा कौन करे? मंगल हमें फल तोड़ने पर लताड़ता था, ऐसा हताश नहीं होता था। उसकी व्यग्रता देखकर मैं बेचैन हो उठा, आखिर भुवन अपनी दुर्गति करने पर क्यों तुल गयी? कैसा भोला सवाल किया था अपने आप से कि जिसका जवाब ही कुल्हाड़ी लिये पीछे-पीछे घूमने लगा।

और मैं मंगल माली के सामने खड़ा कहीं छिप जाने की कोशिश करने लगा जब उसने मेरी आँखों में आँखें डालकर पूछा—साँची कहो चन्दर भइया, तुम्हें असलियत पता न थी? पता नहीं थी तो कुछ भी मालूम करने के जतन की जरूरत नहीं लगी थी? तुम पढ़े-लिखे, गुनी ज्ञानी आँखों पर पट्टी बाँधकर क्यों बैठे रहे? अब अंधेर देख लो कि वहाँ जाते भी नहीं।

मैं कुछ भी न समझाकर खुद यह समझना चाहता था कि मंगल गया तो क्या हुआ? जो हुआ होगा, भुवन के जीवन का सुखदुख होगा। मैंने आदरपूर्वक कहा, और प्रेम के अतिरेक में उसका हाथ गह लिया।—मंगल मामा, आपने हमारा फर्ज अदा किया है, धन्यवाद किन शब्दों में करूँ? अगर वहाँ कोई अनादर हुआ हो तो वह हमारे सिर डाल सकते हो।

मंगल खिचड़ी में घी की तरह मेरी भावनाओं में रिलमिल सा गया, बोला—आदर की बात हम माली काछी बड़े ऊँचे घरों में जाने से पहले अपने घर ही छोड़ देते हैं। नहीं भूलते कि हमारी औकात क्या है? माना कि चन्दर भइया, आज पुरानी मारपीट वाली रिवाज नहीं रह गयी है, पर हमारी ओर से मुलाहिजा तो बचा ही है। उसी मुलाहिजे के चलते हमने सोच लिया था कि भुवन हमें काका भइया कहकर बुलाती है, तब क्या हम काका भइया हो भी गए? नहीं, हम मंगल माली ही हैं। बाग रखाने के मेहताने के मजूर।

—नहीं, मंगल मामा, आप हमारे चलते मजूर नहीं।—मैंने विह्वल होकर कहा।

—चलो, यही मान लो। हमने भी भुवन को अपनी दर पर ही मानकर आगे डग बढ़ाए थे कि जैसे आप लोग हमें दुरदुराते हो, मोंड़ी की भी वही हालियत है। हमसे मिलकर वह अपनी बात खुलकर कह पाएगी, काए से कि हमारी और उसकी खुली तकरारें हुई हैं। आदमी जिससे लड़ लेता है, उसी से कलेजा भिड़ाकर बात कर पाता है। है न?

—कुछ कहा भुवन ने?

—क्या कहा, क्या नहीं कहा, बस इतना समझ लो कि मुकद्दर चमचमा रहा है, आँखें दहक रही हैं। सबका सार यही था कि कितना ही रोस गुस्सा दिखाए अन्त में मोंड़ी का चेहरा दान की बछिया सा झुका हुआ लाचार...! चन्दर भइया, बड़े घरों की बेटियाँ बामन की गाय सी सूधरी क्यों होती हैं?

मैं क्या कहता? चुपचाप मंगल के चेहरे पर फड़कती नाक और कड़ुवाहट भरे

होठों को देखता रहा, जो खिचड़ी मूँछों के नीचे से मुद्रा दिखा रहे थे। गाय तो बड़ा जिनावर है चन्दर भइया, अपने पोले बब्बा का पिंजड़े में बन्द तोता भी पुलिस के सिपाही से 'साले हरामी', कहकर बोलता है। उनकी बेटी तो पूछो मत, जेठ ससुरों से कछोटा मारकर दो-दो हाथ कर आई है। हमारे तोते परेवा हों या लड़का बिटिया, बेकायदा बात पर लिहाज लाज नहीं मानते।

मैं हल्के से हँसा, दुख भरी सी हँसी थी। फिर बोला—लिहाज लाज की ही तो बात है। हवेली जैसे घर की मर्यादा का तामझाम कम वजनी नहीं, मंगल मामा।

वह भी हँसा, पछतावे भरी हँसी, फिर बोला—आम जामुनों से पेट भरने वाली लड़की के लिए खत्तीखास और तिजोरियों वाला घर खोजने की क्या दरकार थी चन्दर भइया?

ब्याह और भरेपूरे घराने के जोड़ का मेरे पास कोई तर्क नहीं था, क्योंकि भरेपूरे घर का सुख मंगल माली की आँखों में भयानक जंगल सा फैला पड़ा था। मुझे लगा कि अब पूछने वाला है कि विराटा की माया से तुमको कितना फायदा हुआ कि भुवन को इतना दुख देने पर उतारू हो गए?

मगर अब वह वहाँ के दरबान की बात कर रहा था जो असल में दरबान नहीं, गाँव का ही बसोर है, किसी भी आने जाने वाले को शक की निगाह से देखना उसका हक है। और मौका पाकर दबोच लेना उसका सुख है। क्षेत्र के गाँवों में यह चलन तेजी से चला है कि हमजात शत्रुओं से बचने के लिए नीच जात पहरुये रखो, उनके द्वारा की गयी बेइज्जती दस गुनी सालती है।

मगर मंगल बता रहा था—छोटा आदमी छोटे आदमी पर आसानी से चढ़ जाता है। पर हम उस घर की बहू के मायके से गए थे सो खास थे, इस बात का भरम उसने रखा क्योंकि वह छोटी जाति के चलन जानता था।

—नहीं रोका टोका?

—नहीं! खड़ा तो ऐसे था जैसे कुँवर का हुकुम ही आदमी का भेष धरकर आ गया हो। डण्डा लहराता हुआ आँखें भी दिखा रहा था, पर तभी कहीं आवाज गूँजी—मंगल काकाऽऽ! लो, आवाज लगी, जैसे कोयल ने पुकारा हो।

मंगल को मैंने इतना मीठा मुस्कराते कभी देखा नहीं। अक्सर तो उसके होठ हम बच्चों के चलते कडुवी बुदबुदाहट फेंकते रहते थे और जब कभी बड़ों के सामने पड़ता तो चेहरे से लेकर मुँह तक रिरियाहट पुत जाती। आज वह खुलकर मुस्काया।

—चन्दर भइया! अपनी भुवनिया! न घूँघट न पर्दा, ऐसे अटारी पर खड़ी जैसे आम के पेड़ पर चढ़ी पके आम देखकर चहकी हो। हमें सिर उठाने का मौका मिल गया। अरे! देखते ही देखते नीचे धरती पर उतर आई और ऐसे भेंटी ज्यों मायके का आदमी देखकर मायके में कूद गयी हो! दरबान साले का क्या रुतबा क्या रौब? कागा-सा आँखों में हरकत रोके हम दोनों को देखता रह गया।

मंगल माली अपनी विराटा-यात्रा का ब्यौरेवार वर्णन करने का इच्छुक था और मैं जल्दी से जल्दी मुद्दे पर आना चाहता था। अपनी उतावली को दबाकर बैठना मुश्किल हो रहा था, मगर उसका दिल तोड़ना चाहता न था। सोचेगा, बड़े मतलबी लोग हैं और चालाक भी हैं, न गए न आए, मुफ्त में ही खबर लेकर रहनुमा बनना चाहते हैं।

—चन्दर भइया, बेटी महारानी हो जाए, तब क्या वह बेटी नहीं रहती? सच्ची में हम भुवन बिटिया की जिंदगानी के दुख खोजने गए थे, और वह थाली भर-भरकर फकीरों को खैरात बाँट रही थी। एकदम से भरोसा नहीं हुआ अपनी ही आँखों पर। सुख-दुख की अजब मिलौनी थी। बाँट-बूँट कर थालियाँ रिता चुकी तो बोली—काका, ऊपर अटारी में चलो।—नादान मोंड़ी, यह नहीं समझती कि हम चन्दर बिरजू और बरजोरसिंह की जगह आए जरूर हैं, पर वैसा ही व्यवहार तो नहीं पा सकते। वह नहीं समझी पर हम एक बात जरूर समझ गए कि बेटियों के लिए मायके से ज्यादा बड़ा 'सुरग' कहीं भी नहीं।

—चन्दर भइया, जब वह हमें अपनी अटारी की ओर ले चली, तब कैसा तो अचरज लगा, हिम्मत और दिलेरी की पुतरिया भुवन वही है, जिसे हम आम की चोरियों पर धमका लेते थे? काकी से पिटवा देते थे?

मंगल माली अपना और भुवन का लगाव जताकर मेरा मान मर्दन कर रहा था या मुझ पर थूक रहा था? वह बता रहा था कि जितनी हिम्मत भुवन में है, उतनी चन्दर के फरिश्तों में नहीं। ठीक है, सही है, पर यह भी गलत नहीं कि भुवन ने इस माली की छाया में बचपन गुजारा है, डाँट-फटकार खाई हैं, इसलिए पिता समान समझा है। अब पिता समान मंगल और बेटी समान भुवन में समानता न होगी तो किसमें होगी? वैसे भी भुवन के बचपन पर मंगल से ज्यादा ध्यान देनेवाला कौन था? और भुवन भी किसके आसपास रहती? दोनों के रंग एक हैं तो इसमें ताज्जुब क्या?

दोपहर हो गयी। सूरज मद्धम-सा था क्योंकि कोहरा छाया था। मैं अब तक मंगल की लताड़ें सुनता रहा, अचरज होने लगा। माली के आगे सिर झुकाए बैठा रहा कि वक्त का पता ही नहीं चला। उठकर चला तो गाँठ में पछतावे के सिवा कुछ न था। हमारे गाँव में किस माली की ऐसी हिम्मत थी कि मेरे तो मेरे, मेरे बाप के खिलाफ भी बोले? हिम्मत तो यहाँ भी नहीं थी, सब कुछ मैं भुवन की खातिर सुन गया। लग रहा था, मंगल के मुँह से भुवन बोल रही है। सुनकर मेरे पाप कटेंगे। कैसी अजीब बात थी कि पाप कोई किया नहीं, पापों का अहसास इस कदर है कि जिंदगी के आसपास नरक है!

वहाँ जहाँ रहती है, भले वह कमरा दूध के ताल सा झकाझक हो, सोने की खिड़कियों से लैस हो, पर वहाँ बाहरी हवा नहीं है। कीमती पलंग पर रेशमी बिछौने

हैं, उस पर सोने वाला मनचाहा कि सामान्य पुरुष भी नहीं है। एक सुख में से एक सुख घटा दो, बचेगा क्या? यही कि भुवन गाँव की सामान्य लड़कियों की तरह मंगल के सामने घूँघट पर्दा भूल गयी! यह सहज बात तो नहीं। हवेली की शान शौकत ने उसकी झिझक खोल दी होगी? या...पति की बीमारी ने ही शर्म लाज और लिहाज का होश गुम कर दिया। दोनों ही मौके ऐसे हैं कि आदमी रस्म रिवाज भूल जाए।

मंगल माली बाहरी कमरे में धरती पर सुलाया गया था, फिर भी उसने देख लिया कि कोई काली दाढ़ी मूँछों वाले महाराज आए हैं। माथे पर सूरज-सा लाल बूँदा।

भुवन थाली परसकर मंगल के पास लाई थी सो बता गयी कि वे ग्वालियर के महाराज हैं। आधीरात के समय कुंडलिनी जागती है, तब हवन करते हैं।

मंगल ने खाना खाकर एक नींद भी ले ली, तब लगा कि द्वार खुला। महाराज भुवन के जेठ के साथ बाहर निकले। आँखों के बड़े-बड़े गटा देखकर मंगल डर गया था। भुवन उसके पास ओढ़ने की चादर धरने आई, सो बोला—बिटिया स्वामी जी तो ऐसे ही थे, जैसे भूत की बात बताकर हम तुम्हें डराया करते थे। हम तो समझते थे कि एक हौल वाला आदमी हमने गढ़ लिया है, पर वह तो सच्ची का निकला!

भुवन पहले कुछ सोचती रही। फिर अपने चौकस सफेद दाँत निकालकर हल्के से हँस दी, बोली—हाँ काका। महाराज को देखकर मुझे भी बाग वाला भूत याद आया था, पर सोचा कि बाग का भूत तो बाग में ही होगा। गाँव के बच्चे डरते होंगे अब उससे। मैं तो बड़ी हो गयी हूँ। काका, डर फिर भी लगता रहा, क्या मैं अभी बड़ी नहीं हुई?

मंगल कराहकर बोला—बिटिया, आदमी बड़ा हो जाता है तो डर भी तो बड़े हो जाते हैं।—

मंगल माली! नहीं, मंगल माली की जगह मैं खड़ा हूँ। सब कुछ मैं कह रहा हूँ। कल्पना ने सच का रूप धारण कर लिया। जोगिया धोती पहने भुवन बड़े-बड़े मनकों की कंठी दिखाने लगी—देखो, नीम का तेल, कपूर का धुआँ और कबूतर की देह जलाकर जोत जगाई थी। भभूत बनाकर तैयार की और बताया कि रोगी के माथे कान और भुजाओं पर भभूत लगाओ। मंत्र पढ़ो और माला फेरो। दिन भर उपासे रहो। रात को दो केलों से व्रत तोड़ो। चटपटा, चिकनाई और खट्टा मत खाओ। खटिया पर सोना नहीं, कहीं आना-जाना नहीं...कंठी का परहेज है। माला गंगाजल के पानी से फूँकी थी, वही पानी हमारे ऊपर छिड़का, हम बेहोश हो गए। स्वामी जी के चरणों पर गिरे सो चोट नहीं आई।—मंगल बताकर चुप हो गया था, मुझे लगा भुवन कंठी का किस्सा कहकर अन्तर्धान हो गयी।

मैं सब कुछ सुनकर कुछ कहने लायक न था। समय आया था, मैं ही 'अकाल' छोड़कर भाग लिया। उसी कायरता की काली छाया ने उसे ग्रस लिया। रोज-रोज

नई आशा करते रहे, रोज-रोज पुराना भूत सिर पर मँडराता रहा, फिर भी शुद्ध संस्कारों का घमण्ड ठिकाने नहीं आया। हमारी बातें कलजुगी हैं, पर जो कुछ हुआ है, या जो कुछ हो रहा है, वह रास क्यों नहीं आ रहा? जब कलजुग में जन्मे हैं तो सतजुग की परम्पराएँ अजनबी क्यों नहीं लगेंगी?

घर लौटकर नानी को अपने मन की बात नहीं समझा सकता, जानता था। बस मंगल के बताए के अनुसार भीतर ही भीतर दुखी होता रहा। नानी को दिलासा देता रहा कि मैं उसे जोगिन भक्तिन कुछ भी नहीं होने दूँगा, जब कि अपनी हैसियत जानता था कि वह कुछ भी हो जाएगी, मैं कुछ न कर पाऊँगा बस कुढ़-कुढ़कर जान दे दूँगा, यही मेरी शहादत होगी। शायद यहाँ तक भी न पहुँच पाऊँ और जिन्दा रहकर उसके नाम का इकतारा बजाता रहूँ वह भी ऐसे कि किसी को सुनाई न दे। क्या कलजुग का चरित्र यही है? शायद यही हो। परम्पराएँ सिर उठाने नहीं देतीं और सामने ही जिंदगी बीहड़ में बदल रही है। हमारे संबंधों की कथा यही है। मैं मंगल की जगह भुवन की ससुराल चला जाता तो मैं भी मेहमानखाने में खाने और सोने के सिवा क्या करता? यह विश्वास मेरी मजबूरी होता कि भुवन अपने आप को सँभाल लेगी। कुछ हिदायतें देता और अलगाव की पीड़ा इस आड़ में छिपा लेता कि भुवन का अपनी ससुराल में रहना उसका धर्म है। यह अलग बात है कि मुझे यह भी पता रहता कि भुवन इस समय क्या सोच रही है? वही, जो उसने अंतिम समय कंधे से सिर उठाते हुए कहा था, और मैंने आज तक वह वाक्य यादों को छूने तक नहीं दिया। मगर रोकते-रोकते भी वह कोंचता रहा—'चन्दर, प्यार कुछ नहीं होता सो तू भी कुछ नहीं...कहकर वह फफक पड़ी थी। सिर के बाल बिखर गए थे, जैसे सूरजमुखी का फूल छितर गया हो और चेहरा आँसुओं से गीला था, होठ रोए हुए...

मैंने मुँह फेर लिया था कि वह मेरे सपाट चेहरे को न देखे, क्योंकि मैं उस समय भावविहीन, अपने आपको ही सँभालने में लगा था। मैं बेहद डरा-डरा सा था। चारों ओर खालीपन और दुख के सिवा कुछ था ही नहीं। भुवन अपने भोलेपन में यही समझ रही थी कि उसे मैं हर भँवर में नाव डालकर खे ले जाऊँगा। नाव आज भी हिचकोले खा रही है।

मैं शीतलगढ़ी में नानी को समझा-बुझाकर अपने यहाँ आया।

इधर बरुआसागर में अम्मा का रोना-पीटना चल रहा था। भुवन की भक्ति का कोड़ा जैसे उन्हें रात-दिन पीट रहा हो। वे तो अपनी छोटी बहन की बाल बच्चोंदार गृहस्थी की चाहना लगाए थीं, सन्देश मिला कि वह संन्यास की ओर बढ़ रही है। अम्मा ने अपनी बहन के जोगिन बनने का सारा दोष उसकी सास के सिर डालकर

खूब गालियाँ दीं।

"हरजाई राँड़, नास हो इसका, सत्यानास, घाटकरी ने अपना खसम तो खदेड़ दिया, भुवन को सती का पाठ पढ़ा रही है। गले में जोगिन की कंठी डाल दी और कह रही है कि धियपूत जन। अब रंडो से कोई इतनी तो पूछे कि औलाद क्या पोथी पत्तरा में से निकलती है? वो कहानियाँ सुनाके जिदंगानी को किस्से की दर पर धर रही है। असीस दो, पर अपने पूत को सफाखाने मत दिखाओ।

"अरे हम इन नौटंकीबाजों को खूब जान गए, भोपा भरारों को धोककर दिखा रहे हैं दुनिया को। सास इतना नहीं जानती कि बड़ा बेटा कैसा चालबाज है? वह छोटे को ठीक क्यों कराएगा? लोग हिस्सेदारों को जहर देने से नहीं चूकते।"

मैं अम्मा को शान्त नहीं कर पा रहा था। बात पर विराम ही मुश्किल से लगा, तब कहीं अपनी बात समझा पाया, "अम्मा, नानी कह रही थीं कि सास तो बिचारी अच्छी है। उसके मारे ही तो अजयसिंह को भइया का ब्याह करना पड़ा। अब वह जल्दी से जल्दी विजयसिंह की औलाद का मुँह इसलिए देखना चाहती है कि अपने ही सामने पगला बेटे का वारिस आ जाए तो तसल्ली बँधे। अम्मा, मंगल भी कुछ इस तरह कह रहा था—मतारी परेशान है कहती है, उसके मरे पीछे न मालूम क्या हो?—बड़े बेटे से डरती है माँ।"

अम्मा ने बाँह लहराकर कहा, "तो अच्छा ऐलाज कराए। तेरी फुआ के जेठ कल ही आए थे, जबान जहान मोंड़ा पागल हो गया था, कह रहे थे ग्वालियर में बिजली के झटका लगवाए, ठीक हो गया। आगे ऐसा होगा तो फिर वहीं ले जाएँगे। बस, भुवन के सासरे वालों पर हमें तभी से गुस्सा चढ़ रहा है। अच्छी करी, भइया को सिर्री राखो, बहू को पूजा पाठ में लगा दो, फिर तो सब कुछ तुम्हारा ही है, रोकने टोकने वाला कौन? अपनी माँ को भरमा सकता है कुँवर, हमें नहीं। हाँ।" कहते-कहते अम्मा गुस्से से निकलकर दुख में समा गयीं।

दुख से उबरीं तो मेरे आगे हाथ जोड़ने लगीं, "चन्दर, राजा बेटा, मेरी अरज सुन। आज से तू मेरा बेटा नहीं, भइया के ठौर खड़ा हो जा। अपनी नानी का बेटा बन जा। भुवन के पास जाना होगा। देख तो आ, कहीं जेठ नठुआ भुवन को साधुनि बाबिन बनाकर किसी बाबा के संग ही न काढ़ दे। वह नहीं चाहता कि छोटे भइया की गिरस्ती बस्ती, बस ढोंग किया है। अब अच्छा बहाना मिल जाएगा कि संन्यासिन बनकर निकल गयी, लो दो हींसा कब्जे कर लेगा। जा, चन्दर जा। मोंड़ी की राजी खुशी पूछ कर आ। हमें आसार अच्छे दिखाई नहीं दे रहे।" कहकर अम्मा अपनी डबडबाई आँखें पल्ले से पोंछने लगीं।

अम्मा को मैं निरीह मानता हूँ पर क्या अम्मा इतनी निरीह हैं? रोकर रह जाने वाली। अम्मा रोकर रह नहीं जातीं, काम सर करा कर रहती हैं। भुवन के ब्याह के लिए भी पिताजी के सामने ऐसे ही रोया करती थीं। आज मुझे भइया की जगह

खड़ा कर रही हैं, तब पिताजी को भुवन के बाप का वास्ता देती थीं। बस अड़ी नहीं तो मेरे और भुवन के प्रेम की बात पर नहीं अड़ीं। अपने संस्कार तोड़ नहीं पाईं या ऐसे संबंधों की कल्पना नहीं थी उनके पास? मैं पूछना चाहता था अगर भुवन अम्मा की सगी बहन न होती तब भी वे विरोध की जद पर खड़ी रहतीं? पूछने को आज भी पूछ सकता हूँ, यह आधा अधूरा अधिकार लेकर मैं भुवन के लिए क्या कर पाऊँगा? या भुवन मेरे इस कर्तव्य से क्या पा जाएगी? यह कैसी अजीब बात रही कि दूसरे को सौंपकर मुझसे कहो कि लड़की की सुरक्षा करो, उसका भविष्य देखो। सच बात यह है कि सुरक्षा, भविष्य और जीवन देखो मत, देखने का नाटक करते रहो। नाटक मुझसे नहीं होगा।

नाटक ही करना होता तो भुवन की चिट्ठी पाकर ही चल देता। मैं जानता हूँ कि चिट्ठी पाकर पुरानी यादें ताजा हो जाती हैं, प्यार उमड़ने लगता है, कहीं तक वही लड़का हो जाता हूँ, जो शीतलगढ़ी में हुड़दंग मचाता था, पढ़ाई छोड़कर भुवन के संसार में रम जाता था, मगर आज उन यादों का अर्थ क्या है? उस समय का महत्त्व क्या है? माना कि जड़ों में जाना जरूरी है, पर जड़ों में रहना आगे बढ़ने देगा? और जड़ों में मैं अकेला...वह तो दूसरे की धरती पर रोप दी, अब मुरझा रही है तो अम्मा मुझे गुहार लगाने लगीं।

अम्मा को कैसे समझाऊँ कि दो बातों से मुझे बड़ा डर लगता है, एक भुवन के राजसी ठाठ, दूसरी भुवन के पति की बीमारी। भुवन से मिलने की इच्छा भी यहीं मरने लगती है। कभी पनपा प्यार भी कपूर की तरह उड़ जाता है, माना कि नींद भी उसके साथ ही उड़ जाती है। अपनी तकलीफ को किसी से कह नहीं पाता, मलालों को अकेला ही पीता रहता हूँ, इसी कारण घर के लोग मुझे सबसे ज्यादा भाग्यशाली मानते हैं। शायद इसमें भी कुछ शुभ छिपा हो वरन् मैं तो बार-बार मन को समझाता हूँ, जीवन की नयी शुरुआत करना चाहता हूँ, पर मन ऐसा उखड़ गया है कि जमता ही नहीं। भुवन कंठी लेकर दूसरों के दबाव से भक्ति कर रही है, मैं खुद ही साधु हो जाना चाहता हूँ। आज अम्मा चाहती हैं, मैं विराटा चला जाऊँ, भुवन से मिलूँ, पर मन में वैराग्य सा जाग जाता है। लगता है न खुद जाऊँ और न कोई वहाँ की खबर दे। जीते जी विराटा जाने की सोचूँगा? हाँ भुवन की यादें दिल से नहीं निकलतीं तो नहीं निकलतीं। जिस समय उसका ब्याह हुआ, मैं नहीं सोच पाया कि उसको लेकर मैं कितना गम्भीर हूँ, कि मेरी प्राथमिकताएँ क्या हैं? आज उसका राग अलापता रहूँ। आसपास कौन है, रुचि रह नहीं गयी।

पता नहीं ऐसा क्यों होता है, जो नहीं चाहता, वही करना पड़ता है। लगता है जिसे भाग्यलक्ष्मी कहते हैं, मुझसे वह रूठी हुई है। जीवन का क्रम बनते-बनते टूट जाता

है। मैं बार-बार उसे सँवारने के यत्न करता हूँ, मगर कभी नानी, कभी अम्मा, कभी बिरजू और कभी भुवन खुद उसमें रुकावट खड़ी कर देते हैं।

अम्मा ने अनशन कर दिया था—तू जा। विराटावालों से बात करके आ। भुवन क्या कह रही है, वे क्या कर रहे हैं, समझ और समझाकर आ। हम चुपचाप बैठे रहेंगे, वे मनमानी किए जाएँगे। तेरे पिताजी को भेज दूँ तो उनकी आवाज तो कुँवर की ही आवाज है, अलग क्या सुनूँगी? तुझे जाना होगा बेटा...

पता नहीं क्यों पिताजी से अलग जब माँ ने मेरा महत्त्व आँका तो मुझे भीतर ही भीतर लगा—मैं हूँ। मेरा वजूद है। अम्मा मेरी सहायक न हो सकीं तब क्या मुझे भी उनसे आँखें फेर लेनी चाहिए? मेरे मन में नफरत है, तो क्या माँ को मेरी मदद की जरूरत नहीं? मैं अभी तक घरवालों के किस काम आया हूँ? किसी काम आ सकता हूँ? कि सदा दूसरों के प्रति शिकायतों की पोटली खोलता रहता हूँ। बिरजू ठीक नहीं कहता कि मेरा शिक्षित होना बेकार है? अपनी बिना पढ़ी-लिखी बिरादरी के आगे क्या उदाहरण पेश कर रहा हूँ? लोग अपने बच्चों को पढ़ाने-लिखाने के लिए मुझे देखकर आगे बढ़ पाएँगे?

उठूँ और आगे बढ़ूँ। दिखा दूँ कि पैसे को ताकत मानने वाले लोग हमसे मनमाना व्यवहार नहीं कर सकते। वे पागल कौम के लोग वहशी हैं तो क्या हमें रौंदेंगे? जो अनादिकाल से चला आ रहा है, चलता ही नहीं रहेगा। बदलाव कभी भी आ सकता है। मैं कुँवर अजयसिंह को चुनौती दूँगा।

मैं विराटा पहुँचा।

घर पहुँचने से पहले रास्ते में नाई मिल गया। नाई, जो भुवन के विवाह से ही परिचित था। कुँअर अजयसिंह के घर का समाचार नाई से बढ़कर कौन देने वाला था? जैराम जी की कहकर नाई संग-संग चलने लगा, क्योंकि मैं पहले कभी भुवन के घर आया नहीं था। सो मैंने भी आग्रह किया। नाई ठाकुर संग रहेंगे तो हिम्मत बँधी रहेगी।

नाई हिम्मत बाँध रहा था, या तोड़ रहा था? वह भुवन के बारे में कह रहा था—

"शीतलगढ़ी वाली बहू, तुम्हारी मौसी, करारा जवाब दे रही है जू। कहती है—न्यारी रहूँगी। खाना दाना अलग करो।"

"क्या?" मैंने अचम्भे भरी नजरों से देखा।

"गजब! और क्या? कुँवरों के घर दो चूल्हे होंगे। पुरखा पितर बाप दादे सुरग में बैठे अपनी तकदीर को रोएँगे। इसी दिन के लिए जागीर बनाई थी? परताप कमाया था कि तनक उमर की मोंड़ी ही राई रेत कर दे। अब रोएँ तो रोएँ, छोटी बहू का क्या बिगाड़ लेंगे?" नाई ने गोल-गोल आँखें मटकाईं।

नाई किसी का सुदकरा (पीली चिट्ठी) लेकर जा रहा था, मुझे आता देखकर

लौट आया। गठबंधन कराने में माहिर नाई कुँवरों की हवेली और हमारे घर का अन्तर बखूबी पहचानता था। फिर भी उसने इधर से दस झूठ बोले, उधर से बीस झूठ बोले। आज शिकायत की तो बोला, "हमारे ऊपर दोख मत मढ़ो जू। हमारा काम ब्याह तय कराना है, तुड़वाना नहीं। बिना झूठ बोले तो न राजा का ब्याह हो न रानी रूपमती का। ब्याह शादी का आधार ही झूठ है। सच बोला और नींव हिली। नींव हिलाने वाली चीज से हम दूर रहते हैं। बीहड़ बंजर किसे सुहाते हैं जू?"

मैं गहरा साँस लेकर रह गया।

वह बोले जा रहा था, "अपना-अपना भाग है जू। रनिवास में रानी शान से रह सकती है, सुख से भी रहेगी, कौन गारंटी दे सकता है? हम तो इतने ही के हकदार हैं कि टटा की बेटी अटा में घुसा दें। अब कोई चंडी होकर खड़ी हो जाए तो हमारी क्या खता? तुम ही बताओ, चंडी का वास मंदिर में या गाँव बाहर थान में होता है कि नहीं? घर में चंडी का काम क्या? तुम्हारी भुवन खुरपेंचिन है। रोटी खाकर मजे से पचा नहीं सकती।"

"क्या मतलब? न्यारे होने की कह रही है तो क्या उन्होंने न्यारी कर भी दी?"

"न्यारी करने से पहले वे हमें सूली पर चढ़ाएँगे। अजयसिंह ने अपनी दया किरपा भरी दो आँखों के ऊपर तीसरी आँख शंकर महादेव जैसी खोल दी है। हम तो दुके छिपे फिरते हैं, नहीं तो वे हमें भसम कर दें। हम भसम होने से बचे रहे पर आमदनी स्वाहा हो गयी। अजयसिंह नाहर की तरह दूँकते हैं—साले नउआ, तीन-चार बोल बोलकर घर लुटवाता है। सुपात्र सुशीला सुगढ़....ले, अब अपनी आँखों से देख ले। हमारे घर में कछोटा मारे, चूल्हा उठाए तेरी बहन ठाड़ी खाँड़ा बजा रही है। बता इस सुपात्र सुशील और सुगढ़ देवी को कहाँ पधराएगा?"

नाई का मुँह बातों के लिए बना होता है, सो बात मुँह से निकल गयी।

"कुँअर साब, हमने तो विजयसिंह के लिए भी ऐसी ही बातें कही थीं—देवरूप, ज्ञानवान, बलवान बहादुर...खानदानों में खानदान के सिरमौर छोटे कुँवर शीतलगढ़ी वाली बिटिया जैसी ही बहू चाहते हैं। अपना खाकर, अपना पहनाकर ब्याह ले जाएँगे। लंका को सोने की क्या दरकार? पंडित ने शब्द सिखाए हैं। पंडित और नाई का भाईचारा न रहे तो जहान कुँआरा रह जाए।"

विराटा का नाई। नाई नहीं, नाई ठाकुर।

"अपनी-अपनी मति है जू। ईमानदारी थी तो पहले ही छोटे भइया की खेती पाती अलग कर देनी थी, लो जुताओ खेत। काट लो फसल। गाँव में एक से एक नकटा डरे हैं, भुवन बहू को अपने आप धूल चटा देते। पर डर था, किसान की बेटी है, कहीं किसानी करे और पार उतर जाए। सो अपनी करनी आप भोग रहे हैं। माँ दिन-रात बिसूरती है कि एक तो सिर्री, दूसरा इस शीतलगढ़ी की भैरवी ने

कील दिया। हवेली खण्ड-खण्ड होने वाली है। कुँवर अजयसिंह का कलेजा फाँकों में फट जाएगा और हमें वे टुकड़ों में काट देंगे।''

मैं मन ही मन सोचने लगा, सुमिरनी क्या हुई? भुवन तो जोगिन हो रही थी, हवेली पर चढ़ाई कर दी?

नाई आगे बोला, ''ऐसी थू-थू कि कुँवर नहाते-नहाते पागल हो रहे हैं। थोड़े दिन बाद अपने छोटे भइया सरीखे हो जाएँगे। विजयसिंह वाला रोग छूत की तरह फैल रहा है। माँ छाती पीट रही है। हम गाली खा रहे हैं कि कहाँ से टुच्ची और गुस्ताख औरत भिड़वा दी। भइया, अपनी भुवन को समझाना तो सही कि तुम्हारा जेठ अपने घर की मरजाद नहीं बचा पा रहा सो हम कामगरों पर जूता लेकर दौड़ रहा है। हमारी माँ-बहनें पछीटी जा रही हैं। बोलो, हम इनकी माँ-बहन करें तो?''

नाई अपनी व्यथा कहता हुआ उस गली के मोड़ तक आया, जहाँ से हवेली दिखती थी, सुटकरा सँभाले वह अगले विवाह को सम्पन्न कराने चला गया। और मेरे पाँव उस घर की ओर जाने के नाम पर काँपने लगे, जिस घर में भुवन ब्याही है। पाँव काँपें, चाहे टाँगें थरथराएँ अब लौटा तो नहीं जा सकता। वैसे डरने की बात भी क्या है, विनती से विनय से पेश आने पर कौन हमला करेगा?

रास्ता पार करता हुआ, हवेली के नजदीक जा पहुँचा।

अपनी अहमियत भूल रहा था, मंगल माली की सुनाई बातों में डूबा था जब कि यह अंतर तो एक बच्चा भी जानता है कि मेरी और मंगल माली की हैसियत क्या है?

मंगल माली को भूला, नाई याद आ गया, यानी कि डर का हर बहाना मेरी बगल में था। चलते-चलते न्यारे-साझे के प्रंसग में पिताजी के जुमले याद आने लगे। कहीं मेरे लिए लड़की देखने की बात चल रही थी, अम्मा ने लड़की देखने के लिए भुवन का नाम प्रस्तावित कर दिया। पिताजी को ज्यों बिच्छू ने डस लिया हो, बोले, ''तुम्हारी बहन क्या देखेगी परखेगी, खुद तो कुलच्छिन मचा रही है। आज के दिन विराटा में उससे लोग अपनी बहुओं बिटियों को बचाते हैं, छाया डाल देगी, घर का बानक बिगड़ जाएगा।''

अम्मा ने पूछ लिया ऐसा क्या कर डाला?

पिताजी ने जैसे करेला चबा लिया हो, कहने लगे, ''भोली न बनो, तुम दोनों एक बेल की कचरिया...बेल, विष बेल होगी।'' अम्मा को खामोश करने के ऐसे ही नुस्खे पिताजी के पास रहते हैं।

मैंने यही मानकर बात की तह में नहीं जाना चाहा था। क्या पता, बात न्यारे साझे पर ही टूटने वाली हो। भुवन के इसी कारनामे का पर्दाफाश हुआ हो, जिसे नाई बखान गया है। उलझनों के जाल में फँसा उलझता-सुलझता हवेली की देहरी

तक पहुँचा। बचपन की टोकरी खींचकर यादों में से अनेक आदर्श, अनेक संकल्प याद करने लगा, जो अच्छे बच्चों के लक्षणों में शामिल थे। ऐसा महसूस भी हुआ जैसे मैं भुवन से नहीं, हवेली से मिलने आया हूँ।

द्वार पर खड़ा आदमी मुझे भुवन तक ले गया।

मेरे सामने वही साँवली लड़की खड़ी थी जो कुछ दिन पहले रोकर शीतलगढ़ी से विदा हुई थी। मुझे देखकर हँसने की हद तक मुस्करा रही है।

मैंने भी उसे मुस्कराकर देखा, वह खिल गई। जबकि सोचा था रोएगी। बाँहों में मेरी कमर बाँध लेगी और कंधे पर सिर पटक देगी। उसके विलाप को किस तरह झेलूँगा? फुआ की बेटी की ससुराल गया था, बहन का रोना ऐसा जाल बन गया कि छूटने को छटपटाने लगा, शरम अलग आई।

मैं उसके साथ ऊपर खुली छत पर आ गया।

अब मैं कुर्सी पर बैठा था, जिस कमरे में बैठा था, वह कमरा नहीं, सुंदर अटारी थी। अटारी, जिस पर खपरैल की छत पड़ी रहती है। हवा आने जाने के लिए खिड़कियाँ न भी हों तो भी हवा आती है। बाहर की ओर देखा, खुली छत पर हरियाली झुकी है। जड़ें नहीं, तने नहीं, बस हरियल लहरे हैं। ऊपर नीला साफ-सुथरा आसमान। बाकी कुछ है तो भुवन है, चल-फिर रही है, धूप हिल-डुल रही है। मैंने गौर से देखा, भुवन के पास और क्या-क्या है? शीतलगढ़ी में तो उसके खजाने आसपास ही नहीं, दूर-दूर तक फैले रहते थे। बहू बनी भुवन...अपनी भुवन ही नहीं लग रही थी।

वह चकरी की तरह घूम रही थी। कभी शीशे के गिलास में पानी लाई तो फिर झटपट चाय बना लाई। निवाड़ की खटिया पर सुन्दर दरी चादर बिछाकर बोली, "तू थक गया होगा, इस पर लेट जा।"

"मैं बूढ़ा हो गया हूँ सो थक जाऊँगा?" मैंने गौर से उसकी ओर देखते हुए कहा और आगे बोला, "भुवन, मैं तो सुन रहा था, इस घर को तुम अपना नहीं मानतीं, लेकिन तुमने तो यहाँ ऐसा हक जमा लिया है, जैसे बिना तुम्हारे यहाँ पत्ता न हिलता हो।"

वह मुस्कराई और कह बैठी, "भुवन कभी बिना हक जमाए कहीं रही है?"

"अच्छा अब अपने 'उनको' दिखा, जिनकी वजह से यह हक..."

"वे शाम का भजन कर रहे हैं। चल देख ले।"

उत्सुकता थी या कि वे बातें नहीं करना चाहता था, जो मंगल माली ने बताईं, हो सकता है उसकी गृहस्थी पर दाद देकर उसे खुश करना चाहता हूँ! सब कुछ करीने से था, पति भजन कर रहा था, दाद देने की बात तो थी ही।

मैं भुवन के साथ छत पर बनी मढ़िया में झाँका। एक पुरुष साफ सफेद कपड़े पहने हुए हाथ जोड़कर आँखें बंद किए बैठा कुछ बुदबुदा रहा था। पुरुष था कि

पुरुष का कंकाल? वह मेरी ओर देखकर उदास हो गयी। या शायद मुझे ही ऐसा लगा।

कमरे की ओर लौटते हुए मैंने पूछा, "न्यारे-साझे में क्या-क्या ले लिया? यह मढ़िया भी तुम्हारे हिस्से में आई है?"

उसने पहले तो अचरज भरी नजर से मेरी ओर देखा, फिर हँस पड़ी।

"चन्दर, तुझे अम्मा ने भेजा है या जिज्जी ने?"

"किसी ने नहीं। क्यों?"

"यों ही। तू मुझे न्यारे से माझे कराने आया है?"

"न्यारे माझे की खबर नानी और अम्मा के पास नहीं, बस हल्की-सी सुगबुगाहट पिताजी के कानों में है। मुझे भी यकीन नहीं था, पर तुम्हारे यहाँ का नाई...रामायण के सातों काण्ड रटे बैठा है।"

भुवन पेड़ों पर लौट आने वाली चिड़ियों की कचर पचर में व्यस्त हो जैसे। उन्हीं को देखकर हल्का-सा मुस्काई हो, पर बोली मुझे देखकर, "अपने गाँव में भी बातें उड़ती थीं, पर इस गाँव में तो जैसे भुवन ही अजूबा हो, रोज एक नई बात सुन लो। क्या इस घर में मैं अपनी बात कह सकती हूँ?"

"तो तुम न्यारी नहीं हुईं?"

"फुरसत है न्यारे होने की? इन्हें लेकर अभी राजस्थान जाना पड़ा, उससे पहले उनाव वाले बाबा के पास, उससे भी पहले भगवंतपुरा के मठ पर और उससे भी पहले..." आगे वह बोल नहीं पाई, सिर हिलाकर रह गयी।

"वहाँ क्या था भुवन?"

"वही भूतविद्या। जूता, कड़ुवा धुआँ, मारपीट और मंत्र-तंत्र। कोई करिश्मा क्यों नहीं होता चन्दर...सफर भी बेकार जाता है। एक दिन तो खतम हो जाना है हमें, जल्दी ही वह दिन क्यों नहीं आता? इन्होंने वहाँ से आकर आठ दिन कुछ खाया नहीं था, जान कहाँ अटकी थी? भूख से तो आदमी एक दिन में ही मरने लगता है। मैं जतन करके हार गयी। दीवार की ओर मुँह करके बैठे सो बैठे ही रहे।"

अब मैं कमरे में बिछाई गयी चारपाई पर उसके सामने उदास बैठा था। अँधेरा इतना हो चुका था कि हमारे चेहरों को ढँकने लगा। मैं बात को हल्की करने की गरज से बोला, "पहले जन्म में जोगी रहे होंगे। बिना खाए-पिए रह लेते हैं।

"और गली के कुत्तों से डरते हैं" वह बोली, "यह कैसी बीमारी है चन्दर? बच्चों से डरकर घर की ओर भागते हैं। बच्चे और भी चिढ़ाते चमकाते हैं। कुत्ते भौंकने लगते हैं। यह कैसे आदमी हैं चन्दर?"

"ठीक हो जाएँगे। तुम क्यों इतनी दुखी..."

"इसलिए कि मुझे लगता है, कुत्ते मुझ पर भौंक रहे हैं, बच्चे मुझे चमका रहे हैं। मैं ऐसी कैसे हो गयी कि यह भी लगता है कि पागल मैं ही हो रही हूँ।

पागल ही हो रही हूँ, जो मन में आता है कि इस कमरे के अलावा दो एक कमरा और माँग लूँ, ज्यादा परेशानी लगे तो उन कमरों में चली जाऊँ। पर इस घर के लोगों को नहीं पता कि विजयसिंह की जरूरतों के अलावा भुवन की भी कोई जरूरत है? जरूरत तो इंसान की इंसान की तरह से ही होती हैं, पर हमें कोई इंसान माने तब न?''

मैं हवेली की काया छाया को देखता हूँ, जो अब पैट्रोमैक्स की रोशनी से रौशन है, और भी शानदार लग रही है। नीचे आँगन में से पुरुषों-औरतों और बच्चों के स्वर इस घर को भरापूरा बना रहे हैं। रहन-सहन देखकर लगता है कि यहाँ हर सुविधा है फिर भी अम्मा का कहा वाक्य शूल की तरह हर कदम पर खड़ा दिखता है—सब कुछ जुटा दो, सुख नहीं जुटता।—अम्मा दुख का, शिकवों का उलाहने के रूप में यही जवाब देती हैं।

पिताजी के शब्दों में सोचूँ तो भुवन की तकलीफ भी बेमानी है, जिस पर मेरा मन रुआँसा हो रहा है। औरत भूखी नंगी रहे तब तो तकलीफ की बात है। गुजारा होता रहे, उसे और क्या चाहिए? भुवन गुजारा नहीं कर रही, राज कर रही है। क्या वह इस योग्य थी? योग्यता पति की बीमारी ने ही तो दी है।

मैंने इस तरह की बातें नहीं करनी चाहीं। मैं उसे भड़काने नहीं आया।

तब क्या मैं जोगिन को देखने आया था?

वह प्रकाश में बैठी थी, अँधेरे की ओर घूर रही थी।

''भुवन कंठी ली थी? क्या हुई?'' मैंने उसकी आँखों का कुहासा तोड़ना चाहा।

वह अनजाने ही अनचाहे ही मुस्करा दी और कटखने से स्वर में शायद जान-बूझकर बोली, ''तू जोगिन के दर्शन करने आया है। इस गाँव के कई आदमी अपनी औरतों के जरिये खबर भिजवा चुके हैं कि वे मेरे दर्शन करना चाहते हैं।''

''भुवन तुम गलत समझ रही हो। सोचती हो कि मैं तुम्हारे लिए अच्छा सोचता ही नहीं, क्योंकि कभी अच्छा कर नहीं पाया। अम्मा नानी किस कदर परेशान हैं।''

''परेशान? कौन परेशान? सासरे में रहती बेटी को देखकर कौन परेशान होगा? शीतलगढ़ी जाकर दम नहीं ले पाती, तब तक अम्मा विदा की डलिया का सामान जुटाने लगती हैं। मैं यहाँ हूँ, मेरे मायके वालों का यही सुख है, यही चैन है, मैं जानती हूँ।

''तू भी देख ले, कंठी मेरे पास है। मैं उस डरावने स्वामी का मुँह नहीं देखना चाहती, पर देखना पड़ता है। रोती रही, विनती मिन्नतें करती रही, पर कुछ न हो सका। रोते हुए को लोग और भी सताते हैं। मुझे तड़पते देखकर इस घर के लोगों को जरूर कोई सुख मिलता है। कमजोर घर से आई है, कुचल दो तब भी कोई कुछ बोलनेवाला नहीं। तू बता, तू क्या करने आया है? इस घर के रवइये को पलट देगा?''

मैंने 'नहीं' में सिर हिलाया। यानी कि नहीं पलट पाऊँगा।

''भुवन मैं अपनी बात जरूर कहूँगा, तुम्हारा भाग्य बदले या नहीं बदले।''

''क्या कहेगा?''

''विजयसिंह को मानसिक अस्पताल ले जाने की पेशकश करूँगा।''

''कर। मैंने भी की थी, सो कंठी पहना दी। तुझे तंत्र-मंत्र से कीलकर स्वामी का चेला बना देंगे। ये नैमी धर्मी आदमी कुछ भी कर सकते हैं।''

''भुवन, तुम गुस्सा बहुत करती हो।''

''हाँ, जाड़े में भी ठण्डे जल से नहाना बताया है, फिर भी भीतर का गुस्सा नहीं सिराता।''

''गुस्से को काबू करो।''

''कह रहा है कि घूरे पर फेंक दो। बता फिर मेरे पास बचेगा क्या? कुछ नहीं बच पा रहा चन्दर! इस कंठी से पहले सास मटरमाला लाई थीं। मैं उनकी बात का मतलब समझ गयी—गहने पहनो, चुप रहो। मन हुआ कि मटरमाला को सास के मुँह पर मारकर कहूँ—चाँदी सोने में लदी रहने की आदत तुम्हें है सो चाँदी सोने का ढेर हो गयी हो।...पर कुछ नहीं कह सकी चन्दर...जिठानी सास के पीछे तैयार खड़ी थी। जिठानी के पीछे जेठ खड़े थे। जेठ के पीछे घर के चाकर...! इतने लोग और मैं अकेली...रास्ते की घास हो गयी, पर घास भी तो सुलग सकती है!''

बोलते-बोलते आँसू आ गए थे, उसने धोती के पल्ले से पोंछ डाले। वह दरवाजा पार करके बाहर निकल गयी। मैंने बाहर निकलकर देखा छत पर ओस बरस रही है। ठण्डी ओस जैसे पाला...पाले के मारे हुए पौधे पत्ते...

मैंने और भुवन ने मुद्दतों बाद एक साथ, एक थाली में खाना खाया।

मैं सवेरे उठा; उससे पहले भुवन नहा-धोकर तैयार हो गयी थी। उसने पति को शहद में दवा चटाई। दूध दिया और गीले कपड़े से उनकी देह पोंछकर धुले इस्तरी किए कपड़े पहनाए। दूध रखा था, वह मना-मनाकर पिला रही थी। कह रही थी, ''जेठ जी ने पिया है, यही दूध। पी लो। अच्छा है।''

मेरे लिए वह चाय बना लाई। चाय का प्याला थमाती हुई उसी लय में बोली—पीकर देख, अच्छी है। नई चाय जेठ जी लाए हैं, मैंने जिठानी से पत्ती माँग ली।

मैं चाय पी रहा था अभी कि उसने पूजा की थाली सजा ली। गेंदा और बारहमासी के फूलों की ताजगी से आँखें ताजा हो उठीं। वह हँसकर बोली, ''बासी मुँह तो धो ले। अच्छा नहीं लग रहा।''

''तुम क्या कहीं जा रही हो? चप्पल क्यों पहनने लगीं?''

"हाँ, मैं मंदिर जा रही हूँ। रोज जाती हूँ सो जाना जरूरी है।"

वह चली गयी। और चलते-चलते लौटी। मुझसे जरूरी बात के तौर पर बोली, "तू नीचे नहीं गया? जेठ जी के पाँव नहीं पड़े। सास जिठानी के भी चरण नहीं छुए। वे नाराज हो रहे होंगे। गलती हो गयी, कह देना। माफी माँगते ही वे नरम पड़ जाएँगे, तेरी गलती भी भुला देंगे, ऐसे तो हैं। और नहा-धोकर जाना। पूजा का टीका आले में रखा है, लगा लेना।"

बैठक में सोफा सेट था। बीच में लकड़ी की शीशेदार मेज थी। प्लास्टिक के फूलों वाले दो गुलदस्ते कोनों में टिकटियों पर बराबर-बराबर रखे थे। सोफे पर कुँवर अजयसिंह बैठे थे। नहाकर बेदाग सफेद कुर्ता-पाजामा पहने हुए। उनके पाँव इतने गोरे थे कि अपने पाँवों की ओर देखने का मुझे साहस नहीं हुआ। पाँव छूकर पवित्रता हाथ आ गयी हो जैसे।

दूसरी कुर्सी पर माँ विराजी थीं। लाल किनारी की सफेद साड़ी पहने हुए भारी बदन माँ थीं। चेहरा गम्भीर था। शायद माँ-बेटे किसी गहन बात में ही उलझे थे, क्योंकि मुझे देखकर पहले तो चुप पड़ गए फिर सँभलकर बैठने लगे। अजयसिंह की मूँछों जैसी आकर्षक कटी छटी मूँछें नहीं देखीं।

पाँव छूने पर जिज्ञासा के भाव चेहरों पर थे, जब कि भुवन चलते समय कहती गयी थी कि वह बताती जाएगी कि रात आने वाला उसकी बहन का बेटा चन्दर मिलने आएगा। रात नहीं आ पाया, बुखार आ गया था।

मैंने अपना परिचय दिया तो कुँवर उठे और मुझे सीने से लगा लिया। माँ ने पूछा, "यह बरुआसागर वालों का चन्द्रप्रकाश है?"

सचमुच मुझे मेरी पहचान बड़ी अच्छी लगी।

कुँवर अजयसिंह को मैं मौका मिलते ही गौर से देखता और भुवन की हर बात झूठी मानता जाता। यह अतिविनयी आदमी किसी को दुख दे सकता है? सही बात है कि बहुओं को जेठ ससुर सुहाते नहीं, क्योंकि वे उनके पिताओं भाइयों से ज्यादा भारी पड़ते हैं। सच में, शराफत मूँछ के एक-एक बाल से टपकती है। नाक सज्जनता का आधार लगती है, नुकीली मगर सुन्दर। पेशानी चौड़ी, रौब रुतबा नहीं, काले बालों की घुँघराली लट जिससे छेड़खानी कर रही है। इन माँ-बेटों से किसी को क्या डर? हमारी भुवन में भी तनिक गुंजाइश नहीं। संशय करने लगती है सो तमाम खतरों के धागे निकाल लेती है। शादी से पहले जितनी साफ शफ्फाफ थी, बाद में उतनी ही जटिल होती गयी। सोना चाँदी और धनधान्य देखकर आदमी उसमें खो जाता है, वह है कि केंचुएँ की तरह जहाँ गीला मिलता है, खोद डालती है। इस आदत के चलते अजयसिंह और उनकी माँ का चैन हराम न हुआ हो, ऐसा हो नहीं

सकता। कहीं न कहीं से बू आ ही गयी होगी। विपरीत सोचने वाले का तो चेहरा भी बहुत कुछ बयान कर डालता है। और कुछ नहीं तो चाल ढाल ही बता देती है। खैर!

"चन्द्रप्रकाश, कब आए?"

"कल रात," मैंने अपना आना दोहराया है, जान गया।

"आप लोग सब ठीक हैं?" मैं पूछता हूँ।

"देख ही रहे हो," वे कहते हैं और पूरी तबियत से मुस्कराते हैं।

"तुम्हारी माँ, पिताजी और भाई सब कुशल मंगल?" वे पूछते हैं।

"मजे में हैं।"

इस पूछापाछी में लगा कि मौजबहाल में कुछ किरकिरा-सा जरूर है।

भुवन की सास से शायद कुशल मंगल में ज्यादा देर ठहरा नहीं गया सो वे कहने लगीं, "भुवन से बातें हुईं? अब क्या कह रही है?"

"कुछ नहीं माँ जी। कुछ नहीं कह रही। आप लोगों की तारीफ कर रही थी," कहकर मैंने मायके से आए आदमी का फर्ज निभाया।

अजयसिंह कहीं जाने की जल्दी में थे, इसलिए ही जो कहना चाहते थे, जल्दी कहा—

"तुम भुवन के करीबी हो चन्द्रप्रकाश। एक तरह से सगे भाई ही। इसलिए कहता हूँ कि उसे समझाते जाना। घर की एकता कितनी जरूरी होती है। अच्छे भले घरानों को नाई धोबी ही तबाह कर डालते हैं, अगर एकता न हो तो। समझदारी न हो तो।"

सास बोली, "बेटा हमारे कुल पुरोहित तांत्रिक स्वामी का मान तो करना पड़ेगा। उनकी अवज्ञा भगवान की अवज्ञा है।"

वे समझा रहे थे, मैं समझ रहा था, धर्म और परिवार का मर्म क्या होता है? भुवन उसकी जड़ें खोदने की अपराधिनी है। मगर वह तो बता रही थी साधु नंगा हो गया था। उससे जोर-जबरदस्ती करने लगा सो उसने दाढ़ी पकड़कर खींच धरी। वह चिंघाड़ा। क्या इस बात को ही ये लोग एकता की कमी बता रहे हैं? वह चिंघाड़ा होगा तो अड़ोसी-पड़ोसियों ने सुना होगा, क्या यह तबाही की बात तो नहीं?

मैं कुछ ऐसा सोच रहा था, जो हमारे आदरणीयों पूजनीयों के खिलाफ पड़ने वाला था। सो मैंने तुरन्त खुद को कसा। समझाया और शान्त हो गया।

"अब क्या कहती है, तुम्हारी मौसी? तुम आए हो तो बातें सारपूर्वक हों।"

"कुछ नहीं। कंठी पहने हुए है, दिखा रही थी।"

"दिखाने के लिए तो वह बहुत कुछ करती है।" सास बोलीं।

"नहीं, उसकी ऐसी आदत नहीं। बचपन से ही खुले दिल की है। जो है, आपके सामने है।"

"बेटा, हम झूठ बोल रहे हैं क्या? वह अब हमारी बहू है, हमारे घर की मरजाद, समझे। मरजाद निभाना क्या होता है, तुमने तो अपनी माँ को देखा होगा। बहन वे लच्छिन उसे भी समझा दो। हम तो कहते हैं, एक दिन के लिए अपनी माँ को लिबा लाओ।"

"हमारी अम्मा! सच मानिए माँ जी उनने ही मुझे यहाँ भेजा है। वे ही पता लगा चुकी हैं कि बिजली के झटकों से मन का रोगी (पागल नहीं कहा) ठीक हो जाता है। मैं यह बात कहता तो शायद मानती भी नहीं। अब यही कहने भेजा है कि विजयसिंह को आप लोग हमारे कहने से एक बार ग्वालियर ले चलें।"

माँ अजयसिंह का मुँह देखने लगीं।

वे मुझसे मुखातिब थे, "वहाँ की बातें हम क्या जानते नहीं? क्या गत बनती है, अपनी आँखों देखा है। बिजली के झटकों से हाथ भर की जीभ निकालकर विजय खड़ा हो जाएगा तो भुवन पहचानेगी तक नहीं। जरूरी तो नहीं कि ठीक ही हो जाए। हाँ थोड़े दिन के लिए शांत जरूर हो जाएगा।" अंतिम बात उन्होंने माँ की ओर देखकर कही।

मैंने भी माँजी की ओर देखकर जवाब दिया,"भुवन तो कह रही थी कि माँ जी भी चाहती हैं कि उनका बेटा ठीक हो जाए, कैसे भी हो।"

माँजी सहम सी गयीं। अजयसिंह ने नामालूम से कडुवे लहजे में कहा, "पूछ लो, तुम्हारे सामने बैठी हैं अम्मा। हाथ कंगन को आरसी क्या?"

पता नहीं क्यों मैं पिघल-सा गया। माँ जी के चेहरे पर बिना कुछ कहे ही जो लाचारी आई, उसे देखकर पहले तो हतप्रभ हुआ और फिर विचलित-सा...वे कुछ बोली नहीं, बस होठ थरथराए, थरथराहट को बकोशिश उन्होंने छिपा लिया कि नहीं छिपा पाईं?

मुझे बल मिला और बोलने लगा, "क्या गलत कह रही है भुवन? क्या गलत कहा है हमारी अम्मा ने और क्या गलत कह रहा हूँ मैं? विजयसिंह अच्छे हो जाएँ, यही तो हम सबकी इच्छा है, यही आप सब भी चाहते हैं, तभी न सौ तरह के उपाय कर रहे हैं।"

कुँवर तैश में आ गए। बोलना जैसे लाजिमी हो गया हो।

"भइया, हमारा वक्त बुरा है। तुम सब सही कह रहे हो और वह पुजारी का लड़का भी सही कह रहा है। सबके सब हमारे घर का कल्याण करने पर तुले हो, क्या तुम्हारे घरों में सारा कुछ भला ही भला है?"

"पुजारी का लड़का! कौन लड़का?"

उत्तर भुवन की सास ने दिया, "देवी दुर्गा के मंदिर के पुजारी का लड़का राजेश। वह ही तो भरमा रहा है हमारी बहू को।" कहकर माँ ने अपने क्रोधित बेटे की ओर देखा।

वे प्रमाण सहित बात प्रस्तुत करने में विश्वास करते हैं, सो बोले, ''अभी जाओ। जाकर देखो, वह कहाँ है?''

''मंदिर गई है पूजा की थाली लेकर,'' मैंने भोले भाव कहा।

''मंदिर जाना पुण्य का काम है, हम रोक नहीं पाएँगे। इसीलिए मंदिर जाकर पाप कर सकती है। चार-चार घंटे वहाँ बैठती है। हम पूछते हैं औरतों की कौन सी पूजा है जो इतनी देर चलती है?''

मैं आश्चर्य से देखता रह गया। उनको शान्त करते हुए बोला, ''घर का सारा काम निपटाकर, पति की सेवा पूरी करने के बाद जाती है तो बुरा भी क्या है? असल में खेती किसानी के चलते खुले में रही है। चारदीवारी में जरा घबरा जाती होगी।''

''और घबराकर पुजारी के पूत की बाँहों में जा गिरती होगी,'' वे जैसे होश खोकर बोल गए। पता नहीं भुवन का पक्ष लेना उनके अकूत कोप का कारण हुआ या उसका मंदिर जाना बौखलाकर धर गया। क्या वे बेबस हो गए थे, असहाय से यह सोच रहे थे कि यह बहू अब बँधने वाली नहीं...! मुझे भुवन के दुराचरण पर विश्वास नहीं हो रहा था। वह एकनिष्ठ है।

मैं कैसे शान्त रहूँ? मैं खुद पर कैसे काबू करूँ?

मैंने हाथ जोड़कर विनती की, ''कुँवरसाब उसके लिए गंदी जुबान मत इस्तेमाल करो। मेरी अर्ज सुनो और उसे माफ कर दो।'' कह रहा था, मगर मेरे नथुने वर्जिश कर रहे थे।

वे शान्त होकर बोले, ''हम माफ भी कर दें तो कुछ बदल जाएगा? मंदिर का बूढ़ा पुजारी बाज आ जाएगा? यह तो समझो कि कुछ लोग हमसे जलते हैं सो हमारे घर में आग लगाना चाहते हैं। पुजारी के लड़के ने कहा है कि भुवन तेरा आदमी तो जंग लगी साइकिल जैसा है और जेठ बेईमान है। बताओ यह बात सुनकर हमारी माँ का मन कितना दुखेगा? हमें अपनी चिंता नहीं।'' कहने के बाद वे हाँफ से गए।

माँ ने बेटे को करुणाभरी नजर से देखा। मैं भी दुखित हो गया। क्यों आया यहाँ? यहाँ तो मामला इतना उलझा हुआ है, जितना सोचा न था।

शायद कुँवर को भुवन के बारे में कुछ उगलने का मौका न मिला था, वे दबाए पचाए हुए को वमन करने की जल्दी में थे, उनके होठ भी ऐसे हो रहे थे जैसे कै आ रही हो। अपनी माँ का लिहाज भूलते हुए उगलने लगे, ''वह बूढ़ा तो हमारे भाई के बदले की पूर्ति नहीं कर देगा। उसका लड़का जरूर इसको मंडी में बेच आएगा। उनका पिछला चिट्ठा ऐसा ही है। दतिया के पीतम्बरा पीठ में जाकर पूछ लो कितनी पुजारिनों को किनारे लगा दिया।''

क्या कहना चाहते हैं कुँवर? मैं सोच रहा था। अगर पुजारी ऐसा ही है तो वह यहाँ टिका कैसे है?

''साली बदकार औरतें उसे पूजती धोकती हैं, अपने मर्दों को धोखा देती हैं।

इस पुजारी को उखाड़कर रहूँगा।'' वे मुझसे कौल करने लगे।

पता नहीं क्यों मैं भी खुल पड़ा? क्या मजबूरी आ गयी कि जुबान पर काबू न रहा–

''औरतें धोखा नहीं देतीं कुँवर साहब, मर्द उन्हें धोखा देते हैं। पुजारी को आप बेशक उखाड़ दें। धोखा तो हमारे संग भी हो गया, हम किससे गुहार करें?'' यह बात मैं कह गया। गफलत में कह गया कि जो तोहमत उन्होंने औरतों पर लगाई थी, उसमें भुवन को शामिल कर बैठा, बस नियंत्रण छूट गया। मैं पछताया।

''तुम्हें होश है, तुम क्या कह रहे हो? हमने धोखा दिया है?''

मैं चुप रहा।

उन्हें कोई बुलाने आ गया था, वे गुस्से में भन्नाते हुए बाहर निकल गए।

अब भुवन की सास की बारी थी।

वे मेरे पास वाली कुर्सी पर आ बैठीं। मेरे बहुत नजदीक आ गयीं। मेरे दिमाग में धमाके से छूट रहे थे, वे समझा रही थीं–

''बेटा, उससे कह, गम तो खाए। उसके पास क्या नहीं है? हमने अपना बेटा ही नहीं सौंपा, उसका हिस्सा सौंपा है, यह नहीं समझ रही?''

''समझ रही है माँजी कि नहीं समझ रही, मुझे नहीं पता, पर हाँ वह अपने चाल-चलन को खूब समझ रही है। कमजोर घर से आई है, आप लोग कुछ भी कह लें। हम यह न कह पाएँगे कि भुवन एक मायने में छली ही गयी है।''

माँ जी एकदम से सचेत हुईं। चौंकती-सी बोली, ''किसने छली? छलने की बात भी क्या थी? अपने विजय की खामी हम कैसे छिपा सकते थे? सब कुछ बता दिया था बेटा।''

मैंने सिर उठाकर उनकी ओर सवालिया निगाहों से देखा।

''ऐसे क्या देख रहा है?'' माँ जी ने द्वार की ओर नजर डालकर देखते हुए कहा।

भुवन आ चुकी थी। बीच दरवाजे में खड़ी थी।

वे कह रही थीं, ''अपने पिता से पूछा कि हमने छिपाया कि उनने? अजय तो कह रहा था, हमने किसी के संग धोखा नहीं किया, बरुआसागर वालों के लड़के की नौकरी लगवाई है। वे अपनी साली के ब्याह के लिए राजी हुए।''

क्या कह रही है बुढ़िया?

''तूने पूछा नहीं बेटा कि आजकल के जमाने में तुझे पद पदवी कैसे मिली? पुजारी का राजेश सोलह किलास पढ़कर चप्पल चटकाता फिर रहा है! न यकीन हो तो पूछ ले अपनी मौसी से। यह खड़ी है। हमने कुछ नहीं छिपाया, तेरे बाप ने और इसके जीजा बरजोरसिंह ने नहीं बताया तो हमारा क्या कसूर?'' बूढ़ी के चेहरे पर विजय की चमक सी आ गयी।

मैं भुवन की ओर देखने हिम्मत कैसे करूँ?

मेरी नौकरी और उसके नरकगामी विवाह की सौदेबाजी! अपजस की गठरी लादे बैठा हूँ, किस मुँह से बैठा हूँ? मैं सिर झुकाए सोच रहा था, हर आदमी जूते मारने वाला है। मैं कलंकी की तरह गाय की हत्या करने वाला, खुद को क्षमा करना भी जुल्म लगने लगा। इस भुवन का जीवन सँवारना चाहता था मैं? आज अपने आप पर ही थूक रहा हूँ। खून में चींटी सी रेंग रही हैं, बस इतनी ही चेतना बची है।

अपने आपको भुवन के कमरे तक खींचकर लाना पड़ा। मरा जानवर खिचेड़ रहा हूँ, अपनी देह के चलते ऐसा ही महसूस हुआ। मर जाना चाहता था। पिता ने ही राहू की तरह ग्रस लिया, अँधेरे में आत्मा भटक रही है।

''चन्दर! क्या हो गया?''

भुवन ने पुकारा। भीतर से आवाज नहीं निकली, कराह पिघलती रही। तू अभागिन नहीं थी, पर हम सौदागर बड़े जल्लाद निकले। तेरे हाड़मांस बेचकर खा गए। तू कहा करती थी कि मैं तेरे लिए क्या-क्या हो सकता हूँ, आज सुन लिया होगा कि मैं क्या हो गया! कहाँ सोचकर आया था कि दुखी होगी तो साथ लेता आऊँगा। अब सोच रहा हूँ, कहाँ ले जाऊँगा? तू जंगल को सदा मानती रही, जंगल में चली जाती तो वनैले पशु तेरी रक्षा कर लेते। हमारे मुकाबले तो तांत्रिक भी अघोरी नहीं, जो तुझे संन्यासिनी बनाए दे रहा था। उसका जो कुछ था, तेरे सामने था।

सिर में दर्द हुआ और उल्टियाँ होने लगीं। आँखें निकल आईं। मुँह की दशा बिगड़ गयी। कैसी कमजोरी लगी। पुरुष होकर केंचुए-सा कटा फटा मन लिये तड़पने लगा। भुवन ने यह सब कैसे भोगा होगा, जिसे सुनकर ही मुझे गश आ गया। मैं बेवकूफों की तरह खटिया पर पड़ा एड़ियाँ रगड़ता रहा। अब भुवन मुझ पर विश्वास करेगी?

हिम्मत नहीं पड़ रही थी कि भुवन से कुछ पूछूँ? पूछने को बचा क्या है? हमारी असलियत वह जरूर जान गई है, तब तो पुजारी और राजेश के पास गयी। पिताजी सदा कुँवर के पक्ष में लड़ते रहे, क्योंकि दाँव पर लगी लड़की का भाग्य उन्होंने लिखा था। और उन्होंने क्यों लिखा था, यह सोचकर प्राण तड़पने लगते।

भुवन विष का प्याला पीकर शान्त रहे, हम सब यही चाहते हैं।

उसने शान्ति तोड़ी, क्योंकि वह शान्ति तोड़ना चाहती थी। यथा स्थिति उसे तोड़े डाल रही थी।

''चन्दर, नहीं पूछ रहा कि मैं पुजारी के पास अपवित्र होने क्यों जाती हूँ? उसके बेटे की बा़हँजोरी क्यों बैठती हूँ? ऐसे बीमार बछड़े की तरह लेटने वाले चन्दर

से मुझे उम्मीद भी यही थी। मन में आता है कि सबसे पहले तुझे ही काट धरूँ।'' उसने मेरे आगे धारदार कटार लहराई।

''भुवन!'' मैं यकायक बोल पड़ा, ''यह कहाँ से लाई?''

''मंदिर में से। देवी का सिंदूर लगाकर। मैंने पापी तांत्रिक की कंठी पहनी है तो यह कटार क्यों नहीं रख सकती? मुझे तो सब कुछ धोकना पूजना है।''

''सच्ची बता यह किसने दी और क्यों दी?''

''कितनी बार बताऊँ, राजेश ने दी। अपनी हिफाजत के लिए दी।''

''कल को पिस्तौल दे तो?''

''वह भी रखूँगी। रखने में नुकसान क्या है?''

''फिर घरवाले जो तुझसे खतरा मान रहे हैं, वह सही है।''

''मैंने कब कहा कि गलत है?''

''वे तुझे कब खत्म कर डालेंगे भुवन, पता भी नहीं चलेगा।''

''सो तो है। अब तू ऐसा कर, यहाँ से जा। यहाँ की माया तेरी समझ में आनेवाली नहीं। कैसे समझाऊँ कि मंदिर मेरी पूजा का वसीला नहीं, जिंदगी का आधार है।''

भुवन के तेवर देखकर मैं कमजोर-सा पड़ने लगा। खतरनाक मीठापन है व्यवहार में। किस घाट उतरने वाली है?

''राजेश ने पहली बार तांत्रिक की बुराई की थी, मैंने कब मानी थी? अपने यहाँ साधु-महात्मा पुजते देखे थे सो सीस आप ही आप झुक जाता था। राजेश समझाता—भाभी, मंत्र पढ़कर आसानी से महापाप किए जा सकते हैं। ऐसा न हो कोई इसी कंठी से गला कस दे! मैं अचरज में पड़ जाती, मारना ही होता तो ब्याहकर क्यों लाते? वह कहता ब्याहकर लाने का तो दूसरा कारण है, अजयसिंह को अपनी माँ को भ्रम में डाले रहना है। जायदाद के मामले सीधे नहीं होते, पूरे चक्रव्यूह की रचना की जाती है। पगले के संग पगली कर देंगे कुँवर अजयसिंह।

''मैं रोने लगी थी। छोटा कुँवर पागल क्यों हुआ, कैसे हुआ और फिर मेरी तकदीर से क्यों बँधा? राजेश ने बताया था—शुरू का ही बददिमाग था। गाँव की बहू-बेटियों को छेड़ता था। एक बार भगवंतपुरा के आदमी ने इसकी छेड़छाड़ पर बंदूक चला दी थी। बदले में नीलगाय मर गयी। अच्छा होता यही मर जाता तो संकट हमारे सिर तो न टूटता। उसके बाद इसने हमारी मजूरनी खेत में गिरा ली। देखा नहीं कि मजूरनी के संग मजूर भी हैं। हमारे पिताजी ने इशारा दिया सो अच्छी तरह कुचला। ठौर कुठौर मारा, मर्दानगी खत्म कर दी। बस तभी से बैर चला आ रहा है।

''चन्दर, सास ने तो बेटे की बीमारी की बड़ी आसान कहानी सुना दी थी कि रेख होठ पर आते ही दिमाग गड़बड़ाने लगा। किसी चुड़ैल ने फेरा डाल दिया

कि किसी बैरी ने घात धरा दी। पुजारी के घर के जलते हैं कि बड़े कुँवर का मेलजोल नेताओं से है। पुजारी कुछ जानता नहीं, पुजारी बनता है।

''बात असल यह है कि मेरे ब्याह को लेकर तीन-तीन गुमनाम चिट्ठियाँ डाली गयीं थीं, जो हमें मिली नहीं, यह हमारी तकदीर! तकदीर ही रही चंदर?

''मैं भी यही समझती रही कि राजेश ऐसी विषबेल फैलाना चाहता है, जिससे यह खानदान खत्म हो जाए। अगर सफाया हो गया तो मैं भी कहाँ बचूँगी? मैंने उन दिनों मंदिर जाना छोड़ दिया था। पर गजब तो यह था, मैं जितनी दूर जाती जा रही थी, वह नजदीक आता जा रहा था। आसपास कोई हमदर्द न था, उसके संग साथ के लिए तरस जाती। और मनाती कि वह आ जाए।

''मैं फिर मंदिर जाए बिना नहीं रह पाई।

''मैं कैसी औरत हूँ चन्दर? औरतें अपने पति को, भले वह कोढ़ी कलंकी हो, अंधा अपाहिज हो, जनम-जनम तक पाना चाहती हैं, मैं उस पगले को झेल नहीं पा रही, जो मेरे इस जनम का ही साथी है। सच्ची में क्या औरतें इतनी पतिव्रता होती हैं? या ढोंग करती हैं? सतियों की कथाओं में तो लिखा है कि ढोंग करने वाली औरत मिट्टी की तरह गल जाती है। मैं सच्ची पतिव्रता क्यों नहीं बन पाती चन्दर?

''जेठ ने गलती की, मुझे ब्याह लाए। उनके लिए लड़कियों की क्या कमी थी? धनी और ताकतवर पागल सिर्री हों, अंधे अपाहिज हों, भले वे मर्द भी न हों, बिना ब्याहे नहीं रहते। वे इज्जतदार जो होते हैं।'' कहते-कहते उसका स्वर रूखा होता जा रहा था। चेहरा ऐसा कि लोहे को पीट-पीटकर बनाया हो। आँखें ऐसी कि गुड़हल का फूल हों।

आया था तो कैसी सदाबहार के फूल-सी खिली मिली थी। अब होठों को सिकोड़कर बैठी है और बुदबुदा रही है, ''तप किया, दीक्षा ली। ताकत आई तांत्रिक वश में कर लिया। सब अधीन थे।''

''भुवन! क्या कह रही हो? कंठी कहाँ है?'' उसका गला नंगा था। क्याऽऽ...मैंने गौर से देखा, वह होश में नहीं लग रही। तांत्रिक के क्रोध में असर है क्या? कंठी फेंक दी? कंठी का कोई तार गले में अटका रह गया? वही आवाज को कस रहा है?

''महामाया योगिनी!'' वह बोली और बताने लगी,''चन्दर दुख भी बहुत था, विजय को जो दौरा महीना दो महीना में पड़ता था सो आठ दिन, चार दिन और दो दिन का बीच दे-देकर पड़ने लगा। एक धुन अलग से और लगी, ऊपर से कूद जाने की धुन। सास ने नया नतीजा निकाला—यह सब तांत्रिक के अपमान का फल था। जो मेरे अधीन हुए थे, वे सब चढ़कर आने लगे। जेठ दहाड़ते, सास पाँव पटकती, जिठानी को आनन्द आता। सबसे ज्यादा गुस्सा मुझे जिठानी पर ही आता। वह भी

तो मेरी तरह की बहू है, कभी ऐसा दिन आए और उस पर भी मेरा जैसा कुछ बन आए। हँसने की कौन-सी बात थी?

"मैं अपना हाथ रस्से से उनके पलंग से बाँध लेती। उनका पाँव अपने पाँव के साथ रस्से से जोड़ लेती। रात में उठें तो जान लूँ। भागें तो रोक लूँ। कभी मन में यह भी आता कि इस पागल को खुल जाने दूँ। मरता है तो मर जाने दूँ, किस्सा खत्म हो। घर के लोग मेरे मन की इस बात को ताड़ गए और भारी कलह हुई।"

इतना किस्सा सुनाकर जैसे भुवन कुछ हल्की हो गयी। या मेरी नौकरी की एवज में जो कर्ज चुका रही है, उन्हें मेरे ऊपर लाद दिया? मेरे भीतर अपराध बोध नींद से जागे साँप-सा लहराया और सारे वजूद पर तारी हो गया। साँप फिर अजगर में बदल गया। अब वह चन्दर कहीं नहीं, जो सोचता था, कहूँगा—चल यहाँ से। देखें कौन रोकता है? मैं रुकूँगा नहीं, खून की नदी से गुजर जाऊँगा।

कोई बात करने के लिए नहीं रही। वह भी सांस ले नहीं रही, भर रही थी। सीढ़ियाँ न उतरी न चढ़ी, हाँफ गयी। अपने आप से लड़-लड़कर मैं भी थक रहा था, सो सो जाना चाहता था। इस लड़ाई का नतीजा पहले ही तय हो चुका हो ज्यों। इसमें हारना ही निर्णीत था।

तय 'हार' हुई तो तय यह भी हुआ कि मैं अजगर की योनि भुगत रहा हूँ तो वह जहरीली नागिन बनी जा रही है। दोनों ही बातें जिंदगी के लिए खतरनाक हैं। उसने बताया था—

इसमें शक नहीं कि मंदिर में मजीरे नहीं बीन बज रही है। वह बीन पर लहराती हुई शाम सवेरे पूजा के बहाने वहाँ पहुँचती है। जेठ ने हवेली के द्वार बन्द करा दिए थे, ताला डलवा दिया था, कहते हैं कि उस दिन भी भुवन मंदिर में पहुँची थी। जेठ डर गए थे। तांत्रिक से हाथ जोड़कर प्रार्थना की थी—यह क्या कर डाला?

तांत्रिक बोला—उसकी कुंडलिनी जागी है। अवधूत की कृपा है।

भुवन यकायक पागल-सी हँस पड़ी, "चन्दर, मुझे जादू आ गया न? तांत्रिक के पास क्या था? लोगों को भरमाने की विद्या थी। मैंने भी वही करके सबको हैरत में डाल दिया।"

मुझे सच में ही भुवन से डर लगने लगा। चाहने लगा कि आगे कुछ बताए नहीं। यह कैसे लोगों के साथ पड़ गयी! बरबाद हो गयी! हमारे बीच अब ऐसी चुप्पी थी ज्यों हवा भी बँधी पड़ी हो और बँधा पड़ा था भुवन का पति। उसको तेज दौरा पड़ा था।

विजयसिंह पलंग पर, भुवन की निगरानी में...और भुवन घर भर की निगरानी में...मैं अपने गम का मारा यहाँ रुककर किसके बंधन खोल पाऊँगा? भुवन भी कह रही थी कि मुझे यहाँ से चला जाना चाहिए, पर मेरा आत्मापमान न तो मुझे रुकने दे रहा न चलने देता। जीवन में ऐसी हास्यास्पद स्थिति भी आएगी? सोचा नहीं था।

क्यों नहीं सोचा था? लगता है, यह तो एक जीवन क्रम है। लम्बे समय से चलता आया है, चलता जाएगा। जैसे कि भुवन कहती है–चन्दर तू बहुत याद आया कम से कम देख तो जाता कि तेरी भुवन...। मैं सोचता हूँ–भुवन के राजपाट के सपनों में खोया रहा। अपने आपको उसके सुख का विघ्न समझता रहा।

वह मेरे भीतर गूँजती आवाज सुन रही थी या चेहरे पर आते-जाते रंग देख रही थी, बोली, ''तुम्हारा भी क्या दोष? बेटी राजरानी हो गयी। यह सोचकर सोए रहे।''

''पगली, कैसे समझाऊँ कि जो तूने किया, वह हमारा किया माना जाता, अगर हम आ जाते तो। जेठ ज्यादा से ज्यादा दुख देता।''

''दुख न मिले इसी चाह में मेरा दुख बढ़ाते रहे?'' भुवन का सवाल जोंक की तरह दिल से चिपट गया, उसने मेरा रक्त पीना शुरू किया और मैं खोखला ही नहीं निचुड़ी हुई छोई सा हो चला। आखिर इस पूरे मामले की जड़ तो मैं ही हूँ न?

जोंक खून चौंखती है, मैं बिलबिलाता हूँ। भुवन के साथ कभी ऐसा रिश्ता बनेगा, कहाँ सोचा था?

संवाद! वार्तालाप!! एक मौन ध्वनि बजती रह गयी कि कानों में से ही दर्द की तरह उठती थी और कडुवे धुएँ-सी आसपास फैल जाती थी? रात घिर आई थी। पेड़ पत्ते तक मौन थे। कानों से उठती दर्द की लहर मुझे डरा रही थी कि तड़पना मुहाल हो गया। मैं कलेजा कसे बैठा था। भुवन ने विष का प्याला हलक उतार लिया है, उसकी रंगत नीली-नीली सी दिखाई पड़ी। इस विष-कंठी के कमरे की शान्ति मुझे उधेड़े दे रही है, मैं यहाँ ठहर नहीं सकता। मौत की ओर हाथ बढ़ाना चाहता हूँ, क्योंकि अब नौकरी नहीं निभा पाऊँगा। सौदेबाजी ने जिंदगी बूचड़खाना बना दी...

''चलूँ भुवन?'' मैंने धरती से कहा हो जैसे।

''रात में!'' उसने भी बाहर फैले अँधियारे को जवाब दिया हो।

''बस! देखने आया था तुम्हें!''

''देख लिया!'' वह अचरज के साथ बोली थी।

मैं क्या जवाब दूँ, यही सोच रहा था कि भुवन कहने लगी, ''कभी मिलना भी कैसा दुखदाई बन जाता है चन्दर कि लगता है मिलना ही नरक है, जिसमें तरह-तरह के कष्ट होते हैं।''

जो कुछ वह कह रही थी, वह नई बात नहीं थी पर जिस तरह कह रही थी वह कराह मरते कबूतर जैसी थी। उसे मरना है, मुझे मरना है, हमारी नियति यही है।

वह बैठी रह गयी। मैं उठकर चला आया। न विदा न फिर आने मिलने का आग्रह।

मैं ही उसके पाँवों की आहट अपने पीछे-पीछे महसूस करता रहा। हो सकता है मेरे संग-संग उसके पाँव नहीं, दिल चला आया हो। दिखने वाली चीजें ही तो साथ आती जाती नहीं।

नाता तोड़ आया। उस घर को आखिरी प्रणाम किया कि चोर की तरह घर से बाहर हो गया? हाँ, मैं बेटी के सौदे में खास सौदागर...अपना चेहरा दिखाने के काबिल न था।

राह काँटे भरी झाड़ियों की ओर मुड़ गयी मेरा दोष था या अँधेरे का, पाँवों में जूते थे पर पिंडलियाँ सूखे काँटों ने चींथ डालीं। अचानक लँगड़ाने लगा। लँगड़ाते हुए ही सही, आगे तो बढ़ रहा था, यही आसरा लिए चलता रहा। चन्द्रमा आकाश में था, पर किसी भी उजली चीज से डर लग रहा था।

...हादसे में लिपटी भुवन संग नहीं छोड़ रही थी। वह भले ससुराल वालों से बदला ले, मुझे ही सताने के उपक्रम हैं क्योंकि उसका गुनहगार मैं हूँ, वह जानती है। जितना भी माथा उठा सका, नजर के सामने टिमटिमाती हुई छोटी-छोटी रोशनी नाचने लगीं। चन्द्रमा के आसपास की तरइयाँ हैं, शायद। परन्तु चाँद सूरज और तरइयाँ धरती के आसपास कहाँ होते हैं? असमंजस में आगे बढ़ता गया। सारी दुनिया से कटा हुआ, किस देवता की शरण में जा रहा हूँ? जवाब पास नहीं था। पाँव ही अपने थे, निरन्तर चलने में विश्वास रखते हुए कि मनुष्य प्रवृत्ति के आग्रही, रास्ता निकाल लेने में माहिर पाँव कहाँ से कहाँ पहुँचे! टौरिया पर देवी का मंदिर, मंदिर के ऊपर टिमटिमाती रौशनी, मैंने टौरिया (पहाड़ी) के सामने जाकर दम लिया। नदी की धारा मेरे आगे है। मंदिर तो नदी के बीच टापू पर है। नदी ने मुझे रोक लिया कि तैरने का साहस ही नहीं हुआ, किनारा थामकर बैठ गया। जिस उजाले से बचकर भाग रहा था, उसी के इतंजार में बैठा रहा।

मंदिर में पड़े रहने से अपने आपको बचा लूँगा? भुवन रोज यहीं पूजा करने आती है, भगवान की तरह अन्तर्धान तो नहीं हो जाऊँगा। मंदिर कोई गोपनीय स्थान नहीं, सार्वजनिक पूजा गृह है, यहाँ कौन नहीं आएगा? चल लौट पीछे। मगर कहाँ? गाँव जाऊँ तो उसी पिता का दर्शन होगा, जिस ने मुझे कुचल डाला। उस नौकरी पर कैसे जाऊँ जो किसी के सर्वनाश की निमित्त बनी। मेरे लिए वे सारे रास्ते बन्द हो गए, जो रास्तों के रूप में खुलकर नागों से डसते रहते हैं।

झुटपुटा-सा हुआ। मंदिर की दिशा दिखने लगी। रास्ता यहाँ से मोड़ ले गया, यह भी नजर के सामने है।

मंदिर ऊँचाई पर है।

मैं मंदिर के परिसर में आ गया। थोड़ी-सी जगह का विस्तार, उस विस्तार पर टँका आसमान...क्या अपना भाग्य भगवान के भरोसे छोड़ने आया हूँ? सब तरफ से निराश होकर आदमी और करेगा क्या? जवानी के सपने रास्ते में टूट-टूटकर गिरते

चले गए। समय ने ठीक लम्हों में उमंगों पर रेगमाल चला दी, ऊँचाइयाँ क्या होती हैं, आज समझ में आया। पर आज बचा भी क्या है? न ऊँचाइयाँ न ऊँचाइयों पर चढ़ने का हौसला। किसके लिए साहस और शक्ति जुटाता रहूँ? एक विवाह ने सारा कुछ उजाड़ डाला कि मैंने ऊँचाइयों को नापने की चाह में विवाह रूपी गोला दागकर भुवन को तहस-नहस कर दिया? नाश की निशानी मैं...यहाँ क्यों आया? कहीं महीन किरण सी चाह बची है, भुवन यहाँ आएगी। सामने सूरज का ताजा लाल गोला उठता आता है, नरम-नरम किरणें फूटने को हैं।

सीढ़ी पर बैठ गया, साहस जुटाऊँगा, ऊपर चढ़ जाऊँगा।

पुजारी जी गीले वस्त्रों में सामने हैं। नहाकर आ रहे हैं। मंदिर की चौहद्दी में आकर अपनी धोती निचोड़ते हैं। खूँटी पर सुखा देते हैं।

मंदिर में सबसे पहले सूरज की किरणों ने धोती को छुआ। धोती सुनहरी हो गयी। मैं इस लीला-परिवर्तन को चकाचौंध-सा देख रहा हूँ। ऐसा भी होता है, ऐसा भी हो सकता है।

मरे मन में आखिरी इच्छा सी कामना जागती है, पुजारी से बात करूँ। बोलने की इच्छा तो मरने तक भी नहीं मरती। बोलूँ, शब्द मुझे जीवित करना चाहता है। सूरज के गोले से उठती किरनें सुनेंगी, मैं क्या कहना चाहता हूँ। एक बार बोलकर देखूँ, कहीं कुँवर ने मेरी जीभ ही कील दी हो। गालियों से छिदी जीभ घायल है, या जड़ हो गयी?

"नम् नमस्कार पुजारी जी!" भरी आँखों, रुँधे गले से निकले भर्राये हुए स्वर में मैं बोला और वृद्ध के चरणों की ओर बढ़ा। पाँव पकड़ लिए। माथा टेक दिया, जैसे अब कोई और आसरा बचा न हो। मेरे हथेलियों के बीच खुरदरे पाँव पुजारी के हैं या किसान के? भेद नहीं कर पाता, बस पाँव पकड़े रहना चाहता हूँ।

मुझे कुछ याद नहीं, यह झूठ है। मुझे याद है, भुवन ने कहा था—पुजारी का बेटा राजेश...मैं राजेश के पिता के पाँव पकड़े हुए हूँ। हाँ, राजेश के पिता! अपना दुख इनसे कह सकता हूँ। शायद यह मैं जानता था, कहीं मन में था, तभी पाँव इस ओर बढ़ते आए, नहीं तो विराटा के मंदिर का रास्ता किसने देखा था, मन सारथी, पाँवों के घोड़ों को हाँकता रहा!

"बेटा! कौन हो तुम?" झुके हुए वृद्ध की सफेद दाढ़ी ने मेरी गर्दन को छुआ तो शरीर में सिहरन-सी दौड़ गयी। हाँ, मैं सचेष्ट हूँ।

पुजारी जी ने मेरी हालत समझ ली। मुझे बच्चे की तरह सँभाला, नए जन्मे बच्चे की तरह, जो रोता है, अपनी बात कह नहीं सकता। पुजारी जी को ही मेरा मंतव्य समझना था, वे अनुभवी आँखों वाले क्या-क्या समझ गए! बोले, "उठो, किसी के पाँवों में इस तरह नहीं गिरते, पाँवों में गिरे हुए को हाथ उठा ही लें, यह जरूरी तो नहीं। अपनी ऐसी हालत क्यों करो कि कोई मौका पाकर पाँव चला दे और तुम

उन पाँवों तले आ जाओ। उठो, नदी में नहाओ। नहाकर सारी मैल धुल जाएगी, तुम ताजादम हो जाओगे। फिर बताना, क्या हुआ? कहाँ थे? कैसे आए?''

नहाया धोया मैं था। देवी की पूजा करने के बाद निवृत्त हुए पुजारी जी थे। मंदिर अपनी पूरी महिमा के साथ था। एक झंक बुढ़िया कोने में 'परसाद' की डलिया सजाए बैठी थी। बुढ़िया परसाद की तरह ही सबको अपनी लगने वाली, कोई भी उसे अम्मा कह सकता था। अपने पास ही फूलों की डलिया वाली औरत को बिठाए हुए थी। चिल्लर न मिलने पर दोनों एक हो जातीं। किसी के पैसे कोई ले लेती। छोटी-छोटी कंठियाँ बेचनेवाली किशोरी कंठी बेचने पर ध्यान कम दे रही थी, आने जाने वालों को देखती रह जाती। बुढ़िया उसकी कंठियों का ध्यान रखती। ग्राहक आने पर उसे टोककर चेताती।

मंदिर की दुनिया ने मुझे दर्द से धीरे-धीरे उबारा। पुजारी जी वहाँ बनी कुछ कोठरियों में से एक कोठरी में ले गए। पीढ़ी पर बैठ गए। मुझसे दूसरी पीढ़ी पर बैठने के लिए कहा।

''आपकी पूजा का समय हो गया है, भक्त आने लगे हैं।'' मैंने कहा तो वे बोले, ''सवेरे की पूजा राजेश कराता है। कोई विशेष पूजा हो तो मुझे बुलाया जाता है।''

''विशेष पूजा?'' मैंने आश्चर्य से कहा।

वे सफेद मूँछों में मुस्काए, उनकी सफेद दाढ़ी धीरे-धीरे हिली।

''तुम अपना दुख कहो, दुख कहकर आदमी हल्का हो जाता है। यहाँ जो लोग मुरादें माँगने आते हैं, वे अपने अभाव बताते हैं। देवी के सामने ही सही, अपने खालीपन को स्वीकार करते हैं। उनको भरने की प्रार्थना करते हैं और विश्वास करते हैं कि वह अभाव भर जाएगा। तुम भी यह समझ लो कि जिस बात से तुम परेशान हो, वह खत्म हो जाएगी। विश्वास ही मन का देवता है, आशा मन की देवी है।''

मैंने पुजारी जी की ओर आशा से देखा, वे मेरी तकलीफ को समझेंगे और रास्ता सुझाएँगे। अभी तक घटी एक-एक बात बताने लगा। वह भी सारा कुछ बताया जो मेरे और कुँवर के बीच कल हुआ था। अपनी यह दुविधा भी कि ऐसी हालत में भुवन को यहाँ छोड़ जाऊँ या साथ ले जाऊँ?

पुजारी जी बोले, ''ऐसी गलती हरगिज न करना कि तुम भुवन को अपने साथ ले जाओ। तुमको उसकी जिंदगी के लिए दुख है, साथ ही अपराधबोध है और हवेली के कुँवरों पर बेइंतिहा गुस्सा है, परन्तु तुम यह सब नहीं दिखाओगे। दिखाओगे, जैसे तुमने अजयसिंह को गलत समझा है। तुम्हारे जाने के बाद अजयसिंह भी ठंडे हो जाएँगे। अगर तुम उसे साथ ले गए तो ये सतर्क हो जाएँगे। कानून का सहारा लेकर

तुम कुछ करो, उससे पहले फँसवा देंगे। उसे अपनी जगह पर खड़ी होकर लड़ने दो, हम लोग नजर रख रहे हैं।''

''पुजारी जी, आप पर मुझे पूरा भरोसा है, खुद से भी ज्यादा। फिर भी भुवन के लिए डर लगता है। वे लोग कुछ भी कर डालें।''

पुजारी जी अपनी सफेद दाढ़ी पर हाथ फेरते हुए दूसरी ओर देखने लगे। कुछ क्षण सोचने के बाद मेरी ओर चेहरा घुमाया और बोले, ''डर लगता है तो भाग क्यों आए?''

''मैं भुवन की राह में कलह के काँटे बो रहा था।''

''बो ही आए तो काटने भी पड़ेंगे। तुम्हें नहीं, उसे।''

''बेशक, बेशक'' मैं दुख के मारे धीरे-धीरे सिर हिला रहा था।

''उस पर भरोसा नहीं है न? औरत बेचारी क्या खाकर उनका सामना करेगी, यही सोच रहे हो न? पर यह नहीं सोच रहे कि अब तक सामना करने के लिए हवेली के मालिकों के सामने खड़ा कौन रहा? याद रखो, हमारी राह में काँटे हम बोएँ या कोई और बोए, बीनना हमें ही है, क्योंकि रास्ता हमारा है। खुद पर से भरोसा गिरा दिया और उसका आत्मविश्वास तोड़ने लगे!''

मैं गहरी साँस लेकर रह गया। अब क्या करूँ?

''क्या सलाह देते हैं आप? जाऊँ?''

''जाना ही होगा। यहाँ क्या करोगे, तुम्ही बताओ?''

सवेरे तक यह निश्चय पक्का था कि अपने गाँव नहीं जाऊँगा। उस नौकरी पर लात मार दूँगा जो भुवन को नरक में धकेलने के बदले मिली।

पता नहीं पाँव क्यों जिद ठान बैठे कि मैं गाँव ही आया। कुँवर अजयसिंह से वाद विवाद होने के बाद मैं बराबर पिताजी की ओर खिंच रहा था। पिताजी ने ही मुझे बताया था कि रिश्वत देने के मुकाबले किसी की सिफारिश करा दी जाए तो ज्यादा सही है। सिफारिश वाली बात तुम नौकरी पाते ही भूल जाओगे, लेकिन रिश्वत में दी गयी रकम सदा याद रहेगी। याद रहेगी तो मौका पाते ही उकसाएगी भी। तुम जब तक नौकरी करोगे, हर मौके पर अपने द्वारा दी गई घूँस को वसूल करने की सोचोगे। अभी दी गयी रिश्वत...तुम्हें शातिर रिश्वतखोर बना देगी, जो तुम्हारी बरबादी का कारण भी बन सकती है। क्या पता तुम्हें जेल तक पहुँचा दे।

हाँ, इस रास्ते चलकर कभी आत्मविश्वास हासिल नहीं हो सकता, मैंने भी माना था। भ्रष्टाचार समाज को दीमक की तरह खा रहा है, इसको खत्म होना चाहिए। कोई सिफारिस इतनी तगड़ी हो सकती है कि दौलत के लोभ से टक्कर ले ले, मैं उसे सिफारिश नहीं सामर्थ्य कहूँगा। और अपनी मेहनत की कमाई को योग्यता की

मोहर समझूँगा। पिताजी की बात फिर मैं गलत क्यों मानता? मेरा दिल भी तो यही कहता था, कि हम ग्रामवासी छात्रों से स्कूल में भी पक्षपात किया जाता था और कॉलिज में भी। हमारा पक्षधर कोई न था। क्या स्कूल कॉलिज की कमेटियों में किसी किसान की भागीदारी होती है? प्राइमरी स्कूल में कुछ दखल रहे, यह नियम भी अब आया है। हमें आगे बढ़कर भागीदारी करनी होगी, तभी कुछ होगा। नतीजे देख-देखकर दुखित होना, इससे तो सफलता मिलने वाली नहीं।

नौकरी मिली, मिलने के बाद भुवन का ब्याह तय हो गया।

अम्मा ने कहा था, विराटा की देवी का आशीर्वाद। अम्मा और पिताजी दोनों देवी की जात करके आए थे। भारी होम किया था। खुशी और कैसे मनाई जाए?

और आज मैं पिताजी के सामने खड़ा होकर पूछ रहा था—

"मेरे साथ इतना बड़ा धोखा क्यों किया?"

पिताजी को मुझे सामने बोलता पाकर पहले तो यह विश्वास ही नहीं हुआ कि उनका बेटा चन्दर बेसिर-पैर का सवाल उनसे पूछेगा, सो बोले, "क्या कहा?"

"जो कहा है, वह आपने सुन लिया है," कहते हुए मैंने न सिर झुकाया न गर्दन डाली।

"कैसा धोखा? कहाँ का धोखा?" उनके चेहरे से अचरज अभी भी लिपटा था।

"मेरी नौकरी का सौदा भुवन की जिंदगी से किया?"

"अरे! क्या पागलपन की बातें कर रहा है? तेरी नौकरी, भुवन की जिंदगी...सौदा, क्या मतलब?"

"मैं विराटा से आ रहा हूँ। अजयसिंह तुम्हें झूठा बेईमान कह रहा है, क्योंकि मैंने उसे धोखेबाज कहा।"

"क्यों कहा तूने धोखेबाज? क्या पड़ी थी धोखेबाज कहने की? उसने तेरे संग कौन-सा धोखा किया है?"

मैं चीख पड़ा, "पिताजी! अब भी उसे शरीफ मान रहे हैं?"

"हाँ मान रहे हैं। हमने क्या बुरा किया जो तेरी नौकरी लगवाई? कौन-सा बाप बेटे की नाकामयाबी का सिलसिला बर्दाश्त करना चाहता है? इतना ही योग्य था तो पहली बार में ही पार उतर जाता। पहली नहीं दूसरी बार, दूसरी नहीं तीसरी बार...तेरी तो बारी कभी लगने का नाम ही न ले रही थी और तू मरे बैल सा पाँव पसारे हमारे घर में मनहूसियत फैला रहा था। तेरे जन्म के दिन हमने यही सोचा था क्या? तुझे पढ़ाते समय ऐसे मंसूबे बाँधे थे?"

"पड़ा रहने देते ऐसा ही। जिस घर में जन्म लिया, पड़ा रहना पाप नहीं था, पिताजी," मेरी आवाज फटने लगी। पहचान नहीं पा रहा था कि यह मेरी ही आवाज है। आवाज पर पिताजी बोले—

"जवान बेटे की लाश बूढ़े पिता की सी लाश नहीं होती कि फूलों से सजाएँ और विमान में ले जाएँ। जवान लाश देखना अपनी मौत देखना है। ऐसा ही बेटा था तो ट्रैक्टर पर बैठकर खेतों की ओर चल देता। हमारी छाती भी चौड़ी होती—किसान के घर किसान का बेटा जवान हुआ है पर तुझे तो कुर्सी के सपने आते थे, जिसके चारों पाए हमारी हथेलियों पर जमे थे।"

"घिनौना सौदा करने से पहले ही कह देते यह सब तो कितना अच्छा होता!"

पिताजी खटिया पर बैठ गए। उनकी आवाज भी धीमी पड़ गयी, "चन्दर, घिनौना सौदा हम कर रहे थे कि घिनापन तुम मचा रहे थे? भुवन का ब्याह करना लाजिमी नहीं था क्या?"

"लाजिमी था, मान लिया तुमने, पर उस पागल से बाँधना लाजिमी था, यह मैं भी मान लूँ? उस समय बता देते, मैं उसे उस नरक में कभी न जाने देता।"

"फिर वही बात। नरक और स्वर्ग मानने की बातें हैं, वे होते नहीं हैं। कौन-सी औरत कहती है कि बाप ने उसके लिए स्वर्ग ढूँढ दिया। ज्यादा दूर मत जा, अपनी माँ से ही पूछ ले। तीन लड़कों की माँ है, बाप को आज भी कोसती है कि नहीं?"

पिताजी गम्भीर बातों को कैसा सरल करके दिखा देते हैं! वहाँ उसकी जान पर बन रही है, यहाँ वे अम्मा का उदाहरण पेश कर रहे हैं।

अम्मा ने कोठे में खड़ी होकर मेरी ओर इशारा दिया—यहाँ आ।

पास पहुँचा तो वही, कलह की आंशका से घबराते हुए बोलना, "अब पूछ रहा है? जो होना था हो गया। राजी खुशी लेने भेजा था, आग बाँध लाया! बाप-बेटा लड़ लोगे तो भी क्या हो जाएगा? समझा नहीं आया, न जोगिन बनने की जरूरत न चुड़ैल रूप में लड़ने की जुर्रत। शान्ति से दिन काटे, कोई न कोई रास्ता निकलेगा।"

अम्मा की शांति वार्ता ने दिल में आग लगा दी। यह भी ऐसी बातें कर रही हैं!

"अम्मा, मैं बेचैन इसलिए हूँ कि तुम सब उसके मुकाबले बहुत चैन में हो। एक का सुख दूसरे के दुख का कारण बने तो वह सुख कैसा? अगर भोगनेवाला उसे सुख मानता है तो वह इंसान कैसा? अम्मा, सच बताना, तुम सच्ची में जैसा कह रही हो, वैसा ही सोचती हो?"

अम्मा ने कुछ नहीं कहा अपनी भरी हुई आँखें बंद कर लीं।

अम्मा की हालत लाचार आदमी से ज्यादा नहीं, सुख किसे कहें, दुख किसे कहें, समझ नहीं पा रहीं। बहन की जिंदगी के लिए तड़प रही हैं, बेटे को मिली नियामत का सुख छोड़ने की सोच नहीं सकतीं। तड़पने से और सोचने से कुछ बदलने की आशा नहीं।

पाँच

यहाँ पिता मेरे दुश्मन थे, और...

इसमें शक नहीं कि भुवन की सास आस लगाए बैठी हैं!

पुत्रेष्टि यज्ञ की चिट्ठी नानी के पते पर शीतलगढ़ी आई। भुवन के यहाँ कोई 'कारज' हो और मायके का आदमी जाए नहीं, शुभ नहीं माना जाएगा। बस नानी ने तुरन्त अम्मा के पास खबर भेज दी। कहने वाले ने कहा—बिरजू चला जाए। लल्लू के जाने से बात नहीं बनेगी। लल्लू के होठों पर रेख आ गयीं, मगर वह सबसे छोटा है सो अभी बच्चा ही माना जाता है।

अम्मा ऐसी खबर या वैसी खबर अगर विराटा से आती हुई पाएँ तो नानी के लिए चिंतित होने लगती हैं—माँ के कंधे झुक गए हैं चन्दर। बाँहें थकान से लदी हैं। चेहरा देखा है? झुर्रियों ने जवानी का नामनिशान मिटा दिया।—अम्मा के हिसाब से नानी की कमजोर आवाज की सारी कमजोरियाँ बुढ़ापे के कारण नहीं, भुवन के कारण हैं।

मैं जाने का नाम नहीं लेना चाहता। अम्मा से कह दिया—उसकी हालत देख नहीं सकूँगा, सीधा लिवा लाऊँगा। तुमने ब्याह कर दिया, उससे जितना निभा, निभा दिया।

अम्मा ने पहले तो गाली दी—कपूत, और तू क्या करेगा, हमारी फजीहत ही करा सकता है। फिर हाथ जोड़े—बेटा, ऐसा न कर बैठना। कन्यादान किया है। डर के मारे अब उसे कौन बुलाए-चलाए? एक बार आ गयी तो फिर पहले की तरह अड़ जाएगी।

मैं अम्मा के दोगलेपन पर अचम्भा न करूँ तो क्या करूँ? यही अम्मा कह रही थीं—भुवन बेकार ही उमर गला रही है। चली आए, दूसरी जगह बिठा देंगे। क्या आज अम्मा के मुँह से नानी बोल रही हैं? क्योंकि नानी यहाँ हैं नहीं। नानी के चलते तो विराटा की हवेली का मान यहाँ गरज बरस रहा है। मर्द को मान और जनी को ठौर की दरकार होती है, यही आज अम्मा भी मान बैठी!

—अम्मा, रोगी का इलाज हुआ नहीं, उससे बेटे की उम्मीद की जा रही है!

अम्मा ने चुप्पी साध ली। तो अम्मा पिछली बार लिवा लाने के लिए झूठमूठ ही कह रही थीं! लिवा लाता तो भुवन को उल्टे पाँव लौटातीं। हालाँकि अब स्थिति ऐसी थी कि भुवन से आमना-सामना मैं भी नहीं करना चाहता था, मगर अम्मा पर मुझे गुस्सा आ रहा था।

पिताजी की जैसी आदत है, बीच में आ गए। बीच माने मेरे सामने खड़े कह रहे थे—वे यज्ञ ही तो कर रहे हैं, पाप तो नहीं कर रहे। तू उसे यहाँ लिवा कैसे लाएगा। लिवा लाएगा तो अनर्थ करेगा। वहाँ रहती रहेगी तो पाँव के नीचे जमीन

रहेगी। जिसके पाँवों के नीचे जमीन हो, उसे हिलाने वाला कौन है? हमने कच्चे खेल नहीं खेले, रकवा देख लो हिस्से में कितना आता है? बेटा, यह भी जंग है, किसानों की इन जमींदारों के खिलाफ जंग। भुवन इसमें उतार दी कि तुमसे काम नहीं सरता था। उसका होना अहमियत यों भी रखता है कि नागिन अगर सीधी सर्र किसी के घर में घुसे तो आदमी उसको लाठियों से पीटकर, भालों से छेदकर मार डालता है। पिटारी में बंद नागिन को लोग दूध पिलाते हैं, पालागन करते हैं। पिटारी की अहमियत ब्याह सरीखी होती है। नागिन का मकसद मगर डसना ही होता है।''

मैंने कहा था जवाब में, ''पिटारी की नागिन क्या मारी नहीं जाती?''

''देखते हैं। औरत की दाँवदारी और चातुरी कम नहीं होती, मर्द के मान मार देती है। हमने भुवन वहाँ मरने नहीं भेजी, भरोसा करो। हम बड़े ही नहीं हुए, बूढ़े हो रहे हैं।''

मैं भरोसा ही तो करता रहा, पर कब तक भरोसे के भरोसे रहूँ?

पिताजी को मुझसे ज्यादा भरोसा भुवन पर था। जाहिर भी कर रहे थे,''तुम कहते हो बड़े घर की सुख-सुविधाएँ बड़ी कँटीली होती हैं, उसे हवेली के आदर सम्मान और कायदे सलीकों ने लस्त कर डाला, शिकंजों ने कस लिया सो माफी पाने का मंत्र सा पढ़ती रहती है, पर क्या तुम जानते हो कि वह समझ गयी है कि तेवर दिखाएगी तो सिर से गुजर जाएगी। अस्पताल अस्पताल कहना भूल गयी है, उसके लिए रोगी को चंगा करना हितकारी नहीं। उस घर में जो जगह छूट गयी, लौट लेगी तो फिर मिल जाएगी? शरणागत पर लोग गुस्सा नहीं करते। वह भोली नहीं कि छोटे से कंकड़ से टकराकर फट पड़े। माना कि विजयसिंह पति उसका है, पर जानती है कि उस घर का प्यारा रोग है। जैसे कि तिजोरियों को रुपया पैसा प्यारा होता है। वह उसे ऐसा ही धरे रहेगी, क्योंकि रोग हो या जुड़ी धरी चीज, लोगों का ज्यादा ध्यान खींचती है। रोग बढ़ेगा, उसका भाव भी बढ़ता जाएगा। तब मनमानी करेगी तो कौन रोकेगा? अभी तो वह गाय बनकर लोआ खा रही है बेटा! लोगों की हमदर्दी पा रही है, ज्यादा मजबूत होना भी तो जरूरी है, क्या समझे?''

पिताजी सारी बातें कहकर मुस्कराए, शायद मेरे मुस्कराने के लिए। मैं मुस्कराने का कोई कारण न पा रहा था। इन बातों में कितनी सच्चाई है, मैं कैसे समझूँ? आज तक जो खेल चला है, उसकी गंदगी मेरे जीवन से लिपटी है। पिताजी तो मुझे ऐसे देख रहे थे जैसे अथाह रेत में से मेरे लिए सोने के सितारे खोज लाए हों। और मैं नन्हे बच्चे की तरह उन सितारों को देखकर चहक उठूँगा।

...मगर भुवन ने क्यों कहा था, ''चन्दर, मैं शान्त हूँ, जेठ खुश हैं। शोरगुल इस घर में कलंक माना जाता है, पर मैं जानती हूँ कि जो छिपाया जा रहा है, वही कलंक है और वह कलंक ही मेरा हथियार है।''

मैंने पूछा, ''जैसे?''

“जैसे बैटरी से चलने वाला ट्रांजिस्टर। कैसेट। गीत–आपकी नजरों ने समझा प्यार के काबिल मुझे...।

“चन्दर, मैं जब यह गीत सुन रही थी, तब पति का पखाने भरा पाजामा धो रही थी। नफरत का तूफान गंदगी से नहीं उठा, गीत से उठा। गू को तो गू का कीड़ा ही प्यार कर सकता है। उस दिन मैं सास के सामने तन गई थी–मैं धोबी मैतर सबसे नीची, मेरी जात क्या और औकात क्या? या अपने राजकुँवर का गू गोड़ना छिपा रहे हो? कि धोबी नहीं लगाते!

“मेरी बात घर में सबको बुरी लगी थी, मगर कोई मुँह खोलता कैसे, घर की ढँकी मुँदी खुल जाती। बहू की बगावत गाँव में फैल जाती, कई-कई लुच्चे-लफंगे न्यौता पा जाते। कोई कुछ नहीं बोला। मुझे रोग ताकत दे रहा है। तू अपना जी क्यों जलाता है चन्दर?”

मैं भुवन की ओर देखता रह गया था, वह धड़ल्ले से बता रही थी, “बस उसी दिन सास से कह दिया–अपने बड़े पूत को बता देना, हमें माँग टीका वाले कैसटों की जरूरत नहीं। तुम समझते हो हमें राजपाट दे दिया, सो हम अगला पगला के भजन गाएँगे। यहाँ जल्लाद कहते हैं हमे देवता मानो, आरती गाओ।”

क्या पिताजी भुवन की प्रकृति मुझसे ज्यादा पहचानते हैं? नहीं तो यह दाँव उसने क्यों खेला? मेरे हिसाब से वह निहायत ईमानदार खरी लड़की, पति की कर दी, पतिव्रता हो गयी, जैसी है। भुवन से मैं किसी चतुराई की उम्मीद नहीं कर सकता, भले हेकड़ी पर ताज्जुब न करूँ।

पुत्रेष्टि यज्ञ हो रहा है, हमारे घर से कोई जाएगा, जो भुवन के मायके का प्रतिनिधित्व करेगा। मैं जान बचाकर भागा था, मगर अब जाने का मन हो रहा है। क्यों? चिंता और प्रेम की मिलीजुली अनुभूति विराटा चलने के लिए उकसा रही है या भुवन के लिए पुत्रेष्टि यज्ञ रचाने वाले कुँवर अजयसिंह के प्रति गुस्सा ठण्डा होने लगा है? नहीं, देखना चाहता हूँ कि बेहोश-सा पड़ा रहने वाला पति पुत्र पैदा करने योग्य हो गया?

सबसे पहले नानी का संदेश पिताजी के पास आ गया–बिरजू को विराटा भेज दें, चन्दर न जाए। उसके मगज में इन दिनों गुस्सा घुसा है, कहाँ कब निकाल बैठे। उनके तो कारज हो रहा है, यह कलह मचा दे। भुवन दुख पाएगी। समझा देना मन्नू।–संदेशवाहक मंगल माली था, मेरे हाथ जोड़ने लगा–बना खेल न बिगाड़ना भइया!

नानी! सदा डरती रहती हों, ऐसा नहीं है। खुद को गुस्सा आएगा तो अनाप-शनाप बकेंगी, हम जरा भी अपने मन में सोचा जताएँ, इन्हें कलह लगने लगती है।

बना खेल बिगड़ने लगता है? नानी समझ रही हैं, हवन के ठीक नौ महीने बाद भुवन के लड़का पैदा हो जाएगा। नानी हमें हर कदम पर अचरज में डालती रहती हैं। एक बार भुवन के न्यारे-साझे की बात चली थी। हमने सोचा था नानी सुनकर ही बेहोश हो जाएँगी। मगर नहीं वे तो उल्टा ही बोलीं—न्यारे मांझे दुनिया होती है। क्या परलय हो जाएगी? न्यारे की बात विजयसिंह कहते तो जेठ चुप न्यारा कर देता, काए से कि भइया की आवाज में सुनी मुनादी उसका हक लगती। जनी कह रही है सो ततैया लग रहे हैं। नाक सीधी पकड़ो तो कटने लगती है।

नानी कह रही थीं सो कह रही थीं। पिताजी की एक बात भी मान नहीं रही थीं। पिताजी अपनी कहते रहे—न्यारा-साझा ऐसा मुद्दा नहीं कि हमको कुँवर का डर लगे। उस राजा सरीखे मर्द को यही बात टीस रही है कि एक नाचीज लड़की उसकी जागीरदारी तोड़े, इतना तो तुम भी मान रही हो अम्मा जी। सो भुवन को समझा दो, धीरज से काम ले। धीरज से काम सधते हैं, जल्दी काम शैतान का होता है। चूल्हा अलग करके ऐसा क्या खा-पी लेगी, जो अब नहीं मिल रहा?

नानी उफन पड़ी थीं। उनकी झुर्रियों में सपाटपन आ गया था। ताकत की तरह बोलीं—लाला जूँ, कितना धीरज? कोई नाप तोल है तुम्हारे पास? अगला कुछ सुन रहा है? टालता ही जाएगा। हम कहते हैं, आदमी मन का नहीं मिला तो जनी जायदाद पर सबर कर लेती है। अब तुम उसे भी चाँप बैठो तो वह कैसे सबर बाँधे? धरती में अलग-अलग नाम हैं। रकवा अलग करना क्यों साल रहा है?

पिताजी चिल्लाए—तुम रकवा पर आ गयीं, वहां चूल्हे की बात चली है अभी।

—लाला जूँ, खाने-पीने के लिए चूल्हे अलग नहीं करे जाते। चूल्हे की बात जायदाद पर टूटती है—नानी की मंशा समझने में अब क्या देर थी। नानी चाहती हैं, भुवन लड़े, न्यारी हो, हिस्सा माँगे, पर रहे अपने घर ही। वह उसका बसीला और वही युद्धस्थल है। नानी मुझे भी हवन में इसलिए नहीं जाने दे रहीं कि मैं यज्ञ का विध्वंस करके भुवन को लक्ष्य से भटका दूँगा। वाह नानी! तुम सच्ची सूरमा हो। अम्मा बेकार रोती हैं कि मेरी माँ कमजोर है।

नानी की बात समझ में आती है, मगर पिता पर संशय होता है। उनकी लम्बी योजनाओं से मैं घबराता हूँ। कहीं उन्होंने ही मंगल माली को नानी की इच्छा बनाकर तो नहीं बुला लिया? यह पुत्रेष्टि यज्ञ आखिर किसके दिमाग की उपज है? अगर बड़े कुँवर को छोटे भाई की खेती हड़पनी है तो वह उसका नया वारिस क्यों चाहेंगे? यह कुँवर और पिताजी की मिलीभगत तो नहीं?

बहुत सोचा, आखिरकार इस नतीजे पर पहुँचा कि इसमें पिताजी शामिल नहीं। यह अपनी माँ की आकांक्षा पूर्ण करने के लिए कुँवर का श्रवण कुमारीय प्रयत्न है। हाँ, इस समय पिताजी ज्यादा ही सासभक्त हो रहे हैं! वैसे नानी का खेत सूख रहा हो, पुराने दुश्मन मुखिया के नाती बेटे सता रहे हों, या नानी को साँस का रोग उखड़ा

हो, पिताजी को हमने कभी शीतलगढ़ी जाते नहीं देखा। अम्मा ही भागती थीं, और जाते समय पिताजी की पचासियों गालियाँ सुनतीं और रोती थीं।

आज नानी का समय फिरा है। भुवन विराटा की हवेली में पाँव जमाए है, पिताजी उसके पाँव छूना चाहते हैं। क्या उन्होंने इस बात की कल्पना की थी? जरूर की होगी और सपना यह भी देखा होगा कि भुवन के जरिए वे हवेली में एक दिन खुद घुस जाएँगे। तब फिर खतरा कहाँ है? पिताजी भुवन की रक्षा भी जरूर करेंगे। उसका जिंदा रहना, हवेली में पिताजी की आकांक्षा का रहना है।

मैं कभी इधर सोचता, कभी उधर। कशमकश ने दिमाग लुगदी बना दिया। खड़ा रहूँ, बैठ जाऊँ या लेटा रहूँ, दिमाग में रुई धुनती ही रहती। जीवन के खेलों का सिलसिला जारी है। पहले सोचता था, 'भुवन से प्रेम' जिंदा रहे। अब सोचना पड़ रहा है भुवन ही जिंदा रहे। प्रार्थनाओं, कोशिशों और संशयों के नाम जैसे जिंदगी लिख गयी हो। दुनिया में इसी के लिए आदमी जन्म लेता है? जीवन के ये मकसद कोई मकसद हैं?

मैं बच्चा नहीं रहा, पूरा आदमी हूँ। क्या करना है, क्या नहीं करना है, यह निर्णय मेरा होगा। पहले अम्मा ने भेजा, मैं चला गया। अब नानी के जरिए पिताजी मना कर रहे हैं, मैं रुक जाना अपना कर्तव्य समझ रहा हूँ। जवानी में किया हर काम गलत ही होता है क्या? जवानी को बड़े बूढ़े सीख ही क्यों देते रहते हैं? सीखों ने जीवन को जंजाल बना डाला।

जिंदगी अपना रास्ता खुद बना लेती है। यह उक्ति क्यों और कैसे इस समय याद आई?—विराटा के पुजारी जी ने कही थी, तो लगा था—यह बूढ़ा दूसरों से कुछ अलग है, क्योंकि यह जवान या बूढ़े की बोली नहीं बोल रहा, जिंदगी के संग चल रहा है। 'नानी, तुम जिंदगी के संग चलो। पिताजी, धार को गलत न मोड़ दो।' मैं मन ही मन चिल्लाया।

नहीं, बिरजू जाए तो जाए, मैं भी जरूर जाऊँगा। पुजारी जी और राजेश से मिलूँगा, पता करूँगा कि माजरा क्या है? उलझनों को काट फेंककर मैं खड़ा हो गया।

यज्ञ यज्ञ था, उसमें अनूठा क्या था?

विराटा वाली बस में बैठते ही, हमें लगने लगा कि हम यज्ञ में जा रहे हैं। उसमें यात्री कम, साधु-संन्यासी ज़्यादा बैठे थे। उनके शरीर बलिष्ठ और स्वर इंजन की गर्जना से ज्यादा जोरदार थे। चर्चा थी कि कोई 'बड़े महंत' आए हैं। चर्चा ग्वालियर के राजपरिवार को बार-बार बीच में ले आती। धर्मात्मा लोग राजपाटों की मौहर अपने साथ लिये फिरते हैं, मुझे ऐसा ही लगा। राज ऋषि होना उनकी दिली आकांक्षा होती है।

साधारण यात्री बस मानो धर्मपथ वाहिनी में परिवर्तित हो गई। कुँवर अजयसिंह की धर्मपरायणता अगरबत्ती की सुगन्ध सी बस में पवित्र वातावरण बना रही थी। महात्मा लोग मुग्ध हुए गौरवगान कर रहे थे। थोड़ी-सी देर के लिए मैं और बिरजू भी आत्ममोह में गोते खाने लगे, अपने रिश्तेदारों की दुंदुभी बज रही है तो हम भी कहीं इस यश के भागीदार हैं।

बस विशाल पंडाल के पास खास तौर पर रोकी गयी। हम साधुओं के साथ ही साधुओं की तरह ही उतरे। मैंने बिरजू की ओर देखा, बिरजू ने मेरी तरफ, आँखों ही आँखों में कहा—यह विराटा है? कनातों के परकोटे में गाँव समा गया। सूर्य हमारे सिर पर था सो समय का अनुमान करने लगे, क्योंकि घड़ी हाथ में न थी।

पंडाल में चारों ओर साधु-संन्यासी थे। हमें लगा, जोगिया लहरें उठ रही हैं। कहाँ चले थे तो भुवन की छवि आँखों में थी, यहाँ भुवन का ध्यान तक न रहा।

"काय, कहाँ से आए?" एक कुर्ता-पाजामाधारी गेरुआ स्वयंसेवकनुमा आदमी ने पूछा तो हम कुछ बोल नहीं पाए। बिरजू अकेला आनेवाला था, अब मेरे कन्धे के पीछे झेंपा सा खड़ा रहा। साहस मुझे करना होगा—सोचकर मैंने कह डाला, "हम तो खास रिश्तेदार हैं। छोटे कुँवर की ससुराल वाले। शीतलगढ़ी से आए हैं।" कहने के लिए सब कुछ कह दिया, लेकिन कोई विशेष भाव मिलेगा, आशा नहीं थी। बल्कि कातर सा स्वर गले के बीच उठा—भुवन तेरे द्वार पर आज यह किन लोगों का पहरा है? जो कण्ठ में ही घूँट लिया।

महात्माओं के मंडप में हम खोए-खोए से खड़े रहे। जबकि वहाँ बिछी कुर्सियाँ पर घोंटा, चिमटा और कमंडलवाले साधु लोग आराम से विराजे थे। तसलों में पानी लाकर उनके चरण पखारने का कार्यक्रम चलने लगा। समागम, सम्मान और आशीषों से पंडाल गनगना उठा।

हमारे स्वागत गान में जैसे 'हटो, चलो यहाँ से, जगह खाली करो', का स्वर तेजी से लहरें मारता हुआ हमें किनारे पर पटक रहा था। और हम आशा के विपरीत, भुवन को कहीं खोज रहे थे।

मैंने बिरजू की ओर पीछे देखा और नेक सलाह के रूप में कहा, "चल, विराटा की देवी के मंदिर चलते हैं, यहाँ अपना कहाँ निस्तार?"

वह डरा हुआ सा बोला, "यज्ञ का अपमान होगा। पाप पड़ेगा। महात्माओं से ज्यादा वह पुजारी तेजवान है क्या? दूर-दूर से आए हैं, महाज्ञानी होंगे। नहीं तो कुँवर इनका भाड़ा भरते?"

"फिर तू इनको अजमाता रह। मैं यहाँ ठहर नहीं पाऊँगा। तेरी यही आदत बुरी है।"

"और बस इसीलिए नानी नहीं चाहती थीं, पिताजी नहीं सोचते थे कि तुम यहाँ आओ।"

“नहीं सोचते थे तो न सोचें। यार, अभी यहाँ यज्ञ हो रहा है क्या? साधु लोग सत्कार का ज्यादा माहात्म्य बताते हैं, अपनी आँखों देख रहा है न? चलना है तो चल, मैं ठहरने वाला नहीं।”

नाई, वही नाई, जो हमारा परिचित, जल की झारी लिये चला आ रहा था, लगा कि देवता का दर्शन हुआ। मैं बिरजू को इसके हवाले कर सकता हूँ, भुवन से मिलने की जुगत बिठा सकता है। मैं मंदिर चला जाऊँगा, मंदिर जाना बहुत जरूरी है।

पुराना परिचित विराटा की देवी का मंदिर! कुछ दिन पहले ही यहाँ आकर गिरा था।

पुजारी जी मंदिर के आगे बने बरामदे में बैठे मिले। चैत की चटकीली धूप आधी बाहर आधी अन्दर, पुजारी जी की चटाई पर भी फैलने वाली है, इस बात से बेखबर से कि सन्नाटे से में थे क्योंकि मेरे आने की आहट पर चौकन्ने नहीं हुए, माटी की मूरत से स्थिर ही रहे। पुरानी सूरत को क्या हुआ? धीर निर्भीक चेहरा और आँखों में आत्मविश्वास।

“प्रणाम पुजारी जी” कहकर मैं उनके चरणों में झुका तो वे चौंकते हुए से मुझे उठाने को उद्यत हुए। एक क्षण भी नहीं लगाया पहचानने में। और बोले, “मैं तुम्हारे ही बारे में सोच रहा था।” लम्बी दाढ़ी के जड़ों और मूँछों के किनारों के बीच से होठ हिले।

मैं उनके सामने आसनी खींच कर बैठ गया। पालथी मारे हुए, दोनों हाथ गोद में धरकर पूछने लगा, “आप बताइए, मेरे बारे में क्या सोच रहे थे” मेरे बारे में सोचने वाला वृद्ध मुझे अपने इतने करीब लगा, जैसे मैं खुद अपने आप को लगता हूँ।

“यही कि तुम इस यज्ञ में नहीं आओगे, जाते समय यहाँ न आने की बात कहकर गए थे।”

मैं मुस्कराकर बोला, “समझिए कि आप से मिलने आया हूँ।”

“आज ही? इसी महूरत?”

“राजेश ने आपको नहीं बताया?”

“वह क्या बताता? जो भुवन बताती, वही न बताता। वह कह रही थी—चन्दर यहाँ कभी नहीं आएगा। चन्दर इतना सहने सुनने वाला नहीं।”

पुजारी जी हँसने लगे, “तुम लोग भी खूब हो। नहीं आने में एक-दूसरे का आना देखते हो। इनकार में अपेक्षा का बीज जो रहता है। यहाँ से जाते समय तुम भी यही कह रहे थे न कि आज भुवन मंदिर में पूजा करने नहीं आएगी, पर वह आई। आई थी न?”

"वह आई थी और मैं भी आया हूँ, लेकिन मैं आपके लिए दुविधा में था कि आप उस यज्ञ में आओगे या नहीं आओगे?"

"हम पुजारी हैं बेटा, धार्मिक अनुष्ठान कराते हैं। यज्ञ में भी आ जाते। लेकिन जिसके यहाँ यह यज्ञ हो रहा है, वह हमें इस योग्य भी नहीं मानता कि हम उन महात्माओं में शामिल हो सकें। पंथ अलग है, विचार भिन्न हैं तब क्या यह भी सच है कि हम अधर्म की बातें करते हैं। कुँवर अजयसिंह यशस्वी धार्मिक आदमी हैं, संत महात्माओं का पुजारी है। पुराने चमत्कार गजब ढा रहे हैं। अभी नहीं। हमारी बात का समय नहीं। और गलत नहीं...मैं स्वयं को उनके बीच समोया हुआ नहीं पाता।

"मेरा मत गलत है, मेरा पंथ कुपथ है–सोचकर एक बार मैंने पहले भी मंदिर छोड़ दिया था, रण छोड़ गूजर की बेटी की जल-समाधि के बाद। यहाँ धर्म का बिगुल बज रहा था और मुझे कितना शोक था, शब्दों में बता नहीं सकता था। देवी की मूर्ति पर गेंदा और चमेली के फूल चढ़ाने वाली वनदेवी। हाँ, वनदेवी नाम था उसका। घर के किसी आदमी की हवस का शिकार हुई थी, माँ से कहा तो माँ ने चुप कर दिया। गर्भ रह गया तो माँ घबराई। माँ ने बाप की पगड़ी लड़की के पाँवों में डाल दी। पिता आड़ के पीछे खड़ा रहा। सुनता रहा कि बेटी को माँ क्या सिखा रही है?

"बिटिया, अब तेरा कहीं निस्तार नहीं। सारे जतन कर लिए। तू विराटा की देवी की तरह बेतवा मइया की गोद में समा जा। देवी के नाम पर तेरी जै जै कार होगी। हम कह देंगे, बरत उपास वाली भगतिन ने जन्म लिया था हमारे घर। देवी की भेंट हो गयी।

"मैं वनदेवी को देवी की मूर्ति पर फूल चढ़ाते देख रहा था, फूल चढ़ाते हुए उसके आँसू जल की बूँदों की तरह झर-झर बरस रहे थे। मैंने समझा, कोई वरदान माँग रही है। उपवासिनी कन्याएँ भूख के मारे या दुख के मारे अक्सर रोने लगती हैं। देवी से वर माँगती हैं।

"वह मेरे पाँव छूकर गयी थी। बाद में लाश देखने को मिली। फूली हुई लाश!" कहकर पुजारी जी हाँफने लगे। साँस जोड़ने की कोशिश करते हुए कहने लगे, "मैं जानता हूँ मृत्यु अनिवार्य है, उसे कोई नहीं रोक सकता, पर यह भी तो झूठ नहीं कि सजाएँ मृत्यु की लीला नहीं, वे हत्या की साजिशें हैं। धर्म की कुल्हाड़ी ने मेरा सीना चीर दिया।

"मैंने अपने जीवन को इस धर्मवेदी पर पूजा, मनौती और फलकामना के आनन्द के लिए ही नहीं, पुराने के प्रति नए के इंसाफ के लिए सौंपा था। पर क्या हो सका? दाँगी की बेटी कुमुद के नाम पर हर साल चार-छः लड़कियाँ अपना सतीत्व बचाती हुई, जिंदगी से हाथ धो बैठती हैं। मैंने राजेश से कहा था, पुजारी की यह गद्दी पुजारी की नहीं, मौत की लीला देखने वाले उस देवता की है जो मंदिर की देवी

की दुहाई देता हुआ स्त्री-बलि लेता रहता है। या तो हम इस देवता से छुटकारा पाएँ, या इस मंदिर से। हत्याओं से निजात तभी मिलेगी।''

मैं सोचता था, पुजारी जी को दुनिया पूज रही है, वे समाज के सबसे ऊँचे आदमी हैं, सो निर्द्वन्द्व भी हैं। कुँवर अजयसिंह तक उनका कुछ नहीं बिगाड़ सकते। वे मंदिर जैसी पवित्र जगह पर बैठे हैं। परम्परा को मोड़ देकर समाज की स्त्रियों का रुख मोड़ सकते हैं।

पुजारी जी अपना पक्ष रख रहे थे, ''यहाँ जब पूजा दी जाती है तो देवी की कहानी सुनाई जाती है। मेरे पिता उस कहानी को जस की तस सुनाते थे। वे पूज्य थे, मान्य थे। वे उस माहात्म्य को कहते, जो बलिदान में छिपा था। मेरे मन में कैसी-कैसी बातें आतीं। मैं पालर गाँव के दाँगी की बेटी कुमुद के देवी रूप से ही सहमत न होता। कहानी में कहा जाता है—जब कुमुद गर्भ में थी, उसकी माँ ने विचित्र सपना देखा। अब कैसा था विचित्र सपना, कोई बताता नहीं। आगे कहते हैं कि लड़की क्या थी, ज्योतिपुंज थी। कोई लड़की ज्योतिपुंज हो सकती है? हो सकती है तो वह फिर लड़की क्यों होगी?—कुमुद में देवत्व था, अविश्वास करने का कोई कारण नहीं, क्योंकि दाँगी की बेटी होने के बावजूद सौन्दर्य की मूर्ति थी, ऐसी मूर्ति कि कोई शिल्पी दुर्गा का ऐसा रूप गढ़ न सका। ज्यों-ज्यों वह बड़ी हुई उसके अंग-प्रत्यंग सुडौल होते गए, छवि निखरती गयी। गाँव वालों ने उसे देवी रूपा मान लिया।''—पुजारी कहते गए—

''मेरा मतभेद यहीं से होता है, देवी सौन्दर्य की प्रतिमा होती है, इसलिए लड़की को देवी मान लिया गया? या लड़की अति सुन्दर थी सो देवी मानी गयी? देवी होना सुंदरी होना होता है या सुंदरी होना देवी होना? कहीं ऐसा तो नहीं कि पिता ने अपनी अति सुन्दर कन्या का भविष्य असुरक्षित समझा हो, सो फैला दिया कि उसके घर देवी ने अवतार लिया है। उसे धर्म की गोद में डालकर निर्द्वन्द्व हो गया हो? इसीलिए उस दाँगी ने अपने घर में बालिका की पूजा करनी आरम्भ कर दी। धर्म की दुनिया की एक विशेषता यह भी है कि यहाँ भेड़चाल होती है। लोग नरपत दाँगी से भी दो कदम आगे निकल गए, उस लड़की से देवी की मूर्ति मंदिर में स्थापित कराई और उसे ही देवी पूजा को समर्पित कर दिया। बड़े-बड़े मेले लगने लगे। ठठ के ठठ उस मंदिर में पूजा के लिए जाते थे क्योंकि नरपत दाँगी ने यह फैला दिया था कि उसकी बेटी के देवी होने में जो सन्देह करेगा, उसका सर्वनाश तीन दिन के भीतर हो जाएगा। दर्शन मंदिर में ही करने होंगे। देवी का पिता राजा का रूप हो गया। भक्ति और पूजा को सब कुछ मानना ही था।

''चन्दर, मेरे पिता जो कहानी कहते थे, उसे मैंने इस तरह कहना चाहा कि नरपत महत्त्वाकांक्षी था, बेटी को दुर्गा का अवतार बनाकर किसी मौके की तलाश में था, नहीं तो उसने राजकुमार कुंजर सिंह की हीरे की अँगूठी अपनी बेटी की उँगली

में क्यों पहना दी?

"तभी पालर गाँव के आसपास खबर फैली कि मुगलों द्वारा लूटपाट होने वाली है। उपद्रवों के मारे अक्सर बड़े नगरों में खलबली मची रहती थी। पालर के छोटे किसानों के सीधे-सादे जीवन में देवी का अवतार एक चमत्कार था। लोगों ने सोचा झाँझ बजाकर देवी के द्वार पर रामायण गाएँगे। लुटेरों के आने तक अच्छा मजमा लग जाएगा। मुकाबले लायक संख्या जुट गयी तो मुकाबला कर लेंगे, नहीं तो बात टालकर किसी गढ़पति के यहाँ जंगल पहाड़ियों में जा छिपेंगे। छिप न पाए तो ले-देकर समझौता कर लेंगे।

"मगर कुमुद का पिता देवी का पिता था, उसने अपनी बेटी को साथ लिया और कहीं चल दिया। अब तक जोड़ा धन साथ नहीं ले जा सकता था, गोपनीय स्थान में गाड़ दिया।

"वह दिराटा, भयानक जंगल और बेतवा नदी के तट पर बनी बस्ती में आ गया, क्योंकि यह दाँगी राजा सबदलसिंह के अधिकार में थी। लम्बे और घने पेड़ों से घिरी यह बस्ती कई ओर से छिपी हुई थी। नदी के बीच टापू पर यह मंदिर गढ़ी के भीतर था। उस समय इस मंदिर में दुर्गा की मूर्ति थी। अब शंकर की मूर्ति भी लगी हुई है।

"नरपत जानता था कि दाँगी राजा कुमुद के देवत्व को ज्यादा से ज्यादा बड़प्पन देगा। बचाव तो निश्चित है ही। यहाँ कुमुद के साथ उसकी सखी भी आई थी। दोनों मंदिर में रहीं। नरपत सखी को देवी दुर्गा से सबके सामने न मिलने देता। समझे चन्दर?"

इतनी कथा सुनाकर पुजारी जी चुप से हो गए। चुप क्यों हो गए?

मैं टोकना चाहता था। आगे की कथा उनके अनुसार सुनना चाहता था। लेकिन देखा कि वे चुप अपने आप नहीं हुए, उनका ध्यान भंग हुआ है। स्त्रियाँ देवी पूजन के लिए आना शुरू हो गईं। भुवन पूजा की थाली लेकर मंदिर में आ गयी है! अरे!

मैं अपने आपको रोक नहीं सका, उठकर खड़ा हो गया। पुजारी जी भी यहाँ हैं, इस बात को भूलकर आगे बढ़ा और भुवन के आगे जा खड़ा हुआ। देखता रहा, जैसे कोई निधि मिल गयी हो। सारा शरीर सिहर उठा।

"तुम आ ही गए!" कहते हुए भुवन का होठ तिरछा हो गया।

"मैं...और बिरजू भी। उसे तुम्हारे यहाँ छोड़ आया हूँ।" कहकर मैं कितना खुश हुआ, क्या बताऊँ!

भुवन के चेहरे से तानाकशी की रेखाएँ एकदम गायब हो गयीं और चिंताकुल छाया सी फैल गयी, "बिरजू? बिरजू कहाँ है? वहाँ था तो मुझे मिला क्यों नहीं?"

अनचाहे ही मैं हँसने को हुआ। धीमे स्वर में बता दिया, "तुम्हारा रास्ता साधु-संन्यासियों से घिरा है, बिरजू उलझ गया होगा। मिल जाएगा।" मैं उसे जितना

बना, उतना निहारता ही रहा।

"तुम्हें यहाँ देखकर अचम्भा हो रहा है चन्दर, भागने वाले कहीं आते हैं?" वह बोली।

"कैसी बातें करती हो? मैं कहूँ कि मुझे भी अचरज हो रहा है, इतने बड़े यज्ञ की मालकिन इस छोटे से मंदिर में पूजा के लिए कैसे आ गयी?" मैं हँस दिया।

पुजारी जी पीछे थे, बोले, "दोनों की अनकही पुकार थी, एक-दूसरे को खींच लिया। मायके वाले पुकार न सुनें तो देवी देवता भी नहीं सुनते। अब यहाँ देवी के सामने आ जाओ, कथा सुनने वाले भक्त इकट्ठा हो गए हैं, मुझे कथा सुनानी है।"

गर्भगृह में बिछी जाजिम पर मैं पुरुषों की ओर बैठा था, जबकि भुवन स्त्रियों के बीच थी। उसका मंदिर आने का नियम टूटता नहीं, पुजारी जी बता रहे थे। क्या मैं इसीलिए उसके द्वार से लौटकर मंदिर में आ गया। जैसे देवी पूजा उसका अभीष्ट है, उससे मिलना मेरी मनोकामना।

राजेश, नंगे बदन, केवल पीताम्बर लपेटे हुए देवी का आवरण हटाने में व्यस्त है। वह आसपास रखी पूजा सामग्री ढंग से लगा रहा है। स्त्रियों द्वारा लाए 'परसाद' और चढ़ावे को अलग-अलग करना उसका काम है। उसके प्रति नवयुवतियों का आकर्षण देखते ही बनता है।

पुजारी जी सामने आसन पर बैठ गए, हम आसपास हैं।

कहानी श्रोताओं के लिए–

"दुर्गा ने जो चाहा सो हुआ, सदा सदा की बात है। कई संकट टल गए, कई दुश्मन लौट गए। लोगों ने अपनी आँखों देखा–अकाल में वृष्टि हुई। अतिवृष्टि दुर्गा के व्रत से रुकी। बाँझों को पुत्र मिले। अंधों को ज्योति प्राप्त हुई। देवी दुर्गा प्रसन्न चित्त मुस्कराती थी–लोग मेरे सामने हाथ फैलाते हैं और उसे पा जाते हैं जो उन्होंने चाहा है।

"पालर का चमत्कार विराटा में आ गया। बेतवा नदी और मंदिर तीर्थ बन गए। कहते हैं कि विष्णु भगवान देवी-देवताओं की भी परीक्षा लेते हैं। कुछ दिन बाद खबर मिली कि मुगल सूबेदार मंदिर तोड़ता चला आ रहा है। अब विराटा की देवी उसका निशाना है। यह संकट अकाल और सूखा जैसा नहीं था। सूखा में आदमी स्थान बदलकर कहीं चला जाता है, अतिवृष्टि में घिर जाता है, लेकिन रास्ता निकाल लेता है। यहाँ रास्ता न था। कहने को तो राजा दिलेर था, समझ भी रहा था कि शत्रु देवी के मंदिर के बहाने कुमुद को लेने आ रहा है। बाहर से आने वाली पूजा नरपत ने रोक दी। केवल विराटावासियों की पूजा चढ़ती थी। पूजा देने वाले भक्त लोग अपनी देवी से श्रद्धा रखते थे, अशुभ बातें कैसे करते? कुमुद देवी रूपा थी, डर भय के कारण मंदिर की अवज्ञा कैसे करती। नारियों ने सदा संकट का सामना

अडिग रहकर किया है।

"यवन सेना आई, अचानक मंदिर का घण्टा अपने आप बजने लगा। बाहर बदहवास युद्ध छिड़ गया था। रणभेरी बज रही थी। जंगलीपन और बिना नियम संयम की जंग लड़ी जा रही थी। मारकाट मचने लगी। भाले त्रिशूलों की टकराहट से जंगल गूँजने लगा। हर हर महादेव और अल्लाह ओ अकबर की अजान साथ साथ मंदिर को ढहा देने जैसी उठी।

"भक्तगण सोच रहे थे, मंदिर बचे। प्रजा कट-मर रही थी। फसलें रौंदी जा रही थीं। लोग भागकर भी न बच पा रहे थे। भक्तों के कटे सिरों पर दुर्गा का अधिकार होता है, मगर दुर्गा थी कि हिल गयी। देवी का कलेजा मुँह को आ गया। मुंडमालिनी माता की पुकार हुई—हा देवी कुमुद!

"कुमुद देवी नहीं थी, साधारण लड़की थी। दाँगी पिता नरपतसिंह बेटी के पास दौड़ता आया। ऐसा संदेश अंटी में था, जिसे कोई पिता ही जानता है। उसने कहा—

"बेटी पर हमला जरूर होगा। इन हमलों को कोई देवी नहीं रोक सकती। मुगलों ने मंदिर लूटे पर तोड़े नहीं। उन्हें शूद्र लोग तोड़ रहे थे, जो नए-नए मुसलमान बने थे। नरपत ने कितनों को तो पहचान लिया, आह भरकर रह गया। अब देवी किसी के हाथों सुरक्षित नहीं।

"उत्पात देखकर बेटी से बोला—कुमुद, अब तेरी बारी है।

"क्याऽऽ? कुमुद की बड़ी-बड़ी आँखें फैल गयीं।

"देवी की आँखों तले अँधेरा था या मंदिर में नदी के पानी की तरह अंधकार उमड़ा था, कुमुद आँखें फाड़े खड़ी की खड़ी रह गयी।

"नरपत देवी दुर्गा के सामने हाथ जोड़कर खड़ा हो गया—ऐसे मत देख, आगे बढ़। देवी की पवित्र मर्यादा सीने से लगाकर नदी की ओर चल। तेरा सतीत्व बच गया तो समझ ले कि धर्म बच गया। धर्म बच गया तो मंदिर बच गया। तुझे कितना कुछ बचाना है।

"वरदानों की देवी के होठ थरथराए—कुंजर...विदा...तुम किस खोह में...?—

"मुझे मरना होगा काका जू?—कहते हुए स्वर काँपा और नजर में अनुनय उमड़ने लगी।

"गोलों की वर्षा हो रही है। राजा का पता नहीं। रक्षा के लिए देवता भी नहीं—नरपत भारी और थकी-थकी आवाज में बोला।—जौहर करना होगा।

"कुमुद की आँखें छलक आईं—काका जू, जौहर या आत्महत्या? मुझे पता था, यही होगा।

"देवी का दपदप करता बदन पीला पड़ने लगा। पिता का चेहरा पत्थर जैसा हो गया।

"मैं कहीं भाग जाऊँ काका जू? आप आज्ञा दो।

"आंऽऽ!–नरपत के मुँह से आवाज क्या जलती भाप निकली। मूँछें झुलसने की हद तक सिकुड़ गयीं। गर्दन में ऐंठन पड़ी हो जैसे। देवी हताश हो गयी।

"मैं तैयार हूँ काका जू। आप नदी तैरकर उस पार निकल जाना। जीकर मैंने क्या पाया? मेरे जीवन का अर्थ ही क्या रहा? दुर्गा से विजय तो क्या, प्राणरक्षा के लिए प्रार्थना नहीं कर सकी।

"कुमुद विचलित थी, मगर देवी थी। पीछे हटे तो हटे कैसे? नरपत सिंह ने देखा, बेटी पाँव लथेड़ती हुई खुद को घसीटती हुई अंत की ओर जा रही है। उसने मन ही मन कहा–माँ दुर्गा सहाय करो। ज्योतिपुँज-सी कुमुद नदी की ओर जाती हुई नन्हे बिन्दु-सी दिख रही थी।

"उसी समय जंग और जौहर से बेखबर एक ग्यारह-बारह वर्ष की लड़की हाथ में संटी लिये भेड़ों के पीछे-पीछे घाटी में उतर रही थी। सिर पर फटी ओढ़नी सँभालती हुई भेड़ें हाँकने की आवाज करने लगी। रेवड़ चलने लगा। संटी गोलाई में घुमाती हुई वह मगन मन गाने लगी–

मलिनियाँ फुलबा ल्याओ नंदनवन के
मलिनियाँ फुलबा ल्याओ नंदनवन के
बीन बीन फुलबा लगाई बड़ी आस
उड़ गए फुलबा रह गयी बास
मलिनियाँ फुलबा ल्याओ नंदनवन के...

"बेतवा के जल में ऐंठन पड़ने लगी। लहरें अस्त-व्यस्त हो रही थीं। लड़की गाना बंद करती, उससे पहले उस लय पर, उस धुन पर, उस गीत पर निछावर होती हुई कुमुद ने अथाह जल में छलाँग लगा दी।

"गड़रिया लड़की के कानों में पायजेब की झनकार छम्म से बजी। वह गीत भूलकर औचक-सी देखती रह गयी।

"नरपतसिंह कुमुद के पगचिह्नों को देखता नदी के घाट तक आया। भेड़ चराने वाली लड़की ने देवी की जल समाधि लेने का दृश्य वर्णन किया। वह आधा भी न सुन पाया कि गड़रिया की लड़की को सीने से लगाकर फफक-फफककर रो पड़ा।

"नरपतसिंह पिताओं में सिरमौर पिता। कुमुद देवियों में देवी, सतीत्व की मिसाल। जिंदगी की बलि चढ़ा गई कि विराटा सतियों के तीर्थस्थल के नाम से विख्यात हुआ!"

कहानी सम्पन्न हुई। भक्त-भक्तिनें खड़े हो गए। कथा सबने एक तरह सुनी, पर किसने किस तरह समझी। यह अपनी-अपनी बुद्धि, अपनी-अपनी श्रद्धा। हाँ आरती की तरह वह गीत सबने मिलकर गाया–

मलिनियाँ फुलबा ल्याओ नंदनवन के

बीन बीन फुलबा लगाई बड़ी आस
उड़ गए फुलबा रह गई बास...

भुवन की बड़ी-बड़ी आँखों में ढेर सारे आँसू जमा थे। गीत उसने गाया कि नहीं गाया, होठ थरथराने की हद तक हिल रहे थे। मेरे बदन में काँटे खड़े थे।

उसने आँखों ही आँखों में मुझसे विदा लेनी चाही क्योंकि उसे जल्दी जाना था, यज्ञ की वेदी सजी होगी। इतंजार हो रहा होगा। मंदिर आना तो उसके लिए साँस लेने जैसा जरूरी है, सो आना ही था।

लोगों के जाते ही मैंने पागल भक्त की तरह पुजारी जी के पाँव पकड़ लिए। गिड़गिड़ाने लगा, "आप उसे बचा लेंगे। आप उसे खत्म नहीं होने देंगे। आप पुजारी ही नहीं, पड़ोसी भी हैं।"

"मुश्किल तो यही है कि पुजारी और पड़ोसी होने के बावजूद कुँवर के दुश्मन हैं हम। खुली दुश्मनी रखकर दुश्मन बने रहना मुश्किल नहीं, लगभग असम्भव होता है। कुँवर हमारी हर कारगुजारी पर नजर रखते हैं।"

छः

"धनवान और बलशाली लोग समर्थ होते हैं, यदि वे विनम्र होते हैं तो ऊँचे माने जाते हैं।" पिताजी ने मुझे सुनाकर कहा था और कुँवर अजयसिंह को प्रमाण की तरह पेश किया था, हाथ कंगन को आरसी क्या?

सुदामा के यहाँ कृष्ण की तरह कुँवर हमारे यहाँ आए थे। पिताजी से उम्र में छोटे थे, सो छोटे की तरह ही व्यवहार किया। पिताजी की साली के जेठ होते थे, सो भाईबंदी के नाते भइया कहकर पिताजी के पाँव छुए। जोगिया कुर्ता और झकाझक सफेद पाजामा के साथ जोधपुरी पनइयाँ पहने हुए कुँवर राजकुमारों की तरह सुन्दर चेहरे वाले हैं।

वे बातें कम कर रहे थे। माफी ज्यादा माँग रहे थे। कह रहे थे कि वे यज्ञ के बाद बरुआसागर आने की ही सोचते रहे। पूछ रहे थे, "भइया, बिरजू ने अपनी देह के घाव आपको दिखाए होंगे, अपने फटे कपड़े आपके सामने किए होंगे तो आपको कैसा-कैसा लगा होगा? साधु-महात्माओं की ओर से हम क्षमा माँगने आए हैं। सारा कुछ गड़बड़ हो गया क्योंकि संन्यासियों के जथ्थे के जथ्थे उमड़ पड़े। जोगी मठ, देवस्थान और आसपास के मंदिरों की जमातें चली आईं। हमने तुरंत एक कमरा उनके चिमटा, त्रिशूल और कमण्डलों के लिए खाली करा दिया, मगर वह खाली ही पड़ा रहा। जैसे हथियारबन्द सिपाही हथियार नहीं छोड़ता, उन्होंने चिमटा, त्रिशूल

नहीं छोड़े। भीड़ के रेले में बिरजू फँस गया, क्योंकि भंडारे की भीड़ आम भीड़ जैसी नहीं होती। साधु भी साधारण आदमी की तरह नहीं होते, नियम और आचार से बना शरीर बड़ा पुख्ता होता है। सुनते हैं कि बिरजू एक जमात से भिड़ गया था, अपने घर का खास था, सो अड़ा रहा, लेकिन वे ठहरे मस्त मलंग, उन्हें रोग धोग नहीं व्यापता लड़के का डर क्यों मानते? क्रोध ही जिनकी पूँजी हो, आशीष देना जिनका स्वभाव हो, वह खर्च और क्या करेगा? क्रोधी महात्माओं ने बिरजू को पटक लिया, जब हमने सुना तो आदमी दौड़ाए, हम खुद आए। मुश्किल से बीच बचाव हुआ। चिमटे और त्रिशूलों की मार मामूली नहीं होती, हम शर्मिन्दा हैं भइया।''

बड़ा अच्छा वर्णन, विनयशील और भावुक से कुँवर...सुन और देखकर पिताजी बैठे रह गए। यही पिताजी थे, जो बिरजू की लहूलुहान देह देखकर लाल भभूका हो गए थे। कुँवर को माँ-बहन की गालियाँ देकर कहा था, ''बहन चोद, करने चला है जज्ञ! जज्ञ से क्या भइया की मर्दानगी जाग पड़ेगी? हरामी ने ब्याह के समय हमसे यह नहीं खोला था कि उसका भइया कुंदजेहन के संग नामर्द भी है। चन्दर की नौकरी की सिफारिश में हमारे घर को निचोड़ डाला। इस बेटी चोद के यहाँ कभी झाँकना नहीं।''

क्या पिताजी कुँवर के लिए ऐसी बदजुबान इसलिए बोल रहे थे कि बिरजू का सामना करना था? बिरजू लिहाज में चुप रहने वाला लड़का नहीं। आते ही अपना फैसला सुना दिया था, ''यह रिश्तेदारी तुम्हें मुबारक। भुवन मौसी से मिलने का लोभ न होता तो कभी न जाता। वह भी मिली नहीं। अजब पहरा था, हम घर वाले भी भेंट न कर पाएँ! बहुत कोशिश की, पंजों के बल खड़ा रहा, तब जाकर रेशमी कपड़ों में लिपटी, घूँघट में ढँकी और गहनों से बँधी पोटली-सी नजर आई, वह भुवन थी भी या नहीं? हाँ लोग जरूर उसकी तारीफ में कह रहे थे—विजयसिंह की बहू का चेहरा आज तक किसी ने न देखा होगा। हाल तो हवेली से निकलने का काम ही क्या, मंदिर जाती है तो समझ लो कि पाँव के पंजे तक नहीं दिखते। बस हाथ पर लोटा धरा दिखता है। इस गाँव में इतनी लिहाज वाली बहू अभी आई नहीं।

''अम्मा पिताजी सब खुश हो जाओ। भुवन तुम्हारी आन कैसी निभा रही है।''

बिरजू कुँवर का गुस्सा माँ-बाप पर पटक रहा था।

...मगर कुँवर ज्यादातर शान्त रहते हैं। उस दिन मैं कुछ न कहता तो वे विराटा में भी वे मुझसे बोलने वाले नहीं थे। आज भी पिताजी से कह रहे थे, ''भइया, यज्ञ अच्छी तरह निपट गया। भुवन ने विजय को वश में कर लिया है। वह पूरे समय बैठा रहा। आग पर घी डालता रहा, जब कि भुवन आहुति दे रही थी। सब कुछ आपकी कृपा से ठीक हो गया। हमें शक था कि हमारे यहाँ के मंदिर का पुजारी बाधा डाल सकता है, सो उसे दूर ही रखा। वह बूढ़ा होकर भी पुरानी मान्यताएँ भूल रहा है, सो बहिष्कार पाता है। हमारे तांत्रिक का अपमान किया था, हम भूल जाएँगे?''

यह क्या कुँवर मुझे सुनाकर कह रहे थे? क्या कुँवर को पता है कि बिरजू यज्ञ में था, तब मैं मंदिर में बैठा था? क्या इन्हें यह मालूम है कि तांत्रिक और पुजारी का क्या झगड़ा था, मुझे पता है! पुजारी ने क्या बुरा किया कि तांत्रिक को भुवन की पूजा मंदिर में दिलाने की इजाजत दे दी? हाँ, जब भुवन ने इनकार किया कि देवी पर मैं इसके कहने से कबूतर की नुची देह नहीं चढ़ाऊँगी तब पुजारी जी तांत्रिक के सामने खड़े हो गए और बोले, ''मैं तेरा तंत्र मंत्र नहीं मानता। एक भक्तिन की बात मानूँगा।''

तांत्रिक कुँवर की शह पाए था, भुवन की चोटी पकड़ ली और बोला, ''इस चुड़ैल ने बूढ़े को वश में कर लिया है। मैं इस पर चढ़ी हवा उतारूँगा।''

पुजारी जी ने घोंटा उठाया और उसकी बाँह पर दे मारा, ''बदमाश, स्त्री की चोटी पकड़ता है! साधना करके यही सिद्धि पाई है? निकल यहाँ से। भाग नहीं तो...''

वह लाल आँखें करके बोला, ''कुँवर को जानता है पुजारी?''

''मैं तेरे संग कुँवर को भी जेल भिजवा दूँगा। अगर कुँवर के संगी-साथी अफसर मंत्री हैं तो अपने संग विराटा के इलाके की पूरी जनता है, समझा? चल यहाँ से, निकल। सुन ले और समझ ले कि यह पुजारी किसी और ही किस्म का ब्राह्मण है।''

पुजारी जी मुझे यह घटना और ऐसी ही कई बातें बता चुके हैं, जिनसे कुँवर और उनकी रंजिश झलकती है, माध्यम कोई बने।

कुँवर अजयसिंह इस तरह की किसी घटना का वर्णन नहीं कर पाएँगे, मैं जानता था।...लेकिन यह नहीं जानता था कि वे एक दूसरा मक्खन का कटोरा भी लाए हैं, जो पिताजी के रास्ते में फिसलन पैदा कर देगा और एतराज या मलाल की एक-एक छीलन को राहत से भर देगा।

बेटे को नौकरी दिलाने वाले देवता समान कुँवर अजयसिंह अबकी बार शादी का फरमान लाए थे।

''हमने तो भुवन की पसंद पहले पूछ ली भइया जू। जब उसने हाँ कर दी, तब आप से जिक्र किया है। भुवन चन्दर की पसंद जानती होगी न? गाँव के पास ही है भगवंतपुरा। श्यामलाल नागर अपने मिलने वाले हैं। बिटिया ने इण्टरमीडिएट पास किया है। बी.ए. की परीक्षा प्राइवेट देगी। चन्द्रमा में दाग, लड़की में खोट नहीं। पिता की अकेली खेत की कमाई नहीं, क्रैशर लगा है। दसियों लाख महीने में आते हैं। मन में यही आया भैया जू कि अच्छे लोगों के यहाँ हमारे रिश्तेदारों की रिश्तेदारी हो, हमारा भी दिल खुश रहे। लड़की का ब्याह तो कहीं न कहीं होगा ही।''

कुँवर किन लोगों में उठते-बैठते हैं, जानते थे पिताजी। एम.एल.ए., एम.पी. और मंत्री लोग। जिस सरकार का सत्ता में बोलबाला है, उसके स्तम्भों को थामने वाले कुँवर हमारे बारे में इस कदर हितकारी बातें सोचते हैं, पिताजी का माथा क्यों न झुक जाता?

वे जितनी खातिर कर सकते थे, की। पलक पाँवड़े बिछाने वाली बात मुहावरे की न होकर व्यवहार की होती तो पिताजी पलकों से कुँवर के रास्ते की धूल बुहारते, फूल बिछाते और अम्मा से दो मौहरें टीका में दिलाकर कुँवर के पाँव तो छुआए ही थे। अम्मा की बहन के जेठ, अम्मा के लिए दामाद की तरह पूज्य। आदर सम्मान करने की चाहना में रिश्तों का ऐसा जोड़ उन्हें हकदार बनाने का दावा कर रहा था कि पिताजी का प्रेम ही विनय की बाढ़ हो उठा?

कुँवर को विदा करने के बाद पिताजी श्यामलाल नागर यानी कि भगवंतपुरा वाले गूजर और उनकी बिटिया की तहकीकात में जुट गए। कुँवर अजयसिंह की सारी बातें सच निकलीं।

तब पिताजी को कुँवर पर तरस आया था और मुझे समझाया था, ''तुम नालायक हो चन्दर। भुवन के दुखड़े गा-गाकर घर भरे देते हो। सोचो कि यह आसमान से बातें करने वाला आदमी लाचार किया है तो किसने किया है? वह तो ऐसे तड़प रहा है जैसे भुवन की एड़ी तले उसकी चुटिया हो। भुवन का व्यवहार उसे कहाँ ले जा रहा है! वह इतना अपनापन आखिर हमसे क्यों दिखा रहा है? सोचकर देखो कि दुख के कारण वह हमसे यहाँ माफी माँगने चला आया। भुवन ने ऐसा कस दिया है? या शर्मदार का मरना रह जाता है, नंगों का कोई क्या उतार लेगा? पर जो भी हुआ अच्छा हुआ।''

पिताजी अम्मा से कहकर मुझे बहुत कुछ सुना रहे थे; जिसमें से कुँवर की बेचारगी और भुवन की बदकारियाँ सहज ही प्रकट हो रही थीं। मैं कुढ़ रहा था कि भुवन ने जुए के नीचे सिर झुका लिया! मैं पिताजी के अज्ञान से सहमत नहीं था। पिताजी को यह पता होगा कि कुँवर ने छोटे भाई का ब्याह अपनी ईमानदारी जताने के लिए किया है, कि माँ खुश रहे। भुवन का चौकन्ना होना उन्हें क्यों सालता है, पिताजी ने अनुमान लगाया है? उनका बस चलता तो पागल भाई के लिए पागल बहू ब्याह लाते लेकिन दो पागलों से घर पागलखाना हो जाता, और कुँवर की माँ भी पागल हो जाती, क्या पता अपनी खेती किसे सौंपती?

पिताजी अम्मा से कह रहे थे, ''बेचारे अब तो छोटे कुँवर को पागलखाने में भर्ती करने के लिए भी तैयार हैं, पर इस समय वह ठीक है।''

कुँवर अजयसिंह के कहने पर ही श्यामलाल नागर की बेटी को भुवन के साथ चलकर विराटा के मंदिर में देख लेने की बात तय हुई और पिताजी ने अम्मा से इतनी जोर से बोलकर कहा कि मैं अच्छी तरह सुन लूँ, ''एक बात कान खोलकर सुन लो, जिंदगी में जिसे हम ठुकरा देते हैं वह फिर नहीं मिलता। भले हम उसके लिए जीवन भर तरसते रहें। गलती करोगे, आगे भरनी पड़ेगी। उम्र लौटकर दोबारा नहीं आती।''

हाल तो मुझे ब्याह शादी का कोई शौक न था, क्योंकि होश ही नहीं था।

दूसरे इस बात से और ज्यादा चिढ़ हो गयी कि मेरे जीवन का हर मोड़ विराटा के अजयसिंह ही तय करेंगे? एक मोड़ तय किया, नौकरी के बदले भुवन को ले गए। अबकी बार क्या इरादा है? पिताजी बार-बार समझा रहे हैं, क्या मैं समझ से कुंद हूँ? कि उन्हें खटका लगा है कि लड़का अब की बार पटरी पर चढ़ने वाला नहीं! मुझे ऐसी कई बातें नजर आने लगीं, जिनसे शंका की बू आती थी। जैसे सास द्वारा रुपये पैसे की चाबी भुवन को थमाना (भगवान जाने कि तिजोरी खाली है या भरी?) मंदिर जाने पर आनाकानी न करना और सबसे बड़ी बात विजयसिंह को मानसिक अस्पताल में दाखिल करने के लिए राजी हो जाना। इतनी रजामंदियाँ एक साथ? आश्चर्य नहीं, सवाल पैदा करती हैं ये स्थितियाँ। नया शोशा ब्याह सगाई का छिड़ गया। भुवन अहसानमंद हो जाएगी कि जेठ जी उसके मायके वालों पर कितने मेहरबान हैं! मायके पर बरसाई गयी मेहरबानियाँ लड़की को किसी भी हद तक झुका सकती हैं। मैं अचम्भे में था, क्या भुवन ऐसी शमशीर हो गयी है जो लचकाए न लचके? कैसी लड़ाई छिड़ी है भुवन और कुँवर के बीच! वह हारती नहीं, कुँवर ने क्या-क्या विधान रच लिए। अब क्या कुँवर समझ गए हैं कि वह इस तरह काबू में नहीं आएगी, नीति पलटनी होगी? पागलखाने में पागल भाई रहेगा, भुवन की कीमत फिर से आँकी जाएगी। या कुँवर का भुवन से नए मे नया परिचय होता है और वह पैंतरा बदल देती है? बचपन से खेल के रूप बदलने में माहिर लड़की जेठ को अपना भी तो नया-नया रूप दिखाती है, नहीं तो विराटा के अजयसिंह यहाँ तक चलकर न आते। माजरा सीधा-सादा नहीं।

पता नहीं मैं सही सोच रहा था या गलत, मन में अशान्ति की सीमा अब भी नहीं थी। बिरजू मेरी आर्त मनोदशा को देखता हुआ कहता, ‘‘अब तक मैं तुम्हें कायर समझता था। आँखों देख आया हूँ, वहाँ जाने के लिए आदमी को हथियार साथ रखने चाहिए। कौन कहाँ से हमला कर दे, पता नहीं चलता। मैं तो वहाँ पेड़ पर बैठे कौओं तोतों तक से दहशत खाने लगा हूँ।’’ मैंने माथा सीधा करते हुए कहा, ‘‘इसमें अचम्भे की क्या बात है, हवेलियों के बारे में हम ऐसा ही नहीं सुनते आए? मौहर अशर्फियाँ और दहशत के खजाने होते हैं वहाँ।’’

‘‘भइया, भुवन को यहाँ ले आएँ तो?’’ बिरजू जैसे यादों के चाबुक से आहत हुआ हो।

‘‘उसके लिए बनी राह फिर से बंद कर देंगे। हम उसके सफर की थकावट और दीनता नहीं दिखाएँगे, यह करके? अपने जेठ के चलते भुवन ने वहाँ तमाम रास्तों का जाल बिछा दिया है, जब वह निकलती है तो वे उलझ जाते हैं। हाय रे जमींदार, अहंकार बड़ी-बड़ी चोटें खा रहा है।’’

मैं जब खुद लाचार-सा हो जाता तो भुवन को आसपास खड़ी कर लेता। वही शीतलगढ़ी वाली सोलह-सत्रह साल की लड़की! आक्रमण को तैयार सी। अनादिकाल

से युद्ध करती हुई। इसके सिवा चारा भी क्या था? और फिर जैसे वही मेरी आवाज में बोली हो, "बिरजू, हाँ वह यहाँ आ जाएगी, उसके जेठ क्या कर लेंगे? ब्याह से अब तक की लड़ाइयों के चलते उसने खुद को बहुत कुछ आजाद कर ही लिया है।" बिरजू ये वाक्य जब मेरे मुँह से सुनता तो आँखों में आँखें डाल कर कहता, "सच्ची कह रहे हो भइया? अभी तो कह रहे थे कि हम उसके बीच में पड़कर कलह ही बढ़ाएँगे कि हमारा बीच में न बोलना कुँवर अजयसिंह को माफिक पड़ता है, कि देखा, पिताजी को उनके आने तक कैसा गुस्सा आ रहा था, अब अजगर की तरह ठण्डे पड़ गए कि बस यही रवइया कुँवर को रुच गया सो इनाम में पिताजी की झोली में भगवंतपुरा के श्यामलाल की बेटी का रिश्ता डाल गए, कि पिताजी ठण्डे ही नहीं, कृतकृत्य हो गए। जैसे कुँवर ने अपनी बेटी का हाथ मेरे हाथ में दे दिया हो पर अचम्भा यह भी कि पिताजी कैसे जानते हैं कि यह सम्बन्ध मुझे मंजूर होगा?"

उस दिन के बाद रातों को अक्सर मुझे नींद नहीं आती। हर समय मन में आँधी-सी चलती रहती। कभी भुवन तो कभी पुजारी जी, कभी कुँवर तो कभी भगवंतपुरा की काल्पनिक लड़की और कभी भुवन का पति विजयसिंह खटिया को घेर कर खड़े हो जाते। तांत्रिक जैसे लोग बीच-बीच में आकर अलग डराते। अपने आपको बार-बार सहेजता, ऐसे वाक्य याद करता, जो इस बेचैनी और भय को काबू करें। ले-देकर भुवन ही रह जाती, जो इन उलझनों को लगाव, प्यार और अपनत्व के खेल में बदल देती। विश्वास देती कि थोड़ा आत्मबल जागता। लगता कि सारा जंजाल उसके बिछोह से उपजा है, जो कभी अपराधबोध और कभी गुस्सा बनकर दूसरे लोगों पर वार करता रहता है। नहीं तो एक क्षण ऐसा क्यों आता है, जब उसे अपने करीब पाकर भरोसे का सहारा मिलता है। आशा जी उठती है और फिर नींद आ जाती है।

कुछ दिनों हमारा गर्म खून, गुस्सा और संघर्ष का माद्दा ठण्डा-सा पड़ा रहा कि शायद इसी से अजयसिंह का अहं संतुष्ट हो और भुवन के लिए आसानियाँ हो जाएँ। बिरजू हँसकर कहता, "लाचार आदमी खफा भी हो जाए तो करे क्या? राजीनामा करके ही इज्जत बचा सकता है।"

उसकी हँसी मुझे गुस्सा दिलाती। बेवकूफ लड़का। साधुओं से पिटकर करीब करीब नंगा आया था। बदन के कपड़े तक खींच लिए, हमसे कहता है लाचार। तेवर दिखाए तो थे सो हवेलीदार ने माँ-बहन की सुनाई थीं। यह क्या चाहता है, मैं बंदूक लेकर विराटा पहुँचूँ और कुँवर को ललकारूँ। पर इससे भुवन की दुनिया नहीं बदलने वाली, भले हवेली की सूरत बिगड़ जाए।

बिरजू फिर हँसा और मुझे चिढ़ाया, "कृष्ण जी के पास सुदर्शन चक्र था, तुम्हारे पास शान्ति चक्र है, चलाए जाओ।"

"तो फिर चला जा न, रणभेरी बजा दे, देखें क्या-क्या जीत लाएगा? अरे, अब तो यह हो रहा है कि हम कुँवर से दोस्ती करें और वे हमें गले लगाएँ, पर कौन किसका गला काट ले, यह समय ही तय करेगा।"

सात

राजेश झाँसी के बस स्टैंड पर मिल गया।

मैं लगभग महीने भर से सोच रहा था कि उससे कहाँ मिलूँ? विराटा जाने का मतलब केवल मंदिर में बैठकर चले आना नहीं है। भुवन से और भुवन के कारण अजयसिंह या उनकी माँ की ताबेदारी बजाए बिना छुटकारा नहीं मिलने वाला, और मैं ऐसी इल्लतों से बचना चाहता हूँ। पान की दुकान से एक-एक पान लिया, पान का रस गुटकते हुए दुकान से जरा हटकर बतियाते रहे कि बातों में खो गए?

"सुन, अब की बार तो कुँवर जी ग्वालियर तक घूम आए हैं। अम्मा जी को दौरा जो पड़ गया। दाँती भींचकर बेहोश हो गयी थीं कुँवर की माता। हवेली में भगदड़ मच गयी। कुँवर एक टाँग पर खड़े रहे। वे माता की सेवा धरती माता के कारण करते हैं, अम्मा भी जान गयीं, तभी न खटिया में धरी-धरी ही बोलीं—अजय, विजय अब ठीक होने वाला नहीं। ओझा और जंतर-मंतर के काबू के बाहर निकल गया है रोग। बेटा, यह तो मैं भी जानती हूँ कि विजय तेरा भाई है, बराबर का हिस्सेदार है। मेरा छोटा बेटा है सो मेरी खेती में भी आधे का हकदार है। यह न होता तो तू अकेला ही होता! होता न?"

"किसने बताया राजेश? भुवन ने ही न?" मैं अपने सुने हुए को यकीन में बदलना चाहता था।

"और कौन बताएगा हमें? पगले की हालत दिन पर दिन बिगड़ रही है सो माँ भी बड़े कुँवर पर बिगड़ पड़ी। तुम होते तो बात आगरा तक की बन जाती। वैसे सच्ची बताएँ, हम भी कहाँ चाहते हैं कि साला ठीक हो जाए, पर भुवन भाभी का जीवन देखके लगता है, वह ठीक ही हो जाए। अब तो भाभी काबू में कर ही लेंगी। सालों का गुमान रह ही कितना गया है? जमींदारी छाँट रहे हैं, जमींदारी कब की हवा हुई, जमींदार तबाह हो गए, यह पता है भाई लोगों को। वे लोगों की गिनती करते रहते हैं, गाँव के लोग गिनते नहीं। घर में ही भले रायफल बंदूकें चटका लें।"

राजेश! निडर युवक की तरह कुँवर की अमीरी पर खाक डाल रहा था, रौब रुतबे को तिनके की तरह उड़ा रहा था, गाँव में ही रहना है उसे, फिर भी सामर्थ्यवानों को झटके देता रहता है। मंदिर का पुजारी...पीतवस्त्र पहनने वाला, देवी की आरती

गाने वाला बहादुरी और दिलेरी की धुन छेड़ता रहता है, कौन मानेगा? मन में आया पूछूँ—तू कैसा ब्राह्मण है? या कलजुगी ब्राह्मण है? कि भूले से ब्रह्मा ने किसी ठाकुर को पुजारी के घर पैदा कर दिया?

वह बोला, ''क्या सोच रहा है चन्दर? यार दबें तो कुँवर जैसे लोग घोलकर पी जाएँगे। इस विजयसिंह के किस्से में मजूर तो बेचारे चुप हो गए थे, हमारे पिताजी ने नहीं, हमारी अम्मा ने मजूरों को भड़काया था। हवेली का बैल हमारे खेत की फसल चरे तो चर लेने देंगे? फसल सी हरी भरी मजूरिनी क्या इस वहशी के लिए थी?''

उसका सवाल था और मेरा जवाब था—सहमति।

''राजेश, तुम भुवन को हौसला दिए रहना। छोड़कर आया था तो उन लोगों के सुर में सुर दिए थी। मैं यह भी तो नहीं कह सकता था कि ऐसा मत कर, ऐसा तेरे हक में जानेवाला नहीं। क्योंकि मैं उसके मायके से था, जिन लोगों को बेटी को निबाहने की सलाह देने की इजाजत है। नहीं तो परिवार द्रोही माने जाते हैं। मेरा हौसला ऐसे ही संस्कार कील डालते हैं। घर परिवार ससुराल जैसे शब्द नाके का रूप लेने लगते हैं।''

''छोड़ इन बातों को'' कहकर राजेश ने पान की पीक थूक दी। और बोला, ''अपनी नौकरी की सुना, कैसी चल रही है? यहाँ तो आरती भजन के सिवा कुछ है तो बस गाँव है। यह भी साली कोई जिंदगी नहीं।''

मैं हँस दिया, अपनी ही हँसी बड़ी खोखली लगी। सच-सच बता दिया, ''लीव विद आउट पे चल रहा हूँ। बिना वेतन की छुट्टियाँ यानी कि दिहाड़ी! तू आरती गाकर अच्छा-खासा कमा लेता है, कन्याएँ पाँव पूजती हैं, सो अलग। इस नौकरी से पीछा छुड़ाना चाहता हूँ, मगर वह छोड़ती ही नहीं। लोग मृत्यु के लिए गंगातट पर स्वेच्छा से कैसे चले जाते हैं? मैं तो एक त्यागपत्र तक नहीं दे पा रहा, कब से सोच रहा हूँ? राजेश, आदमी इतना की कमजोर न होता तो मुजरिम क्यों बनता?''

''ठीक है, तू कमजोर सही। भुवन भाभी को दाद दे, सास को काबू में कर लिया। यार मान गए। तेरी मौसी बड़ी कुशल निपुण है।''

मैं भुवन के साथ खुद को जोड़कर खुश हो रहा था कि राजेश के साथ मिलकर वह खुशी बढ़ती जा रही थी। उस दिन हम दोनों ने पान थूककर मिठाई के दोने बँधवाएँ।

चार महीने बाद :

संदेश मिला कि विजयसिंह आगरा के मानसिक अस्पताल में दाखिल कर दिए।

'चला गया!' यकायक यही भाव मन में आया, जिसमें भुवन की मुक्ति की लय भरी थी।

कहने वाला कह रहा था—भुवन के संग गया था, अकेला जाता कहाँ था।

अटैची बिस्तर देखकर छिप गया था। भुवन ने उसको कपड़े पहनाए, बाल सँवारे तो बच्चे की तरह उसके कंधे से चिपक गया। सिसक-सिसककर रोने लगा। पागल रहा, कभी रोया नहीं। दौरा पड़ा, जमकर हँसा। हँसी ही उसकी बीमारी का पहला लक्षण होती थी। अस्पताल में वह चार-चार लोगों से भी नहीं रुक रहा था। भागकर पास आ गया। माँ की साड़ी में बच्चा छिप जाता है, ऐसे छिपने लगा। भुवन चलने लगी तो चीखा। बिछुड़ते समय रो दिया। रोता छोड़कर चली आई। आते-आते लगा कि हँस रहा है। हँसी दरारों में फटने लगी, हू हू की आवाज में बदल गयी...

संदेशवाहक कुँवर का निजी अंगरक्षक था। राजनीतिक संबधों का फायदा यही रहा है कुँवर को कि सुरक्षा मिली है। आम आदमी से उन्हें बड़ा डर लगता है। आम आदमियों के खतरनाक हो उठने का अनुभव उनके पास है, वरन् पुजारी के पास कौन सी ताकत थी? मजूरों के पास अपना कहने को क्या था, दोनों ही धता पर धता बता गए, तीसरी भुवन भी शायद इन्हीं में शामिल मान ली है। देखो ऊँट किस करवट बैठता है?—ऐसी तमाम बातें मेरे मन में चक्कर काटतीं और मैं भुवन से मिलने के लिए बेकरार हो उठता।

"नहीं, लड़की ऐसे ही अपना घर बसाती है" कहकर अम्मा मुझे समझातीं। नानी संदेश भेजतीं—चन्दर भुवन की जिंदगानी में खलल न डाले।

ऐसा असंयम उमड़ा कि सारी हिदायतें भूल गया। अपथ्य-रोगी सा परहेज को लात मारकर उठ खड़ा हुआ। अब तक न मिलने की साधना करता रहा, मन पक्का होने की जगह कच्चा पड़ गया! संयम से छुट्टी मिल गयी। रात भर उसकी आवाज आती रही, उसी का शब्द सुनता रहा। जहाँ वह तप रही है, वहीं से पुकार रही है। मैं तरह-तरह से सोचता रहा—पंचतप की समाधि में लीन कुमुद किसी कुंजर को आवाज देती है? पुजारी जी विराटा की उस देवी के लिए आज तक रोते हैं, क्योंकि अनेक लड़कियाँ उसी की राह जा रही हैं। वे लड़कियाँ भी किसी कुंजर को, किसी चन्दर को पुकारती होंगी, तभी पुजारी जी उस विलाप से विगलित हैं, जो उनके कानों में निरंतर गूँजता रहता है। मैं कहता हूँ भुवन ने मुझे बुलाया है। अनजाने ही होठों पर हँसी आ गयी, साथ ही गहरा साँस भरा। सोचता हूँ—जवान लम्बा-चौड़ा शरीर, पढ़ा-लिखा चन्दर अबोध किशोर सा कभी दुखी होता है, कभी किलक पड़ता है! उम्र की यह उछलकूद कब तक चलेगी? पुजारी जी वृद्धावस्था में भी उम्र के खेल से छुटकारा नहीं पा सके।

मैं भुवन के पास था। भुवन से भी पहले कुँवर की माँ के चरण छूने गया।

विजयसिंह को मानसिक अस्पताल गए कोई डेढ़ महीना हो गया। असाढ़ में गए थे, यह भादों है। भादों में बादलों का भारीपन रहता है, लेकिन जन्माष्टमी बीतते

न बीतते आसमान साफ-सुथरा हो आया। ठण्डी आबोहवा का अहसास सा होने लगा। पुराने लोग कहा करते हैं—असल ऋतु परिवर्तन जन्माष्टमी के बाद ही हो जाता है।

विजयसिंह वाले पलँग की चादर अब पहली तरह सफेद नहीं, फूलों के छापे वाला पलँगपोश है। जहाँ दवाइयाँ थीं, वहाँ गिलास में पानी भरकर सदाबहार का गुच्छा लगाया गया है, बैजनी फूल ताजा से हैं। छोटे से स्टूल पर चाय का प्याला रखा है।

भुवन हाथ में खीर का कटोरा लेकर आ गयी।

टोकने लगी, "अरे, अभी चाय नहीं पी? खटिया छोड़ने का इरादा नहीं है?"

मैं उठने का उपक्रम करता हूँ। कुर्ता-पाजामा सिकुड़ गए हैं, उन्हें हाथ से नीचे तक फैलाता हूँ। भुवन की ओर गौर से देखता हूँ, नहा चुकी है। लाल कोर की सफेद सूती धोती पहने हुए, लाल ही ब्लाउज है। भीगे बाल, सिर ढँके हुए है, कंधे गीले हैं।

"नहा लीं!"

"हाँ, आज उपास है, तीजा है न?" वह खीर का कटोरा स्टील की तश्तरी से ढँककर रखती हुई कहती है।

भुवन खानपान की शौकीन नहीं, जब चाहे व्रत कर सकती है। विराटा में रहकर व्रत करना सीखी है, क्योंकि व्रत न रहेगी तो मंदिर नहीं जा सकेगी। मंदिर नहीं जाएगी तो पुजारी और राजेश नहीं मिलेंगे। लोगों का दर्शन नहीं हो सकेगा। हवेली की दीवारों के बाहर केवल मंदिर ही ऐसी जगह है, जहाँ भुवन जैसी स्त्री के जाने पर रोक टोक करने में घर के लोग डरते हैं। जिसको किसी का डर नहीं होता, उसे भगवान का डर जरूर होता है। भुवन ने भगवान का पल्ला थामा हुआ है, भले उसे देवी कहें, देवता कहें।

तो मंदिर चली जाती, मुझे क्यों जगाया? खिलाने-पिलाने की जिद कर रही है?

असल बात समझ रहा हूँ, भले जता नहीं रहा। बड़े दिनों की बातें जमा किए होगी। रात आया। आकर खाते ही सो गया। थका था। भुवन विस्मय भरी प्रसन्नता से छलकती सी डोलती रही, घट खाली करके कुछ बूझा बताया नहीं। देखते ही तो आँखों से चुपचाप दो धाराएँ बह निकलीं। कितने दिनों बाद रोकर हँसते हुए, हँसकर रोते हुए उसे देखा। सचमुच कितने दिनों बाद! अभिभूत सा मैं भी कहाँ कुछ बोल पाया। मुँह में एक भी शब्द नहीं बचा, सब खो गए। ऐसा क्यों हुआ? ऐसा अब तक तो हुआ नहीं था। प्राणस्पर्शी भावनाओं में काँटे सा कुछ गड़ता था, आज वह कंटक विहीन सी प्रकट हुई, शांत सुन्दर! आज भीतर की उथल-पुथल, उमड़ता-हहराता दुख चेहरे पर नहीं था। क्या सारा आवेग, आवेग से उठती कटुताएँ पति के साथ पागलखाने में डाल आई?

तभी सास ने नीचे से पुकारा, ''विजय की दुल्हन।''

उसने आव देखा न ताव, भागी गई।

मैं भुवन के लिए इस नए संबोधन का आदी नहीं था। पहले आया, तब भी यह सम्बोधन मैंने सुना हो, याद नहीं पड़ रहा। नारी कण्ठ के उस शब्द से मैं चौंक पड़ा। उसी ने कहा, ''अम्मा जी बुला रही हैं।''

अम्मा जी बहू के बहाने बेटे को पुकारती हैं—मैंने सोचा। हाँ. भुवन रात कुछ कह तो रही थी, मैं नींद में चला गया था, फिर कुछ-कुछ सुना था—

''चन्दर आगरा से लौटकर घर में घुसी तो सास छाती कूटकर रोईं। बिलकुल ऐसे ही जैसे गमी में रोते हैं। बाद में तो दिमाग खराब सा ही हो गया। लगता नहीं था कि यही माँ बेटे के इलाज के लिए अड़ गई थी। मुझे नहाते-धोते हुए देखकर भी उखड़ पड़ती हैं। गालियाँ देती हैं, आपे से बाहर हो जाती हैं—कि रंडी वेसा, किस यार को नहा-धोकर दिखाएगी? खसम को काले कोसों फेंक आई, किस खसम को रिझाएगी? नये कपड़े नहीं पहन सकती। तेल डालकर चोटी नहीं गूँथ सकती। बालों की लटें बन गयी हैं। सास गिद्ध की तरह तीगती रहती है, मौका मिलते ही झपट्टा मारती है। क्या हो गया अम्मा जी को?''

मैंने इन बातों को भुवन के मुँह सुना और सपने में उसकी ही छवि देखता रहा। अभी तक मुझे लग रहा था, मैंने सारा कुछ होते हुए सपना ही देखा है। भुवन की सास की आवाज ने मुझे जगाकर असल दुनिया का भेद खोल दिया।

भुवन लौट आई।

''क्यों बुला रही थीं सास?'' मैंने पूजा की थाली लगाती हुई भुवन से पूछा।

''कह रही थीं, जेठ जी ने भगवंतपुरा वाले श्यामलाल की बिटिया बुलाई है। चन्दर कहीं जाए नहीं। आज वे खील मखाने हुई जा रही हैं। डर लगता है मुझे।''

भुवन का चेहरा देखकर मुझे हँसी आ गयी।

''तो तुम क्यों इतनी डर रही हो? वह आएगी, मैं चला जाऊँगा।''

कड़ी नजर से देखा भुवन ने। क्या आशय है, समझ नहीं पाया।

उसने स्पष्ट किया, ''मेरी कच्ची करने की जरूरत नहीं। आया है तो रुकना होगा। सोच ले, मैंने इनका बेटा छीना है, तू मुझे उनको देना पड़ेगा।''

''क्याऽऽ?'' मैं स्तम्भित रह गया।

''जेठ जी का कहना मानता क्यों नहीं?''

''भुवन, मैं अपने बाप का भी कहना नहीं मानना चाहता। मेरे मामले तय करने वाले ये होते कौन हैं? बहुत सारे अहसान लदे हैं, आगे वजन न उठा पाऊँगा।''

''वजन कौन लाद रहा है? साथ चलने वाली दे रहे हैं।''

''अकेला बुरा लगता हूँ तुझे? इन लोगों का बहाना मत ले। साफ कह कि तेरी जान छोड़ूँ, चैन से जीने दूँ। और यह भी कह दे कि सास-जेठ और जिठानी

के साथ अब तेरी सुलह हो गयी है। वे तेरे मन की कर रहे हैं, तू उनके मन की करेगी।''

''यही समझ ले।''

''यही समझ लिया था भुवन। इतने दिन न आने का कारण यही समझना था। मर्म पर चोट पड़ती रही, तू आमने-सामने खड़ी रही। चक्रव्यूह में खड़ा था मैं। पिता और तेरे जेठ के रचे चक्रव्यूह में रोता हुआ-सा खड़ा रहा। वह तो बिरजू था सो ललकार रहा था कि ये तो दो ही आदमी थे, जिनके छल ने तुम्हें आगे बढ़ने से रोक दिया, अभी न जाने कितने वीर मिलेंगे, ऐसे ही रोते रहोगे? बचना है तो लौट आओ। बचाना है तो आगे बढ़ो। चला आया तो लगा, तेरे प्रेम में रोया था, तुझे बचाकर जिंदा रहूँगा। मर भी जाऊँगा, मगर रुकूँगा नहीं।''

भुवन नजर नहीं मिला सकी। आँखें फेरे खड़ी रही।

व्यभिचार व्याधि सा होता है,'' कहीं पढ़ रहा था तो अपनी याद आई। काश! नानी के घर उस दिन छिपकर तेरी देह के लोभ में न पड़ा होता तो भयभीत भी नहीं होता। भयभीत न होता तो यह अनर्थ भी न होता। सारा नाश तो छलछद्म करता है। नाश होकर रहा। भुवन, तू तो धर्म की किताबें पढ़ती है, आज मैं निर्विकार खड़ा हूँ न? इसीलिए निर्द्वन्द्व हूँ, चल तेरी सास के सामने तेरे जेठ के सामने तुझे ले चलने के लिए कह दूँ। मेरी मुक्त प्रकृति अब अनाचार सहने वाली नहीं, और तू है कि मेरे आत्मविश्वास पर इनके अहसान का पाला गिराने पर तुली है।

बातों के बाद चुप्पी ने कमरा घेर लिया।

धूमकेतु की तरह भुवन की सास आई।

मैं औंचक ही खटिया से उठकर खड़ा हो गया। भुवन कुर्सी जमाने लगी। वे मेरी ओर देखती हुई कुर्सी पर बैठ गयीं। उनकी दोनों बाँहें कुर्सी की दोनों बाँहों पर टिकी थीं। बर्फ-सी सफेद धोती, बर्फ-सी सफेद सास, हमारा नाई डब्बू भुवन की सास को 'बरफ की जनी' कहता है।

कुँवर से वादविवाद वाले दिन यह बूढ़ी जनी शिला के मानिंद थी, आज चेहरे पर ढीलापन है। पिघलने की हद तक तरलता...शर्मिन्दा-सी होकर बोलीं, ''चल, अच्छा आ गया। भुवन का मन लग जाएगा।''

कैसे कहूँ कि हार गया, खुद से हारकर पता नहीं क्या जीतने चला आया?

''बेटा, अब यह अकेली रह गयी। पहले ही कहा था, घर में रहा रोगी कोई रोगी होता है? रोगी तो उसे बैद हकीम बना देते हैं। आज हमसे गैल चलता आदमी पूछता है—ऐसा पागल हो गया था कि पागलखाने में भरती करना पड़ा? पर क्या करें, भाग्य का लेखा...''

वे इस बात का उत्तर मुझसे माँग रही थीं या भुवन से? क्योंकि इस वाकया को हमारी ही करामात मान रही थीं जब कि आगे खुद आईं। जानता हूँ कि बूढ़ी

का हौसला टूटते-टूटते कितना-सा बचा है? चेहरे पर खिंची थकान की रेखाओं में पानी की लकीरें बह आई हैं। उन्हें आँसू पोंछने का होश तक नहीं और मैं पोंछना चाहकर भी पोंछ सकता नहीं।

रो-रोकर पति की उम्र के लिए जो-जो व्रत किये हैं, बताने लगीं। अपनी आकांक्षा खोलती हुई बोलीं, "इसके ससुर की लाश मिल जाती तो हम सती हो जाते। अकेली जनी का जीना भी कोई जीना नहीं, मरना कोई मरना नहीं। औरत की शोभा आदमी के बिना है ही नहीं। पर हमारे घर को 'बिना आदमी की जनी' का सराप लगा है।"

भारी गले की आवाज बड़ी भारी और थकी-थकी है, जो मेरे सीने पर पहाड़ सी ठहर गयी। इतना बोझ कि साँस रुकने लगी। अटकती साँस के चलते बोला, "अम्मा जी, किसी की शोभा किसी से नहीं होती। आदमी की शोभा खुद आदमी ही है और औरत की शोभा खुद औरत ही। यह सती वती का चक्कर क्या है? विजयसिंह ठीक होकर लौट आएँगे।"

भुवन की आँखों में आशंका की लहर फैल गयी। मैं समझ रहा था, वह सोच रही है, कहीं उस दिन की सी भिड़ंत न हो जाए। शुरुआत अम्मा जी से ही हुई थी।

भुवन ने बात बदल दी, "अम्मा जी, तुम पूछ रही थीं न कि पागल आदमी ठीक होने पर अपने सगों को भूल जाता है, चन्दर बता देगा, ऐसा होता है कि नहीं?"

मैंने बड़े विश्वास से कहा, "भूल क्यों जाएगा? यह क्या कोई सिनेमा के पागलखाने गया है? भूलना होता है तो आदमी सब को भूल जाता है। खुद को भी।"

अम्मा जी कराहती हुई कहने लगीं, "भइया, हमें तो वह तब से जानता है, जब अच्छा था। बात तो भुवन की है। कुसुम यही कह रही थी। सिलेमा में ही उसने देखा।"

भुवन मुस्करा पड़ी। मुझे भी हँसी आ गयी। अम्मा जी का मुँह खुला का खुला रह गया। अम्मा जी मुस्कराहट में शामिल नहीं हुईं, उनकी कराह जारी थी। कुर्सी के हत्थे पर अपनी हथेली का जोर लगाकर उठ खड़ी हुईं। सीधी खड़ी होने के लिए कुछ देर तक कोशिश करनी पड़ी। फिर धीरे-धीरे कमरे से निकल गयीं। भुवन जीने तक साथ-साथ गई। अच्छी तरह उतार आई तब लौटी। क्या यहाँ विजय के रहने तक ही सारी लड़ाइयाँ थीं?

कमरे में घुसते ही बोली, "चन्दर, छलछंद नहीं है अम्मा जी में। जेठ से मेरे लिए लड़ती हैं, मुझसे जेठ के लिए। कुल मिलाकर घर की चिंता खाए रहती है। छोटे बेटे के जाते ही और अकेली-सी रह गयी हैं। कह नहीं रही थीं कि कुसुम दीदी को अब दो ही फालतू आदमी दिखते हैं, एक सास, दूसरी भुवन। भुवन तो फालतू भी है और बैरिन भी।" कहकर भुवन अम्मा जी वाली कुर्सी पर बैठ गयी।

"कुसुम दीदी की बैरिन तुम क्यों हुईं? जब-तब लड़ लेती हो, इसीलिए?"

भुवन चुप थी, चुप रही।

"कोई गम्भीर बात है?"

"अजब सी बात है चन्दर। पता नहीं जेठ जी ने क्या सोचा है, जब से छोटा भाई घर से अस्पताल गया है, उन्होंने अपने पलँग पर सोना छोड़ दिया है। कुसुम दीदी अकेली सोती हैं। मैंने अम्मा जी से कहा था, कुसुम दीदी सोती नहीं, रोती हैं। ऐसा क्यों करते हैं जेठ जी? वे बोलीं—मेरा बेटा सतजुगी है। बड़ों की ही नहीं, छोटों की भी मरजाद जानता है।

"मैं क्या समझूँ, कैसी मरजाद? हाँ इतना जरूर समझ रही थी कि जेठ जी बाहर से आते, मुझे पुकारते—भुवन हाथ धुला दो—यों हाथ धुलाने के लिए कोई न कोई रहता ही है। घरेलू नौकर मुन्ना हो या उनकी बेटी हो। ऐसे ही खाने के लिए—भुवन, रोटी परस लाओ। भुवन, मेरे कपड़े तैयार करा देना, जाना है आज।—चन्दर, मुझे बड़ा अटपटा-सा लगता। काम तो सारे ही कुसुम दीदी करतीं। पर वे पुकारते मुझे। यहीं से मामला पलटने लगा।

"कुसुम दीदी पहले तो कुछ नहीं बोलीं। बाद में भी कुछ नहीं कहा। हाँ नजर में कड़ुवापन घुल गया। होठ कसैले हो गए, जो बात कहतीं, ठेस लगने वाली कहतीं। मैं अपनी गलतियाँ टटोलती, क्या भूल हुई? पति पागल थे, मगर उनके जाते ही मैं पगली सी हो उठी। जेठ का कहा करूँ या न करूँ? इसी फेर में ऐसी पड़ी कि रोजमर्रा के काम भूल गयी। पूजा की थाली अम्मा जी न सजाएँ तो मैं पूजा भी न करूँ। अम्मा जी मेरी धोती न पकड़ाएँ तो कहाँ का नहाना? पति के रहते अलग रह रही थी अब अकेली रह गयी, इन्हीं में आ मिली! कब और क्यों मिल गयी, पता ही न चला। सारी दबंगई कपूर की तरह उड़ गई। उनको देखकर गुस्सा आता था, गुस्से में ताकत थी।"

मैं भुवन से सहमत तो था, पर जान रहा था कि यह स्थिति स्थायी नहीं।

वह बताने लगी, "मैंने अपने कानों सुना, जेठ जी कुसुम दीदी से बैठक में रात के समय कह रहे थे—यहाँ क्यों आ गईं तुम? मैं यहाँ इसलिए नहीं सोता कि तुम यहाँ भी आ जाओ।

"कुसुम दीदी रोने लगीं। उनकी सिसकियाँ आँगन तक आ रही थीं। अम्मा जी सोई नहीं थीं। सिर ढुलकाए दालान में पड़ी कुर्सी पर बैठी थीं। जेठ जी कह रहे थे—रोती हो, सो क्यों? बड़ी नादान हो किसी का दर्द तक नहीं समझतीं? इस लड़की को विजय के लिए जिस दिन से ब्याह लाया, मेरा चैन काफूर हो गया। मैं मुजरिम बन गया। विजय पागलखाने जाए, यह मैं इसीलिए नहीं चाहता था कि यह अकेली रह जाएगी। पागल का क्या साथ और क्या अलगाव, पर पति का रहना बहुत बड़ी ढाल है। अब लगता है कि वह ढाल हट गयी, पर्दा उघड़ गया, वह मेरे सामने अकेली खड़ी है। सुन रही हो कुसुम?

''दीदी ने लम्बा साँस खींचा। जेठ जी बोले—आओ मेरे पास आओ कुसुम। यहाँ बैठो मेरी खटिया पर और सुनो, तुम्हारे तो बाल बच्चे हैं, पति है, ब्याह क्या होता है, जानती हो। परन्तु भुवन? उसका कैसा ब्याह हुआ?

''कुसुम दीदी लम्बी सुबकी लेकर जवाब देने लगीं—तो तुम बता दो ब्याह कैसे होता है। साफ-साफ कह दो कि कुसुम अब तुम्हारा कोई काम नहीं। कह दो कि पगले भइया की आड़ हटते ही तुम आजाद हो गए और उसकी जोरू भी खेती की तरह तुम्हारी हुई।

''और कहने के बाद ही भरपूर थप्पड़ की आवाज आई। जेठ जी गाली बकने लगे—साली, हरामजादी, तू कह क्या रही है? आगे बोली तो जुबान खींच लूँगा। विजय तो पागल है ही, इस गृहस्थी की खातिर मैं भी पागल हो जाऊँगा, क्योंकि तू फजीहत करने पर उतरी है—मैं वहाँ से एकदम से हटना चाहती थी, पर अम्मा जी ने मुझे छिपकर सुनते हुए देख लिया था। वे धीरे से उठकर चलती आईं और मुझे बाँह पकड़कर दालान में ले गईं। दालान से होते हुए हम दोनों अटारी में ऊपर चले गए।

''अम्मा जी पलँग पर लेट गयीं। मैं सिर झुकाए चटाई पर बैठी रही। इतना सब हो रहा था और मुझे कुछ पता न था। अम्मा जी बोलीं—तेरा मान रखने को, तेरा मन रखने को अजय अपनी दुनिया में आग लगाए दे रहा है। इस घर के मुकद्दर में क्या लिखा है? मेरा जी भड़भड़ाता है। कुसुम गुमसुम हो गयी है कैसे समझाऊँ नादान को कि यह मान मान ही रहेगा, सुख तो नहीं होगा।

''भुवन सुख कहाँ चाहती है चन्दर? जेठ हों या सास हों, नहीं जानते कि भुवन क्या चाहती है? ये तो सासरे के लोग हैं, जिज्जी और अम्मा तक नहीं समझ सकीं। तेरे पिताजी तो समझते ही क्या? मुझे मेरा सुख तो क्या, चैन भी नहीं लेने देते लोग। चैन ही चाहती हूँ मैं। चन्दर, बस थोड़ी देर की शान्ति।

''कुसुम दीदी का पीला पड़ा चेहरा मुझे दुख देता है। वे अब जेठ जी को घूरने के बदले मुझे घूरती हैं। सास की दायीं-बायीं आँख जैसे एक-दूसरे से न्यारी हो गयी हो, बड़ी बहू और छोटी बहू में बँट गयी हो। घर में मचे राछरे में नाचती सी बूढ़ी भी कहाँ सो पाती है!

''कुछ दिन पहले कुसुम दीदी मायके चली गयी थीं। बड़ी बहू के जाते ही हवेली उजड़ जाएगी, किसने सोचा था? मुंडेर पर बैठने वाले चिड़िया कौआ भी उन्हीं के साथ उड़ गए। टहलुआ बोलते घर पराया लगता। सास को इस तरह रहने की आदत नहीं थी। वे कहतीं—आवाजें भी अपनी पराई होती हैं, मेरी बहू को वापस ले आओ। जेठ जी अपनी माँ को किसी कीमत पर दुख नहीं देना चाहते।''

मैं भुवन के घर के हालातों पर क्या तफशिरा कराता? घर ने एक सुभीते वाली स्थिति बना ली थी, घर उसी पर चलना चाहता है।

...मगर 'हालात' थे कि घर पर हमला करने लगे। भुवन आगे बोली, ''दो

महीने में जेठ जी दो बार विजयसिंह को आगरा जाकर देख आए। उन्हें वहाँ बुखार आता है। जेठ जी ने कहा—प्राइवेट वार्ड में कमरा दे दें, पैसा भर दूँगा। खास तीमारदारी हो, यही चाहता हूँ । मेरा भाई निरोग होकर घर लौटे।

"सास ने अपने बेटे के लिए पलक पाँवड़े बिछा दिये, बोलीं—मेरा अजय अपनी जिंदगानी विजय के खाते में दर्ज कर चुका है।

"और कुसुम दीदी...मायका छूटा, पति की नजरों में कुछ न रहीं, जीकर क्या करेंगी, सोच रही थीं। अम्मा जी कहती रह गयीं—सुहाग जनी का हौसला है, पति उसका मालिक है, फिर उसे चाहिए क्या?

"कुसुम दीदी ने सोच लिया—कुछ नहीं चाहिए। भीतर वाले कोठे में घुस गईं, जहाँ हथियार रहते हैं, हथियारों वाले कोठे की कुंजी उन दिनों हमने ले ली थी चन्दर। उनने माँगी, हमने दे दी। क्यों माँग रही हैं, यह नहीं सोचा क्योंकि हमसे पहले इस कोठे को वे ही सँभालती थीं। पुरानी मालकिन से सवाल भी क्या करें? टोकने तक की हिम्मत नहीं...

"सो बस! भीतर से कुंडी चढ़ा ली। रायफल की गोलियाँ जाँचीं। धरती पर सीधी लेट गयीं। नली गर्दन और ठोड़ी के बीच अड़ा ही रही थीं कि हमने दरवाजा भड़भड़ाया। पाँव से ट्रिगर दबातीं, तब तक हल्ला कर दिया। खिड़की का पल्ला पुराना था, खींचते ही उखड़ आया। तहखाने के कोठे में सीखचों का क्या काम? काम आसान हो गया।

"कुसुम दीदी हड़बड़ा गयीं। रायफल हाथ से छूट गयी। मेरी साँस में साँस आई।" कहकर उसने गहरा साँस लिया तो मैं यकायक बोल पड़ा, "हाँ, इतने हाय-हाय, लांग पुकार वाले शोरगुल में मरने के बेरहम और ठण्डे हौसले बरकरार नहीं रह सकते। तुमने अच्छा किया। बहुत अच्छा किया भुवन।"

"कुसुम दीदी के होठ नीले पड़ गए। वे बेहोश हो गयीं।

"लाचार ऐसी कि पति के आगे तक न पड़ें। हथियारों ने हत्या नहीं की पर सारी ताकत हथिया ली। कहाँ जब हथियारघर की कुंजी हमारे पास आ गयी थी तो लगा था, अब हमें कोई डर नहीं। बस अपनी बेधड़क जिंदगी के चलते हम सबके हितू हो गए, सुलह और दोस्ती में रमने लगे।"

मैं सोच रहा था, कुसुम औरत थी, अपनी जान झोंकने के अलावा किस बात की धमकी देती? उसके पास अपना था क्या? उसी तरह भुवन दूसरे की जान लेने पर उतारू हो जाती। या दोनों एक-दूसरे पर झपटतीं। और खत्म हो जातीं। क्या फर्क पड़ता? जमाने में औरतों की कमी है?

आदमी बड़ा जटिल है वह कहाँ कब कौन से पाँसे फेंकता है, भुवन क्या समझेगी? अजयसिंह भुवन का मन रख रहे हैं। खानदान की महिमा बना रहे हैं, माँ की आज्ञा का पालन कर रहे हैं, भाई का शुभ सोच रहे हैं। ऐसे त्यागी भद्र पुरुष तो मर्यादा

पुरुषोत्तम राम थे कि वे भी नहीं थे, उनके चरित्र पर भी उँगलियाँ उठती हैं। अजयसिंह औरतों की धुनाई पिटाई कर डालते तो उनको कोई दोष देनेवाला नहीं था, यह सब तो बड़ी मामूली बात है। वे खानदानी की सीढ़ी से भी शायद ही उतरते। फिर भी कोई अपनी जिंदगी का ढर्रा इस हद तक बदल दे अकारण ही...ऐसी उदारता संदेह के घेरे में आती है।

कुछ कहूँ तो मेरी बात का कोई अर्थ न होगा। कुँवर खेती का हिसाब-किताब, लेन-देन के कागजात, हवेली का बेहतरीन रखरखाव उसी तरह चला रहे हैं जैसे उनकी माँ चाहती हैं। माँ वही चाहती हैं, जो पुरखे चाहते थे। वे उन कायदों को भुवन की इच्छा पर खारिज कर सकते हैं? सुख-सुविधाओं के साथ कड़ी जकड़वाले नियम होते हैं, या फिर कोई छल छद्म होता है, नहीं तो सुख-सुविधाएँ नहीं होतीं। भुवन जेठ के साथ कदम ताल करते हुए घर में चले आ रहे सिलसिले को ही जिंदा रख सकती है, अपने लिए कुछ सोचेगी तो इस ढर्रे में खलल पड़ेगा।

भुवन मुझे अजीब निगाहों से देख रही थी।

मैंने कहा, "मैं कोई विध्वंसकारी आदमी नहीं। तुम्हें चाहता रहा हूँ, तो क्या चाहत से भस्म भी कर डालूँगा?" मैं हँस पड़ा, "वैसे भुवन मायके वाले लुत्ती लगाने के लिए बदनाम होते हैं। पर फिर भी बिना कहे रहा नहीं जाता—विजयसिंह को पागलखाने भेज देने के बाद तुम्हारे लिए चाशनी घोलना मेरे गले नहीं उतरता। अब यहाँ तुम्हारे रहने का मकसद घरवालों के लिए क्या है?

"नानी होतीं तो मेरी बात सुनकर गालियाँ देतीं, तू जन्म-जन्म का बैरी बचपने से ही उसको टेढ़े रास्ते डाल रहा है। तू विराटा गया ही क्यों?—नानी की कल्पना करते ही मुझे डर से ज्यादा दुख हो रहा है। मैंने अपनी विधवा और बूढ़ी नानी को कभी सहारा नहीं दिया। भुवन के बहाने आग भरे रास्ते के हवाले कर डाला। अम्मा भी माफ नहीं करेंगी, क्योंकि अम्मा की उम्मीदों के खिलाफ हैं मेरे चलन। तुम जैसा भी समझो।"

शायद मुझे रास्ते पर लाने के लिए यह रास्ता भी खोजा गया, जिसको लेकर कुँवर अजयसिंह पिताजी के पास गए थे और जिसमें भुवन का सहयोग शामिल था। हवेली के मिले-जुले प्रयास से एक शुभ रास्ता निकलने वाला था।

'दामिनी आ रही है। दामिनी आ रही है' यह वाक्य मैं भुवन और भुवन की सास के मुँह से आज चार-छः बार सुन चुका था। भुवन के चेहरे पर अजीब-सी मिठास थी, एक गरिमा भी थी, जिसमें सामंती हवेली का रुतबा घुला था। कुँवर अजयसिंह के छोटे भाई की पत्नी भुवन ऐसा काम करने में खुशी पा रही थी, जिससे हमारा रहा-सहा संसार उजड़ने वाला था। क्या भुवन इसलिए सब कुछ खत्म कर

देना चाहती है कि खुद को नए सिरे से ढाले और हवेली के गर्व-गौरव में घुल जाए?

नहीं, भुवन की वह छवि भी तो थी जिसमें कहा करती थी—चन्दर, तू मेरी बहन का लड़का है। बोल, मेरा क्या हुआ? कमोबेश बेटा ही न?

मैंने पुकारा, "भुवन, यहाँ आओ।"

वह बोली, "बाद में आऊँगी। अभी नाश्ते खाने का इतंजाम लगाना है।"

"ठीक है, जाओ। मेरी माँ बनने को तरसती थी, आज मौका पकड़ लिया।"

"हाँ हाँ। जनी का जन्म लेकर यह सुविधा मिल जाती है कि वह जब चाहे जो रूप धर ले, माँ बहन सखी सहेली! तू डाह में मरा जा रहा है?"

"नहीं, आगे और भी बोलो, सखी सहेली प्रेमिका पत्नी..."

"चल लोफर गुण्डा। माँ-बहनों को छेड़ता है। लुच्चा, यह नहीं सोच रहा कि अब गृहस्थधरम में जा रहा है, बदमाशी छोड़ दे।"

"तो तुम मुझसे ब्याह के नाम पर दुनिया छुड़वाने की सोच रही हो?"

"तो क्या जिंदगी भर गड़बड़ें ही करता रहेगा?"

"एक बात सुन लो भुवन, ब्याह के बाद गड़बड़ें और भी आसान हो जाती हैं। लोग तो अपने अनुभव से यही बताते हैं।"

वह दाँत खोलकर मुस्कराई और सीढ़ियाँ उतरती चली गयी।

मैं लड़की को भुवन की आँखों से देख रहा था—अब तक जितनी लड़कियाँ देखी हैं, वह उनसे हटकर है। गर्दन झुकाकर आँखें नीची करके बैठने वाली नहीं। इतने दिनों से हमारे यहाँ बात चल रही है, लड़का देखने नहीं आया। बाप धीरज खोने लगा। उसने धैर्य रखा।

मैं बोला, "बारहवीं पास लड़की।"

"टेक रखने वाले टेक रखते हैं," भुवन ने जवाब दिया।

"पिता का दबाव क्या हुआ?"

"दबाव क्या उसकी रजामंदी का मालिक था?"

"सब तुम्हारा कमाल है।"

"मैंने अब तक कोई कमाल किया है, बता?" कहकर कितने-कितने सवाल उठा दिए उसने।

दामिनी आ गयी।

भुवन उसे अपनी अटारी में ऊपर ले आई। मैं अटारी में घुसा तो गुलाबी रंग का सूट पहने हुए करीने से दुपट्टा डाले हुए कंधे तक कटे वालों वाली लड़की

जैसी एक लड़की दिखी। टेक रखने वाली अदा तो कहीं नहीं थी, आँखें झुकाए बैठी थी।

भुवन मेरे बैठने का इंतजाम विशेष तौर पर कर रही थी कि मैं भुवन के किनारे रहूँ और उसके सामने। बैठा तो लड़की से ज्यादा लड़की के कानों की बालियाँ दिखीं। बिजली सी चमकती बालियाँ! उसके बाद सिर में बीच निकली टेढ़ी माँग। पिन के सहारे साधे गए घने बाल। नीचे निगाह गयी तो दुपट्टे के बाद हाथ की घड़ी दिखी। घड़ी लड़कियों की घड़ी जैसी सुनहरी और चिकनी नहीं थी। चमड़े के मजबूत पट्टे से बँधी स्टील के डायल वाली थी। एक हाथ नंगा था।

मैं लड़की देख रहा था, ब्याह का ख्याल आसपास तक न था।

मगर मौन था और प्रगाढ़ता सी बढ़ने लगी। मैं ऐसी ही लड़की को 'साथी' के रूप में चाह सकता हूँ। अर्द्धांगिनी कैसी होती है, मुझे पता नहीं। क्या इसकी वेशभूषा ही इसके स्वभाव का आईना है? हो सकता है और नहीं भी हो सकता। कई बार पहनावा और चाल ढाल स्वभाव के ठीक विपरीत होता है। लड़कियाँ अक्सर विवाह के बाद रहन-सहन पोशाक और स्वभाव तक बदल डालती हैं। ऐसी लड़कियों को ही नानी धान का पौधा कहती हैं। काश ! नानी यहाँ होतीं और पहचान पातीं कि यह लड़की धान का पौधा है या नहीं?

दो चार रस्मी बातें हुईं—

"तुम्हारे चेहरे पर तमतमाहट सी है, बुखार तो नहीं आ गया?"

"हाथ छूकर देखो कि हाथ गरम है या नहीं?" उसने सिर उठाकर कहा।

"नहीं, बुखार नहीं है। हाथ तो ठण्डा है।" मैंने बाकायदा नब्ज देखते हुए कहा।

"तुम्हारा हाथ बहुत गरम है, इसलिए मेरा हाथ ठण्डा लगा," वह बोली।

भुवन देखती रह गयी। जब रहा न गया तो बोली, "कैसी बातें कर रहे हो तुम?"

मैं पूछ बैठा, "तुम्हीं बताओ, क्या बातें करें? तुम्हें पता है?"

वह ऐसे देखने लगी कि कहे पता है, कहे, नहीं पता। कुछ भी न कहे...

मैं माहौल को हल्का रखना चाहता था, क्योंकि वह क्षण भुवन की आस्था खोने का क्षण था। भुवन इतनी खुश दिख रही थी कि उसकी खुशी पर शक होने लगा। वह दामिनी को मुझसे जोड़ रही है, भीतर कितना कुछ टूटा है...। मैं कहना चाहता हूँ—मेरा ब्याह कराकर तुम कौन सा बदला लेना चाहती हो? यही कि मैं शर्म से गड़ जाऊँ और तुम तबाह होती रहो। अपनी तकदीर न बदल पाई, मेरा भाग्य बदलने निकल पड़ी।

मैं बात बदलता हूँ—

"दामिनी, तुम सच्ची में बी.ए. करना चाहती हो?"

"हाँ, बी.ए. तो करना ही है।"

"हाँ, ब्याह के इतंजार में लड़कियाँ बी.ए. कर लेती हैं।"

"नहीं, पढ़ाई का अपना अलग महत्त्व है।"

"वह महत्त्व ब्याह से अधिक नहीं होता।"

"क्यों नहीं होता?"

"बी.ए. के बाद ब्याह कराओगी, तब बता दूँगा।"

भुवन फिर बोली, "लड़का लड़की पहली बार मिलते हैं, तब ऐसी बातें करते हैं?"

दामिनी हँस दी और कहने लगी, "जो ऐसी बातें करें, वे ब्याह करें न करें, भाभी को शक पड़ रहा है।"

भुवन ने जवाब दिया, "तुम्हारे पिताजी तुम्हारे इसी स्वभाव से परेशान हैं।"

मैं दामिनी के मुकाबले ज्यादा हँसकर बोला, "मुझे परेशान करने वाले स्वभाव की लड़कियाँ ही पसंद हैं।"

भुवन मुस्करा रही थी। मुस्कराहट पीली सी पड़ गयी। दोस्ती का यह नमूना दिलकश था या केवल एक दिलासा...

मैं राजेश से मिले बिना विराटा से जाना नहीं चाहता था, जब कि मेरी छुट्टियाँ खत्म हो रही थीं। मुझे शाम तक यहाँ से हर हाल में चल देना चाहिए, मगर हवेली में क्या मामला चल रहा है, यह भुवन नहीं देख पाएगी, क्योंकि वह अत्यंत निकट से देखने वाली है। राजेश या पुजारी जी यहाँ बने खाके को समग्र रूप में ग्रहण कर पा रहे होंगे। दूरदर्शी पुजारी जी के पास मेरे लिए क्या-क्या होगा, उनके पास पहुँचने पर पता चलेगा।

"भुवन मैं मंदिर के दर्शन करता हुआ अजीतमल के लिए निकल जाऊँगा।" मैंने कहा तो वह चुप पड़ गई।

"तुम्हें राजेश नहीं मिलता?"

"मैं ही नहीं मिलती। कुछ मेल फूट डालने वाले होते हैं।"

"मंदिर में पुजारी जी?"

"जेठ जी ने उन्हें मंदिर से निकालने का बीड़ा उठाया है। देवी की कहानी को उल्टी करके कहते हैं। ग्वालियर से बड़े महंत मंदिर की गद्‌दी पर आएँगे।"

"तुम तब भी मंदिर जाती हो?"

"मंदिर जाना, पूजा करना है चन्दर, किसी से मिलना-जुलना नहीं।" कहकर उसने वहाँ बैठी दामिनी की ओर देखा। दामिनी मुस्कराने के लिए मुस्करा रही हो

जैसे।

मैं मंदिर के पुजारी जी और राजेश दोनों से मिलकर आया। अपना पता दिया, फोन नम्बर लिखवाया। मंदिर में बैठा 'स्नेह पाप शंकी' की गिरफ्त में बँधा, पुजारी जी से कह रहा था, "जब कभी उचित समझें मुझे खबर करें। बस इतना ही माँगता हूँ, यही आशीर्वाद होगा। यही वरदान।"

मैं पुजारी जी ने गले लगाकर स्नेह से विदा किया।

आठ

चिट्ठी मिली।

दामिनी ने लिखा है—वह दिन याद होगा जब आप से मुलाकात हुई थी। आप को मेरी याद आ जाएगी। याद दिलाने से याद आती है नहीं तो आज पूरे चार महीने हो रहे हैं, आपकी ओर से कोई खबर नहीं मिली।

मैं आपकी खबर लूँ, ऐसा इरादा हरगिज नहीं। एक खबर देनी है, बस। पत्र इसीलिए लिख रही हूँ। और बातें लिखूँ उससे पहले वह खबर—भुवन भाभी आपको बुला रही हैं। आगरा के मानसिक अस्पताल में कुंवर की हालत खराब है, जेठ बताते हैं। भाभी जाना चाहती हैं। जेठ के साथ जा सकती हैं, मगर जाना नहीं चाहतीं, आड़ परदे का मामला है। दो बार ऐसा ही हो चुका है। जाना आना बराबर रहा। बहू खो गयी, जेठ पुलिस में हुलिया दर्ज कराए तो कैसे, हुलिया गौर से देखी नहीं। आपको हर हाल में आना है।

अब एक अर्ज अपनी निजी—आप विवाह न करने का संकल्प उठाए हुऐ हैं, मैं जान गयी हूँ। भुवन भाभी नहीं जानतीं। जानती होतीं तो मुझे अपने यहाँ बुलाकर आपके साथ जोड़कर न देखतीं। मैं उनसे मना नहीं करना चाहती। उनके अपने दुख क्या कम हैं, जो यह निराशा भी उनमें जोड़ दूँ। राजेश ने सारा कुछ मुझे बताया है, इसलिए मना करने को मना किया है।

आप सोचेंगे, पुजारी का बेटा राजेश मेरा राजदार कैसे हुआ? मेरी नादानी ही सही, आप से एक बार मिली विश्वास कर लिया। दिल की बात सच्चे साथी को ही बताई जा सकती है। आप हमारे साथी हैं। राजेश और मैं एक-दूसरे को तब से जानते हैं, जब दतिया के पीताम्बरा पीठ में पुजारी जी पूजा दिया करते थे। विराटा के देवी दुर्गा मंदिर में तब राजेश के बाबा यानी पितामह पुजारी थे। राजेश दतिया के गवर्नमेंट डिग्री कॉलिज में बी.ए. में पढ़ता था और मैं तब वहाँ मामा के घर रहकर इण्टर कर रही थी। मैं अपनी सहेलियों के साथ देवी पीताम्बरा के दर्शन को जाती

थी। राजेश से वहीं परिचय हुआ और कॉलिज के गलियारों में घूमते हुए, किले को देखते हुए कब प्रेम हो गया, पता ही नहीं चला।

वह बी.ए. में पास हो गया। मैंने बी.ए. में दाखिला लेना चाहा। हमारे पिता को मामा ने सब कुछ बता दिया। मैं गूजर राजेश ब्राह्मण। जोड़ी बैठती है, तब क्या जाति भी बैठती है? गैर जाति की बात जिंदगी से भी बड़ी बात है। कहीं मैं उससे शादी न कर बैठूँ? यह बात राजेश के लिए भी माफिक नहीं बैठेगी, बल्कि ऐसा तूफान उठाएगी कि उसके पिता की आजीविका पर भारी पड़ती। आप क्या जानते नहीं, बुंदेलखण्ड में अपनी जाति में ही प्रेम-विवाह हो जाए तो बहुत समझो। हमारे पिताजी ने मेरी पढ़ाई छुड़ा दी और यहाँ बुला लिया।

विराटा की देवी के मंदिर में राजेश के बाबा पुजारी थे। तीन साल पहले ही उनका देहांत हुआ है। उनकी जगह ही राजेश के पिताजी यहाँ आ गए।

मैं मंदिर जाने लगी। घरवाले रोकते तब भी जाती। सामने न जाती, छिपकर जाती। छिप कर न जाने देते, लड़कर जाती। प्रेम था कि पानी का बहाव? इधर से रोको उधर की सीमा तोड़ दे, उधर से रोको तो इधर की। माँ-बाप की मजबूरी कि जोर से कुछ बोल न सके। बदनामी का डर विवाह के डर से बड़ा था। मैंने भी माता-पिता और खानदान की मर्यादा को इतना सहयोग दे दिया कि प्रेम गोपनीय रहे। राजेश भी लगभग मौन रहता है, इस विषय में।

भुवन भाभी से मेरी भेंट मंदिर में ही हुई थी। मैं फिर भी तीसरे-चौथे या कभी-कभी सप्ताह में मंदिर आती, वे महीने के दो तीन दिन छोड़तीं, नहीं तो रोज ही आतीं। वे राजेश से बातें करतीं। धीरे-धीरे मुझसे बोलने-बतियाने लगीं और फिर हम दोस्त हो गए। उनकी बातों में अस्सी प्रतिशत आपकी बातें होतीं। बात-बात में 'चन्दर' नाम लेतीं। राजेश की अदाओं को चन्दर के हावभावों से मिलातीं। मन ही मन उन्होंने मुझे तुम्हारे लिए चुन लिया। आसानी ही नहीं, कारण भी कि हम दोनों गूजर निकले। अपनी सास के जरिए यह बात जेठ तक पहुँचाई। कुँवर ने मेरे पिता से बात की। मेरे पिता को और क्या चाहिए था? जाति का लड़का, योग्य और नौकरी शुदा। सोने में सुहागा। वे अच्छे से अच्छा दहेज देने को तैयार हैं।

अफसोस कि यह गठबंधन इस तरह हो नहीं सकेगा। आप मुझे माफ करना। एक कर्ज और चढ़ाती हूँ कि इस बात को अपने तक ही रखना। जल्दी से जल्दी आएँ। हम आपके साथी, आपका इंतजार करेंगे।

आपकी दामिनी

चिट्ठी है कि दामिनी की तस्वीर!

भुवन सोच रही होगी कि मैं दामिनी के नवयौवन में सतरंगे धनुष पड़ते देख रहा हूँगा। भुवन की उदारता को ईश्वर का वरदान मानकर आगामी जीवन के सपने

बुनने में लगा हूँगा। वह भी कैसी नादान है, खुद से जब मैंने पूछा था कि इस हवेली में तो कोई कमी नहीं, तुम सादा इकलाई कोर की सूती धोती पहनकर क्यों रहती हो? हमारे पिताजी ने तुम्हें इस तरह रहने के लिए ब्याहा होता तो फिर किसी निर्धन किसान का घर ही क्या बुरा था? शायद भुवन को याद हो कि उसने क्या कहा था जवाब में?

"चन्दर, रेशम पहनकर क्या करूँगी? मुझे आदत भी कहाँ है कीमती चीजें पहनने की? जो चाहिए, वह मिला नहीं।"

"वह भी मिल जाएगा। अभी जद्दोजहद में है।"

"चन्दर, कौन तोड़ेगा ये किले जैसी भींतें? कब मिलेगी इतनी सारी ताकत?"

भुवन को याद जरूर होगा कि मैं उसे अपने सीने से लगाकर थोड़ी देर चुपचाप खड़ा रहा था। बोलने के लिए जैसे कुछ नहीं रह गया हो, बोला तो यह कि—तुम्हारे पास क्यों आया?

जैसे भुवन का व्रत भंग हुआ हो। विवाहिता औरत को पर पुरुष का स्पर्श वर्जित है। वह बोली, "पाप हो गया?"

"क्या होता है पाप? मेरे लिए एक ओर सारा संसार है तो एक ओर तुम। पद-प्रतिष्ठा, धन-दौलत लेकर क्या करूँगा भुवन? अगर तुम्हारी मुक्ति यहाँ से कर सकता हूँ तो बाप के किए का अपने किए का प्रायश्चित्त समझूँगा। तुम्हारे दुख से जो दुख मुझे मिला, तुम्हारी कैद से जो सजा मुझे मिली, अब कोई दुख और सजा मेरे लिए बड़ी नहीं। मेरे सुख का आधार तुमसे बड़ा नहीं। विकासखण्डों में जा-जाकर लोगों की मदद करता हूँ, कोई कितना बड़ा धनी किसान बन जाएगा, मुझे पता नहीं। तुम्हें खोकर मैं जरूर निर्धन हो गया।"

भुवन रोती रही थी।

चलते समय बस इतना कहा था, "तू बहादुर है, मैं बचपन से जानती हूँ। तू अपनी बहादुरी त्यागेगा नहीं। तेरी मैं कोई हूँ, यही क्या कम है?"

वह रो नहीं रही थी, गा रही थी, मुझे ऐसा ही लगा कि—

"उठो उठो सूरजमल भइया भोर भए
उठो उठो चन्द्रमल भइया भोर भए
अमानसिंह की कुँवरि लड़ायती नारे सुआटा
भुवन बेटी निहोरा तिहोरा नाय..."

यह वीरगीत मेरे साथ-साथ आया, क्योंकि तेरी याद संग-संग चली थी।

अब अपना रूप बदल रही है भुवन, मुझे बड़ी तकलीफ हुई। दामिनी की चिट्ठी क्या कह रही है? पीछे के पृष्ठ पर लिखा है—विवाह नहीं हो सकता, यह एक बात है, लेकिन दुख की बात यह है कि तुम्हारे पिताजी ने अपनी साख कुँवर को बीच में डालकर दिलवाई! मेरे पिता और कुँवर अजयसिंह में आज की नहीं, बरसों पहले

की रंजिश है। कुँवर के हाथ दोस्ती करने का यह अच्छा मौका आया है, क्योंकि वह मेरे बहादुर पिता के क्रोध को भूला नहीं होगा। एक बार अजयसिंह को मारने के धोखे में हमारे दद्दा ने एक नीलगाय को मार डाला था। बताओ, ऐसों से कौन दुश्मनी ले सकता है? अंगरक्षक का इतंजाम भी कुँवर ने तभी किया था।

फिर भी धार्मिक तबके में और राजनीतिक हल्कों में कुँवर की धूम है, मैं मानता हूँ। भुवन भी उसी रूप की मुरीद हो गयी तो अचरज भी क्या? विराटा के मंदिर पर भण्डारा, उनाव के बाला जी का मेला कुँवर के दान के बड़े हिस्से पर निर्भर रहते हैं, कौन नहीं जानता? लेकिन भुवन ने अपने ससुर के बारे में भी सुना होगा कि उनकी मौत साधारण नहीं थी। सास तो उस मौत को मौत मानती ही नहीं, वरन् वह सती होती। रहस्य हवेलियों को आम आदमी से अलग करता है, तभी कोई घर हवेली में तब्दील होता है। भुवन के ससुर की मौत रहस्य है। अटकलें लगाई जाती हैं–पकड़ हो गयी। कत्ल हो गए। विरोधियों ने गायब कर दिए।

अजयसिंह के मामले में ये बैर विरोध उनके पिता को मार काट रहे थे तो कुँवर को ढाल रहे थे। कहते तो यह भी हैं कि कुँवर के पिता बड़े कुँवर दुरजयसिंह एक बार मिल गए थे। उनाव के महंत जी ने खोज निकाले थे ज्यों धरती फोड़कर निकले हों, हाँ पहचान में नहीं आते थे क्योंकि चेहरे पर राख सी पुत गई थी। होठों से लार बह रही थी। आँखें भी मृत आदमी जैसी ठहरी हुईं...जुबान पर लकवा पड़ा था।

आखिर कुँवर के बाप और भाई की दशा ऐसी क्यों हुई? हमें यह खोज पहले करनी चाहिए थी, क्योंकि अब तो इसका प्रायश्चित्त भी नहीं। पर इसमें भी शक नहीं कि ये अर्द्धमानव से बाप और भाई कुँवर अजयसिंह का रास्ता बुहार गए। तुम कितने काँटे डाल सकती हो? कुँवर का कुछ नहीं बिगाड़ पाओगी, इसलिए रास्ता बदल रही हो? खुद जेठ की लजवंती बहू हो गयीं, मुझे दामिनी के हवाले करना चाहती हो? तुम से तो अच्छी कुसुम दीदी थीं, जिन्होंने घर सम्पत्ति छोड़कर रायफल हाथ में उठा ली। माना कि वे खुद को खत्म करने चली थीं, पर हाथ में बंदूक थी तो तुम्हें भी खत्म कर सकती थीं और अजयसिंह को भी। अन्याय के प्रतिकार की चिनगारी उनमें भड़की तो थी। तुम क्या थक गयीं भुवन...?

दामिनी के भेजे पत्र की डोर में बँधा मैं विराटा चला आया। यद्यपि दफ्तर से छुट्टी न मिली थीं। बेहद जरूरी कार्यशाला का कार्यक्रम जालौन जिले के कुठौंद ब्लॉक में होना था। 'लीव विदआउट पे' पर छुट्टी लेना मंजूर कर लिया, क्योंकि सारी छुट्टियाँ ले-लेकर खत्म कर डाली थीं। छुट्टियाँ थीं मानो गहन जंगल का रास्ता, उनके जरिए पाँव खोलता और चल पड़ता। तन मन से आजाद होकर आगे बढ़ता। विराटा की

विराट हवेली में भुवन के कोटर तक पहुँचता।

अब की बार गाँव में नहीं धँसा, जंगल के रास्ते पेड़ों की डालियों और पत्तों के बीच छिपी हुई एक पर्ण कुटी में पहुँचना था। इस जगह का पता चिट्ठी में ही दामिनी ने लिख दिया था। अजब स्थान था। बेतवा की धारा की तलहटी में एक ढालू सी चट्टान से पानी टकराता हुआ आगे बढ़ता तो किसी बाजे की सी आवाज होती।

दामिनी चट्टान से टेक लगाकर खड़ी थी। आज पहनावा शलवार सूट नहीं था, ढीला सफेद कुर्ता और जींस पहने थी। इस बीच बाल भी लगभग लड़कों जैसे कटाए हुए थे।

मैंने जाते ही पुजारी जी के बारे में पूछा। वह बोली, ''मुसावली गए हैं। अगर दिन रहते ही उद्यापन हो गया तो चले आएँगे, नहीं तो कल सवेरे तक आना होगा।''

वह कुटिया में चलने के लिए कहने लगी, मगर मेरा मन यह जगह छोड़ने के लिए नहीं कर रहा था। ऐसा गहन जंगल कि बाहर से पता न लगे कि भीतर क्या है? अगम्य क्षेत्र सा खामोश।

''चलो, यहाँ क्या कर रहे हो। सफर से आए हो थके नहीं?''

''थक गया तो आगे का सफर कैसे करूँगा? तुमने तो मेरा प्रस्ताव नामंजूर कर ही दिया। चाहती हो, आगे भी न जाऊँ?'' वह मेरा आशय समझकर मुस्कराई। आँखें शरारत से लबरेज थीं।

''क्या यहाँ खड़े होने में तुम्हें खतरा है? कोई देख लेगा? भगवंतपुरा पास ही है?''

''देख लूँगी, ज्यादा पिछाई हो रही होगी तो सामने वाले जंगल में चली जाऊँगी। अब चलो कुटिया में। वहाँ से मंदिर में जाना है, आज आरती राजेश करेगा।'' कहकर वह आगे-आगे चली और मैं पीछे-पीछे। शांत भयानक एकान्त, सुनसान में साथ चलने वाली वह लड़की देवी दुर्गा जैसी साहसी और ताकतवर लग रही थी। चाल हिरण जैसी नहीं, चीते जैसी है। मुझे एक अपरिचित, असीमित और दृढ़ता का आभास यकायक होने लगा। सफर का साथी हो तो ऐसा हो। बहुत कुछ कहना चाहता था, इसलिए ही कुछ न कह सका।

कुटिया में जाकर देखा, राजेश सारंगी पर कुछ गा रहा है। बुंदेली लोक धुन बज रही है। मुझे और दामिनी को देखकर सारंगी लिये फर्श के कोने में रखने लपका। और फिर खड़ा होकर गले मिला। कण्ठ अब भी गीत में समोया हुआ सा था।

दामिनी टुकनिया में रखे कैथा उठा लाई और बोली, ''मेहमान की यही खातिर हमारे पास है, खा लो और खट्टे दाँत करो।''

मैं चटाई पर बैठ गया था। सफरी झोला पास में ही रख लिया। अच्छा हुआ

कुर्ता-पाजामा पहनकर आया, बैठने में पैंट फट जाती या मेरे घुटने कस जाते। दामिनी के अंग लचीले हैं, जींस में भी बैठ गयी। मैं उन दोनों को कौतूहल से देख रहा था, यहाँ उनका पता कौन पा सकता है?

"तुम लोग बड़े भाग्यशाली हो, क्या जगह खोज ली है!" मैंने कहा तो दामिनी की आँखें चमक उठीं और बोली, "भाग्यशाली वे ही होते हैं, जो दुर्भाग्यों से लड़ते रहें।"

"हमारी दुर्भाग्यन का क्या हाल है? अपनी टेक के लिए फिर प्राणों की बाजी लगाने उठ खड़ी हुई क्या? भुवन मुझे बुला रही है, पढ़कर एक बार को तो विश्वास नहीं हुआ था।"

राजेश बोला, "उसे तो हर समय हमलों का सामना करना होता है। कह रही थी कि कुँवर अजयसिंह बार-बार एक ही बात कहते हैं, वही कि पागलखाने में मरीज मरकर ही बाहर निकलता है। विजय का हाल अच्छा नहीं, सुनते ही भुवन के प्राण मुँह को आ जाते हैं। दुख के साथ मारने कलंक भी...इस औरत के लिए जिंदगी सजा से बदतर हो गई।"

"उसने क्या कहा?"

"घूँघट में से क्या कहती? कुछ नहीं कहा। सवेरे मंदिर में कह रही थी—आदमी मर जाता है, तब क्या लोग अस्पताल जाना छोड़ देते हैं? इलाज भी तो वहीं होता है, जिंदगी भी तो वहीं मिलती है। हाँ, कीड़े-मकोड़े की जिंदगी काटनी हो तो वह कहीं भी काट लो।"

मुझे खटका तो था ही, डर लगा कि कुँवर भुवन के लिए कोई बर्बर सजा तो नहीं सोच रहा, क्योंकि अभी भी उसके दिल में कशमकश है कि भुवन ने विजयसिंह को पागलखाने में भर्ती कराकर हवेली को चुनौती दी है। जेठ के फैसलों को आग लगा दी है।

दामिनी बोली, "कोढ़ में खाज, अस्पताल से खबर आ चुकी है कि विजयसिंह काफी बीमार है। हे भगवन् सब ठीक ठाक हो। कोई और संकट न गहराने लगे।" कहकर उसने हाथ जोड़कर आकाश की ओर देखा।

राजेश बताने लगा, "उसकी माँ अलग घबरा रही है। भुवन के जाते ही नारियल चढ़ाने मंदिर आई थी। देवी माँ की मूर्ति से प्रार्थना करने लगी, 'हे महामाई, मेरा पगला सिर्री ही बना रहे। रच्छ्या करना।' "

"सीढ़ियाँ चढ़ आई थी डुकरो? कितनी तो भारी है!" मैं बिना पूछे न रह सका।

"पालकी में आई थी। हवेली की आबोहवा पचास वर्ष पुरानी है।" जवाब दामिनी ने दिया और स्थिर नजर से देखने लगी।

ऐसे में वहाँ जाकर मैं क्या करूँगा? जिसकी जिंदगी के लिए बिक जाना चाहता

हूँ, उसे सांत्वना देने, भरोसा देने तक नहीं जा सकता। घर के लोग, अपने लोग किस कदर पराए कब्जे में चले जाते हैं! ये रीति-रिवाज किसका भला करने वाले हैं? इस मर्यादा को आग लगे। ऐसा व्रत धर्म जलता क्यों नहीं? आदमी को चबाकर फलफूल रहा है। हमें किस दोष का प्रायश्चित्त सौंपा है? आओ राजेश, साथ आओ। आओ दामिनी, पास आओ। छिपकर कब तक रहोगी? सामने आकर अपने प्रेम का इजहार करो। डरोगी तो लोग और भी डराएँगे। नहीं बोलोगी तो भुवन के हश्र को जाओगी। हमको एकजुट होना होगा। तुम्हारे साथ बैठकर एक नया रास्ता दिख रहा है। पर्णकुटी का रास्ता। इस रास्ते का क्या नाम है? इस रास्ते का कौन-सा धर्म है? अनाम अनकहा सा सब कुछ, फिर भी कितना साफ, स्पष्ट! नहीं, अपने लिए मुझे घबराना नहीं है। इस रास्ते पर हम सब मिलकर चल रहे हैं। पुजारी जी इस समय हमारे नायक होंगे, आगे उन्हीं का मार्गदर्शन होगा।

"क्या बुदबुदा रहे हो चन्द्रप्रकाश?" दामिनी पूछ बैठी।

"मैं?"

वह खिलखिलाकर हँस पड़ी। उसकी हँसी मंदिर की घंटियों से निकलती मीठी सुरीली आवाज में रिलमिल गई।

राजेश देवी की नित्य गाई जाने वाली आरती के रूप में वही गीत गा रहा था—

"मलिनियाँ फुलबा ल्याओ नंदनवन के..."

दामिनी साथ दे रही थी। एक पुरुष और एक नारी कण्ठ के साथ मेरा स्वर भी लय में गूँजने लगा—

बीन बीन फुलबा लगाई बड़ी आस, उड़िगये फुलबा रह गयी बास
मलिनियाँ फुलबा ल्याओ नंदनवन के...

भुवन अपनी अटारी में बैठी मिली। चटाई पर।

हाँ, वहीं, जहाँ वह बैठ जाती है। शिला की तरह अडिग होकर अड़ जाती है। द्वार खुला पड़ा रहता है, आसमान की ओर देखती रहती है। धूप आए, हवा झकझोरे, कुछ असर नहीं पड़ता। बचपन से भुवन ऐसी तो है ही, मुझसे ज्यादा कौन जानेगा? नानी उसकी खताओं पर अपना गला चीर दें, अपने हाथ तोड़ लें, न तो गालियाँ असर करतीं न मार। ढीठ होकर देखती रहती।

आँगन में डोल रही हैं सास। बकती चली जा रही हैं।

"जनी की जात ऐसी होती है? आदमी सफाखाने में पड़ा तड़प रहा है और यह चन्दर की राह देख रही है। किताबें पढ़ती थी छिनार, किताबों में जे ही सब लिखा है? किताबन में जनियों ने अपने आदमी की खातिर चाँद सुरज तक रोके

हैं, और यह गैर मर्द को न्योंता दे रही है। हरजाई।''

अपना नाम सुनकर मैं भी हत सा बैठ गया। पलंग पर पाँव लटकाकर बैठा रहा।

भुवन की सास की बात का छोर पकड़कर कुछ कहूँ तो उसका अर्थ क्या? बेसिर-पैर की बातें भुवन को चोट पहुँचाने के लिए थीं।

मन बिगड़े घोड़े की तरह बेकाबू हुआ जा रहा था, यह बूढ़ी मर क्यों नहीं जाती? इसके जीवन से दुख के सिवा किसी को मिलता क्या है? बेटे पर अपनी आज्ञा का अपनी इच्छाओं का बोझ लादकर गधे की तरह चलाने में खुश रहती है। बहू पर तोहमत जड़कर खुद को सती साबित कर रही है, कोई पूछे, इसका पति कहाँ है? सूरज चाँद क्यों नहीं रोके उसकी खातिर?

मैंने अनचाहे ही झुँझलाकर भुवन से कहा, ''अकेली ही चली जाती इनके संग। मुझे क्यों बुलाया? अपने संग मेरी भी फजीहत कराती हो।''

भुवन फिर भी चुप रही।

''तुम्हारी सास की आदत तो है ही कि एक बार बिगड़ उठी तो जुबान पर काबू नहीं रहेगा। चुन-चुनकर बाण चलाएँगी। उन्हें क्या पता कि उनकी बहू फिर भी घायल नहीं होगी।''

भुवन जैसे बाहर निकली धूप से कह रही हो, हवा को सुना रही हो, ''मेरी देह में कितने तीर गड़े हैं, मैंने नहीं देखे, अपने आप निकलकर गिर जाएँगे। रह जाएँगे दाग। दागों को देखकर याद आएगी, दर्द तो नहीं होगा। मुझे दर्द नहीं होता चन्दर।'' कहकर उसने डबडबाई हुई नजर मेरी ओर उठा दी।

''हाँ, तुम्हारा रवइया ही ठीक है, कोई बकता रहे भूँकता रहे 'चुप' के आगे सब बेकार। तुम्हारी सास तुम्हारे चलते ही मेरे लिए बदल जाती हैं नहीं तो मेरे लिए तो वह एकदम दूसरी रहती हैं। कई बार आया हूँ, यही देखा है। अपने हाथ से बनाकर लड्डू मठरी और खुरमा खिलाए हैं। आनाकानी की है तो नानी की तरह झिड़का है। पिछली बार कह रही थीं—दामिनी से ब्याह कर ले, दामिनी तुझे बड़ा सुख देगी। उसमें लड़की के सद्गुण हैं। बोलचाल से फूल झरते हैं। भुवन तुमने उन्हें कड़ुवा बना दिया है।''

भुवन रोई हुई आँखों हँस दी।

''चाहती हैं, तू जल्दी से जल्दी शादी कर ले सो अपनी गृहस्थी में पड़कर भुवन को भूल जाए। देखती आई हैं, आखिर इतनी उमर हो गई कि अच्छे-अच्छे भाई-भतीजों बहन-बहनोतों को जोरू और बाल-बच्चों के चलते नाते-रिश्ते भुला जाते हैं। प्यार पिरीत जहर लगने लगती है। तुझसे पीछा छुड़ाने का और उपाय क्या है?''

अस्थिर-सा हो उठा मैं। अपने उस संकल्प की याद आई जो राजेश और दामिनी

के साथ लिया है—गोपन संकल्प। यहाँ तो उस संकल्प की बात भी नहीं कर सकता बल्कि उल्टा कह गया—

"भुवन, अपने जेठ के संग चली जाओ, मुझे और भी बहुत काम है। छुट्टी भी कहाँ मिली है? साली नौकरी की चिंता तो नहीं पर फिर भी..."

उस समय भुवन अपने कपड़ों से भरी प्लास्टिक की डोलची को खंगाल रही थी, न जाने सफर की तैयारी का क्या गुम था? और कहती जा रही थी—

"बृहस्पतिवार, राहू केतू, दिसासूल... तंग आ गए हम तो। यह जेठ घर से निकलने ही नहीं देता। डुकरो समझ रही है, हम जाना नहीं चाहते।" कहकर वह मेरी ओर पलटी तो मेरे मुँह से वही सुना, "जेठ के संग जाना ही बेहतर है, क्यों फसाद बढ़ाती हो? फसाद हमारे माफिक नहीं पड़ेगा।"

उसने ऐसे देखा जैसे मैं मजाक में कह रहा हूँ। जबकि मैं दृढ़-सा देखता रहा।

फिर वह सन्नाटे में आ गयी। चुप्पी ऐसी कि डर-सा लगने लगा। लेकिन जैसी कि उसकी आदत है, थोड़ी देर में सहज-सी हो गयी। डुलिया एक ओर धरकर पास आ बैठी। ऐसे क्षणों में अक्सर वह मुझे मना लिया करती है। मेरी बात को सहलाकर भी उसे गलत ही समझती, यह दूसरी बात है।

उसकी बड़ी-बड़ी आँखों में दो तालाब गहरे और भरे भरे थे। उसकी गर्दन में कुछ घूँटते जाने की हलचल थी। उसकी नुकीली होती जा रही नाक में फड़कन पड़ी थी। जाने कितना तो कोप सिमट आया, क्या करने वाली है? मैं इस स्थिति के लिए कतई तैयार नहीं था। सहसा सजग-सा हो बैठा।

भुवन की आवाज बारीक हो गयी, उसने समझाने का लहजा पकड़ा—

"चन्दर, वह कहानी सुनी है, गाड़ी और कुत्ते वाली? नहीं सुनी तो सुन ले। कुत्ता था, वह बैलगाड़ी के नीचे खड़ा था। बैलगाड़ी चली, कुत्ता भी उसके नीचे-नीचे चलता रहा। धूप से बचता, छाँह का आनन्द लेता हुआ। सफर मजे में संग-संग होता रहा। गाड़ी मेंड़ ठेल, झरियों बिरियों से टकराती लड़खड़ाती, काँटों में उलझती हुई आगे बढ़ रही थी, कुत्ता उसी राह चलता जाता। दूर पहुँचकर कुत्ते ने सोचा, गाड़ी वही ले जा रहा है। वह नहीं चलेगा तो गाड़ी नहीं चलेगी। गाड़ी नहीं चलेगी तो गाड़ीवान परेशान हो जाएगा। वह मुझे मनाएगा। दूध मलाई खिलाएगा। दूध मलाई इस जंगल में नहीं मिलेगी तो गोश्त लाएगा भले उसे अपना बैल काटना पड़े। चलो, रुक जाता हूँ। गाड़ीवान को अपनी अहमियत तो दिखा दूँ कि मैं दुत्कारने की चीज नहीं।

"कुत्ता रुक गया।

"गाड़ी चली गई।" कहकर वह बड़े प्यार से मुझे देखने लगी।

बचपन में भी ऐसे किस्से सुनाकर वह अपने हिसाब चुकता किया करती थी, और मैं तिलमिला उठता था।

आज की तिलमिलाहट बचपन की नहीं, जवानी की बौखलाहट थी। बौखलाहट को जब्त करना मामूली बात नहीं। अपने आप को समझा रहा हूँ—वह चिढ़ रही है, क्योंकि एकदम अकेली हो गयी है। मायके में कोई सहारा नहीं। नानी से कहे तो वे सुनकर ढेर हो जाएँगी। मैंने भी क्या किया? सास की गालियाँ, जेठ का व्यवहार उसे खिझा रहा था, मैंने अपने दो जुमलों से उसे चिढ़ा डाला। उसका मिजाज गर्म हो गया तो किसका दोष है?

वह उठी और बोली, ''मैं भी कम चांडाल नहीं चन्दर, तू कब का आया बैठा है और पानी तक के लिए पूछा नहीं। झोली भर दुख लिए बैठी हूँ, सासरे वालों पर बस नहीं चलता, मायके वालों पर जहर-सा बरसाती रहती हूँ। तू हाथ आ जाता है, तेरा गला दबाने लगती हूँ। नहीं सोचती कि तू भी नहीं आया तो फिर किसके आगे...'' कहती हुई बाहर निकल गई।

अजयसिंह पूजाघर में से निकल रहे थे कि मैं उनके सामने आ गया।

''अरे चन्दर! कब आए?'' अपनी अनामिका में पहनी हुई अगूँठी को टटोलते उन्होंने मुझे टोका।

''अभी। अभी सवेरे।''

''रात में सफर किया, ऐसी क्या जल्दी थी?''

''कुछ नहीं। कुछ नहीं।'' मैं हकलाया।

वे नरम आवाज में धीरे से कह रहे थे, ''हम सारे उपाय तो कर रहे हैं। अस्पताल की भी खा़क छानी। क्या हुआ? उनाव वाले बाबा के यहाँ धोक दी थी तो हिम्मत बँधी थी, डाक्टर तो इलाज जैसा भी करें, हिम्मत तोड़ने से बाज नहीं आते। 'केस बिगड़ गया है' की जगह हमारे भाई के लिए कोई मृत्युंजय जाप करे तो हमारी श्रद्धा किस तरफ झुकेगी? विश्वास कहाँ रुकेगा? निराशा से तो मनोरथ खुद व खुद नष्ट हो जाते हैं। है न? अपने मनोरथों का नाश कौन चाहता है?

''बहू ने जो कुछ कहा, हमने माना। पर हमने जो कहा, उसे गलत लगा। अब गलत सही का नतीजा सामने आ गया, विजय लबेजान है। उनाव वाले बाबा ने खुद ही भभूत भेजी है। यह भभूत नहीं, उनकी कृपा समझो। हम पूजाघर में उसी भभूत को बाँध रहे थे।''

जेठ, भुवन के पति के जेठे भाई, ऊपर से समझदारी के पुतले, अपने अनुभव से, अपने ज्ञान से मुझे जड़ कर देने वाले, मैं नतमस्तक खड़ा रहा।

''जेठ की ऐसी ही खासियतें तो हमारे जी का जंजाल हैं'' भुवन कहा करती है, और उनका कहा मानती नहीं। उसकी उद्दण्डता ने ही इन्हें हिला डाला कि मुझे अपनी सफाई देने लगे?

'नहीं, जेठ की बातों में न आना' जैसे भुवन ने इशारों में कहा हो। वह रसोई से थाली परसकर ऊपर ले जा रही थी।

मैं अजयसिंह को प्रणाम करके भुवन के पीछे-पीछे गया।

''अब की बार ये तेवर, तुम कभी पूरब कभी पश्चिम। बता दो न कि आखिर चाहती क्या हो? पिछली बार आया था तो जेठ के रंग में रँगी थीं। मैंने सोचा था दबाव में तुम...दमन हो रहा है तुम्हारी ताकत का। मगर अब की बार...खाँड़ा उठाए मिलीं। क्या हो तुम?''

''कहाँ खाँड़ा? जबरदस्ती न करो तो ये लोग साँस न लेने दें। हमने तो यही कहा है कि तुम लोग टाल रहे हो, दोष हमारे सिर लादते जा रहे हो। अब अपना पत्रा-पंचांग हम बनाएँगे। हमारी भवबाधा लेकर कोई न चले। चलने का रास्ता हम खुद तय करेंगे। अपनी माया अपनी लीला हमारे ऊपर न पसारो। अपन को जितना पता है, अपन उतना ही करेंगे।''

उसने थाली मेरे सामने रख दी। खाना रंगतदार लाजवाब था, लेकिन आँखों को तो भूख नहीं होती खाने की। देखने से ही पेट भर गया, क्योंकि मन मर गया था। मेरा सिर भन्ना रहा था फिर भी मन में घिरी नैतिक-अनैतिक आशंकाओं और लांछनों को निर्मूल पीने की कोशिश करने लगा।

लेकिन पीने पचाने से बात खत्म नहीं होती, ज्यादा विस्फोटक हो जाती है। मन हुआ कि उसे लताड़ू—तू दिशाशूल किसे मानती है? तू नया पत्रा-पंचांग बना पाएगी? गाँव-गाँव घर-घर बैठे अजयसिंहों के दिशाशूल खारिज कर पाएगी? तेरे प्राणों पर बन आएगी, पर उनके मजबूत गढ़ टूटना तो दूर हिल तक नहीं पाएँगे। वे अमर हैं, तू खत्म होने वाली चीज है। हम तेरा अंत देखने के लिए मजबूर लाचार से रह जाएँगे, जानती है तू? हम क्या युक्ति सोच रहे हैं, तू पानी डालती जा रही है।

अचानक मुझे ऐसा लगा जैसे मेरे सूखे गले में खारा पानी उमड़ पड़ा हो। मैं जबड़े को दबाए हुए होठ भींच रहा हूँ।

नहीं, मुझे कुछ नहीं कहना। अपने गुस्से को इस जन्म में प्रयोग नहीं करना। अगला जन्म होता हो तो देखा जाएगा। पहले ही सुन लिया है, कुसुम दीदी से कोई कह रहा था—छोटी बहू जब देखो तब अपने मायके वालों की धमकी देती रहती है। चन्द्रप्रकाश क्या कलक्टर लगा है सो हवेली में कुर्की भेज देगा? ऐसे देखे हैं, पचासियों लोग, अहलकार कुँवर के पीछे फिरते हैं। 'हमारी बिल्ली हम से ही म्याऊँ' कुँवर के अहसान तो चुका ले पहले।

मेरे पाँव का खून दिमाग में चढ़ गया। कैसे-कैसे खुद को रोका। अपने आपको काबू में करना किसी फौज को काबू में करने जैसा लगा।

पुजारी जी की बात का स्मरण किया—संकल्प लिया है तो संयम भी जरूरी

है, नहीं तो संकल्प बीच में ही खंडित हो जाएगा। पुजारी जी की यह महज बात ही, मेरे लिए सिद्धियोग की साधना सी हो उठी। शान्ति में ही क्रान्ति है। कहो मत, कर दिखाओ।

वहाँ से चलकर भुवन की अटारी तक गया आँख के संकेत से कहा, ''चलो''—और अपना बैग कंधे पर ले लिया।

वह आगे थी। मैं पीछे था।

यात्रा आरम्भ हुई। छत से उतरकर आँगन में आ गए। बचते बचाते भी उसी श्मशान साधना की ओर चल दिए! पग-पग पर डर है, भय है, आशंका है। अपने विनाश की राह में यह कौन-सा उजाला है कि पाँव रुकते नहीं, मन के साथ देह बहती जाती है। रात भर नींद नहीं आई थी, क्या इसीलिए कि सवेरे खुद को भुवन की इच्छा के हवाले कर देना है। चलने को हुआ तो किस आवाज ने पुकार कर कहा था—रुको चन्द्रप्रकाश।—नतीजा क्या होगा, फल क्या मिलेगा? वह विचित्र आवाज भुवन की तो नहीं थी, क्योंकि उस समय भुवन गहरी नींद में सो रही थी। बार-बार पूछा—कौन पुकारता है? कोई वर्ण, कोई गंध, कोई छवि... नहीं केवल स्वर, स्वर ही स्वर। पुजारी जी के स्वर से भी तो नहीं मिलती यह आवाज।

अचानक एक स्वर और उठा।

धूमकेतु से कुँवर अजयसिंह सामने आ धमके।

''कहाँ?'' आवाज का भारीपन रौब के लिए काफी था।

भुवन ने तुरन्त घूँघट कर लिया और जल्दी से मुझे छूकर बोली, ''कह दो आगरा।''

''आगरा जा रहे हैं। भुवन उनसे मिलना चाहती है'' मैंने अपनी ओर से कहा।

सवेरे-सवेरे उठने के कारण कुँवर की आँखें लाल हैं। कुर्ता-पाजामा भी मुचड़े हुए। बाल बिखर रहे हैं। चुपचाप हैं। शायद हमारे लिए कोई हुक्म जुटा रहे हैं।

मगर तीखी निगाहों से देखते रहे कुँवर।

देखकर भुवन और मैं गम्भीर और चिंतित से खड़े रहे। उसी क्षण भुवन ने मुझे टहोका—चल, आगे बढ़।

कुँवर अजयसिंह अप्रतिभ-से हो गए। आँखों में बैसाख की सी आँधी आई, भुवन के फैसले ने तांडव की सम्भावना बना दी हो जैसे।

''तुम कहाँ जा रहे हो चन्दर, तुम से तो यहीं काम पड़ सकता है,'' कहते हुए वे किसी और ही सोच में डूबे हों जैसे।

थकी-थकी आवाज से मैं सजग हुआ और पूछने लगा, ''क्या काम? मैं करूँगा।''

''वहाँ जाकर खबर देंगे। विजय को वहाँ से हम दिल्ली ले जाएँगे या झाँसी

के जर्मनी अस्पताल में दाखिल करेंगे, यह तो वहीं जाकर तय होगा। **हम जहाँ भी** रहेंगे तुमसे सम्पर्क बनाए रहेंगे। फोन नम्बर दे दो।''

''ऑफिस का कोई भरोसा नहीं। फोन कौन उठाए, क्या समझे? बात की गम्भीरता उन लोगों को क्या पता? मैं झाँसी मेडिकल कॉलिज में डा. गुप्ता से भी बैड का इंतजाम कराए रहूँगा। वैसे भी वहाँ कमरे खाली मिल जाते हैं। मुझे वहाँ सहूलियत रहेगी। आप डा. गुप्ता को मेडिसिन वार्ड में फोन मिला लीजिए।''

''यह ठीक है। वहाँ भी दाखिले की सूरत बन सकती है।''

''लाना जरूरी है वहाँ से?''

''बेशक। तभी तो तुम्हारे जाने से काम बनेगा नहीं।''

वाक्‌सिद्ध कुँवर अजयसिंह ने मुझे क्या भुवन को भी जता दिया कि जो वे कह रहे हैं, वही उचित है, वही कल्याणकारी भी। जिद हठ से कोई बीमार अच्छा नहीं होता, उसके लिए तो अनुकूल उपचार ही जरूरी है।

प्रमाण के लिए अस्पताल से आया तार मेरे सामने कर दिया था, जिस पर लिखा था—कम, एज सून एज पॉसिबिल। पेशेंट इज नॉट फींलिग वैल।

''क्या लिखा, क्या नहीं, यह बात हमारी माँ नहीं जानती। वह केवल तार शब्द का मतलब अनिष्ट की आशंका समझती है, इसलिए यह बात घर में खोली नहीं।''

आगे हमें क्या जानना था? जानकर कहना भी क्या था? भुवन सिर झुकाए, डुलिया लिये अपराधिनी-सी खड़ी रह गई। पति को पागलखाने भेजने वाली निर्दय स्त्री की दर पर थीं। दोनों आँखें जल रही थीं, भीतर का सारा दुख, सारा गुस्सा, सारा संदेह आँखों की खिड़कियों से झाँक रहा हो जैसे और कह रहा हो—सच है यह बात?

कुँवर ने भुवन पर ध्यान नहीं दिया, जैसे सोच लिया हो, भाई की बीमारी की तरह भाई की पत्नी भी असाध्य रोग जैसी है। दर्द और तकलीफ देने वाली भुवन...मैं कुँवर के क्षोभ को समझ रहा था, उनकी उदासी को पहचान कर एक ही बात मन में आई—यह आदमी भी कम बेबस नहीं। सोचता होगा किस साँपिन की आँकी बाँकी चाल से हवेली हिलने लगी, हवेली का मालिक उसे कीलने का मंत्र नहीं पा रहा।

मैंने झुककर प्रणाम किया।

विराटा से झाँसी आया, तमाम दिन बिना खाए-पिए घूमता रहा।

मेडिकल कॉलिज से जर्मनी अस्पताल तक का लम्बा रास्ता नापते हुए एक बारगी याद हो पड़ा, आते समय पुजारी जी से मिला नहीं। अजयसिंह के फरमान ने अपना सब कुछ भुलवा डाला। उनके काम आना सबसे बड़ा लक्ष्य मान बैठा, जैसे वह लक्ष्य भुवन के सुखमय भविष्य में जाकर मिलता हो। स्मृति पर जोर देकर

सोचा तो याद आया, पुजारी जी को अपना पता-ठिकाना बताना चाहता था कि कोई जरूरी बात पड़े तो सम्पर्क कर सकें। याद पड़ता है, राजेश को बरुआसागर के स्टेट बैंक का फोन नम्बर लिखा आया था और सारे पते ठिकाने भी।...लेकिन यह फिक्र अचानक जागी क्यों? ऐसा क्या होने वाला है?

मुझे याद भी नहीं करना पड़ा। और वह हादसे जैसा सपना याद आ गया। याद आ क्या गया, कल से सिर पर मँडरा रहा है।

अजयसिंह जब तार का कागज दिखा रहे थे, मेरी धड़कन बीच-बीच में गुम हो रही थी। माथा झनझनाहट से भर गया था। खड़ा था, पर खुद को खड़ा रखना पहाड़ उठाना लग रहा था। पुरानी कहावत कहकर रह गया, "बीमारी बढ़ती है ताड़ की तरह, घटती है तिल तिल।" यह कहावत कह रहा था, तब क्या मान भी रहा था? बल्कि उल्टा ही सोच रहा था। अच्छा होना होता है तो आदमी अच्छा ही होता जाता है, रोग के लक्षण दिनों में नहीं, घंटों में घटते जाते हैं। ऐलोपैथी का चमत्कार ही यह है।

भयानक सपना देखा था उस रात, इसलिए अच्छा ही अच्छा सोचना चाहता था और निश्यच ही मैंने भुवन के साथ आगरा जाना भी इसीलिए स्वीकार कर लिया था।

सपने ने ऐसा बेसुध कर डाला कि मैं निःसंकोच भुवन के कमरे में झाँकने लगा। नींद में आदमी आकाश पर चढ़ जाए, सागर लाँघ जाए, मैं भुवन की निजी जिंदगी में चला गया तो अजूबा क्या है? उसको विजयसिंह के साथ बतियाते, हँसते या रोते कभी देखा नहीं, सारी कल्पनाएँ सपने में साकार होने लगीं।

विजयसिंह लेटे-लेटे थक गए हैं। बाहर घूमने की इच्छा जता रहे हैं। कह रहे हैं—भुवन मैं शर्मिन्दा हूँ। तुम्हारे ऊपर बोझ बन गया। लोग मुझे क्या समझते हैं? लोग तुमसे क्या कहते हैं? तुम दुखी-दुखी क्यों रहती हो? यह मेरी बर्दाश्त के बाहर है।

भुवन ने विजयसिंह की कलाई अपने हाथ में ले ली।

मैं मन ही मन चौंक उठा।

भुवन कहती है, "आज सारा रोग कहाँ चला गया?" वह चंचल हो उठी। बतियाने के लिए आतुर सी, पति की कलाई को सहला रही है। विवाह के इतने दिनों बाद यह प्राणस्पर्शी क्षण उससे सँभाले नहीं सँभल रहा। भूखा सामने भोजन देखकर कितनी देर इतंजार कर सकता है?

अचानक तांत्रिक प्रकट होता है। लम्बी लटें, माथे पर सिंदूर का लाल टीका, डबुल डबुल गटा काढ़े हुए बड़ी-बड़ी आँखें, वह बोलता है—स्त्री, छूने की मनाही है। मनाही है।

—तू कौन होता है मना करने वाला? तू कहाँ से आया है?—विजयसिंह तांत्रिक

की लटें खींचने लगते हैं। गुथ्थमगुथ्थी होने लगती है।

मैं चिल्लाता हूँ—भुवन रोको। भुवन रोको।

विजयसिंह कहत्रे हैं—मुझे कोई नहीं रोक सकता। मैं अब और नहीं सह सकता।

तांत्रिक से विजयसिंह जीत नहीं पाए। चारों खाने चित गिरे।

अब वह पलँग पर पड़े हैं। मैं स्तब्ध सा देखता हूँ—भुवन उनका माथा छूकर देखती है। माथे पर पसीना है। वह कहती है—देखो पसीना चिपचिपा रहा है। खून जैसा गाढ़ा पसीना।

विजयसिंह आँखें फैलाकर भुवन को देखते हैं। फिर पलकों को बंद कर लेते हैं।

तांत्रिक कहीं दिखता नहीं। मैं उसको खोजने की फिराक में हूँ, लेकिन खोज नहीं पाता। लौटकर आता हूँ, वह पूछती है—ये ठीक हैं न चन्दर? देख नाड़ी देख। देख न।

मैं हाथ पकड़कर बैठ जाता हूँ। बैठा रहता हूँ। हाथ है कि ठण्डी लकड़ी...

भुवन स्थिर आँखों देखती है। आँखे उजाड़ सूखी हैं।

—तू क्या छिपा रहा है चन्दर? छिपाता नहीं तो बोलता क्यों नहीं?

मैं कुछ नहीं बोलता। मन ही मन कहता हूँ—वही, जो कहना चाहता हूँ। तेरे दुख दूर हो गए। रिश्ते का जाल कट गया। विवाह की रस्सियों का बना लौह जाल...

—कैसा जाल? कैसा लौह जाल...?—स्त्री के कातर कण्ठ से निकले इन शब्दों से मैं चौंककर जागा। हाँफता हुआ सा, उठ तक नहीं पाया। पास ही देखा दूसरा पलँग खाली था। भुवन कहाँ है? वह तो यहाँ सोई नहीं। हाँ, कैसे सो सकती थी, यह उसका मायका नहीं, ससुराल है। चन्दर बहन का लड़का है तब क्या पर पुरुष नहीं? ब्याह के बाद भुवन उन औरतों की जात को जान गयी है, जो पातिव्रत धर्म पर देह धर्म को निछावर करती हुई विधवा का जीवन जीती हैं। पता नहीं ये दोनों धर्म मिलकर कौन-सा असामान्य-असाधारण सा धर्म गढ़ते हैं? शायद देवी का धर्म यही है।

नींद आँखों से कोसों कोस दूर भाग गई। अँधेरे में नजर के सामने विजयसिंह की देह का खाली पिंजरा झूलने लगा। कहीं ऐसा ही हो गया तो? तांत्रिक के रूप में यमराज आया था क्या? उम्र और यम का युद्ध अपनी आँखों देखा। विजयसिंह पछड़ गए। अपने आपको मथता रहा, याद आया कि नहीं, विजयसिंह की लम्बी उम्र हुई। अम्मा होती तो यही कहतीं कि जिसकी मौत सपने में दिखे उसकी आयु बढ़ती है। 'आयु बढ़ती है' सोचकर भी मेरी घबराहट थमी नहीं। बिछावन पर पड़े-पड़े पुजारी जी, राजेश और दामिनी को याद करता रहा, भुवन को भी अपने साथ शामिल कर लिया। सारी टोली मिलकर भय से लड़ने लगी, तब जाकर घड़ी के काँटे

पर उगता सवेरा खुली छत पर फैलता नजर आया। और होश आया कि यह विराटा है, कुँवर की हवेली है, भुवन की अटारी है, मैं यहाँ कहाँ...

झाँसी में जर्मनी अस्पताल पर सारा दिन सड़क की ओर मुँह करके खड़ा रहा। पुरुष चेहरों में कुँवर का चेहरा और स्त्रियों में भुवन जैसी कोई स्त्री पा लेना चाहता था। आशा से देखता, निराशा हाथ लगती। पहचान पड़ती, पास आते ही चेहरा अनपहचान हो जाता।

अंदेशे उमड़ने लगते। सपना रह-रहकर हावी होने लगता कि तम्बू की तरह मेरा तन मन ढँक लेता। एक बार देखा भयानक स्वप्न कई-कई बार जिया। सुहाग उजड़ा तो भुवन उजड़ जाएगी। मगर सुहाग उजड़ेगा क्यों? मन के किवाड़ खुले पड़े थे, क्षण में भीतर, क्षण में बाहर आता-जाता रहा। कुँवर ने मुझे धोखा क्यों दिया? नहीं आना था तो कहीं से एक खबर कर देते। बड़े लोग अपने से छोटों को फालतू क्यों समझा करते हैं? वे फालतू होते नहीं, बना दिए जाते हैं, जैसे आज मुझ पर बीत रही है। उस पगले विजयसिंह की खातिर मैं यहाँ एक टाँग पर खड़ा हूँ। खड़े-खड़े पिंडली भर आई हैं। पंजे फूलने लगे हैं, और कुँवर है कि इतंजार को खींचता हुआ खून सूँते ले रहा है। मैं खून सुँतवाना भी अपना कर्तव्य मान रहा हूँ। सारे कर्तव्य हमारे पल्ले बँधे हैं, क्योंकि हमें भुवन के बदले के कर्तव्य भी निभाने हैं और अपने बदले के भी। यह भी झूठ नहीं कि हम अर्दली होकर ही चैन पाते हैं, ऐसे ही जीवन से सतुंष्ट रहते हैं, अगर इतना नहीं कर पाते तो अपराधबोध मारने लगता है। जब मरना ही है तो अपनी इच्छा से ही क्यों न मरें?

अपनी इच्छा से ही जर्मनी अस्पताल से चलकर मेडिकल कॉलिज पर आ गया। डा. गुप्ता का केबिन बंद था। ओ.पी.डी. खत्म हो चुकी थी। भीड़भाड़ भी नहीं थी। अस्पताल परिसर में ऊपर से नीचे, नीचे से ऊपर कमरे खँगालता रहा।

थकान थी कि आँखों तक चढ़ आई थी।

पल भर कहीं रुकने का मन नहीं हुआ। हालाँकि सुस्ताने के नाम पर कई जगहें याद आईं। पास से गुजरते टेंपो में बैठकर उन जगहों तक जा सकता था। अचानक लगा जैसे बिरजू एक टेंपो से उतर रहा है। मेरी ओर पीठ थी, फिर भी मैं भाई को पहचान न पाता क्या? आवाज मारी—बिरजूऽऽ...

नहीं बिरजू नहीं था वह, कोई और ही था। बिरजू जींस कभी नहीं पहनता। पता नहीं मैंने आवाज क्या सोचकर लगाई? क्या इसलिए कि मैं अकेला था? घबरा रहा था, इसलिए? आशंका अकेले झेलना अनिष्टों से लड़ना जैसा ही है, मैं लड़ नहीं पा रहा था। भूख नींद भी कहाँ उड़ गयीं? पर अब मुझमें खड़े रहने का दम नहीं बचा। दो दिन पूरे निकल गए।

अगर वे लोग आ गए तो?—यही सोचकर पलकों से नींद उड़ाता रहा, पेट से भूख को भगाता रहा। धूप ताप का ध्यान किए बिना चलता रहा। यह ध्यान में नहीं आया कि अगर आ गए तो उन्होंने जर्मनी अस्पताल भी देखा है और मेडिकल कॉलिज भी। अजयसिंह पढ़े-लिखे जानकार व्यक्ति हैं। भूल क्यों गया, दिल्ली जाने के लिए भी तो कहा था।

नौ

कहाँ की यात्रा कहाँ निकल गयी!

रास्ते मोड़ ले गए या पाँव ही बने बनाए रास्तों से गुरेज करने लगे? अत्यंत गहन जंगल में खड़े मैं और भुवन जंगल से गुजरने की जुगत में लगे थे। जिस जगह लोग चलते-फिरते हैं, वहाँ से निकलना खतरनाक है, रोकने टोकने ने बेहद डरा रखा था। घने पेड़ों की अँधेरी छाया ही अब हमारी रक्षक थी। सन्नाटा ही सुरक्षा का कवच। कोई जंगली चिड़िया पंख भी हिलाती तो पेड़ों की पत्तियाँ भयानक आवाज करतीं। लगता शाखें हिल उठी हैं। असल में डर आसपास नहीं था, हमारे पेटों से उठ रहा था। छोटे कुँवर की मौत और बड़े कुँवर की मर्यादा के लम्बे हाथ साथ-साथ हमारी ओर बढ़ रहे थे कि मन ही दहशत की पोटली बना हुआ था? हाँफते से झुरमुटों की ओट तो कभी रोशनी की ओर झाँकते हुए बैठे थे। भुवन बीच-बीच में बीती कहानी सुनाने लगती। मुझे लगता जैसे सारा वृत्तान्त मैं सुन चुका हूँ। मैंने उसका मुँह अपनी हथेली से बंद करना चाहा। वह शायद आने वाले खतरों को बीत जाने वाली स्थितियों के आगे कुछ मान नहीं रही थी।

वह तेजी से पास सरक आई और बोली, "डरने के लिए अब क्या रह गया है? मौत से डर लगा था या जिंदगी से? पता नहीं कि किससे, यहाँ तक भाग आई। जरूर देवी दुर्गा ने पाँवों में ताकत भर दी होगी चन्दर।" कहकर बार-बार भर आने वाली आँखें छलक पड़ीं।

रात थी। हम खामोशी के साथ मैदान पार कर रहे थे। चन्द्रमा सहायक था, ऊबड़-खाबड़ भरकों से जाता रास्ता नजर आ रहा था। झींगुरों और टिटहरी की आवाज से उठता शोर हमारी पदचापों को छिपाए था। स्थिर प्रकृति की भुवन धीर तो नहीं थी, सफर में वह कुछ-कुछ बोलना चाहती, लेकिन मैं चुप रहने के लिए कहता तो बड़ी देर के लिए शिला जैसी मौन हो जाती, यहाँ तक कि चप्पल टूट गयी, नंगे पाँवों के सफर में काँटे खुभते रहे, वह बिना बोले चलती रही।

मैं सोच रहा था—हम जैसे अपराधी इस जंगल में और भी तो हो सकते हैं। डाकू मिल पड़े तो? मैं इसे कैसे बचाऊँगा? हर कदम पर प्राणों की पूँजी जान लिये ले रही थी।

मैं कहाँ से कहाँ आ गया? समय को यही मंजूर था? पिछली रात अपने गाँव के डा. राघवेन्द्र के यहाँ काटना चाही थी। रात कटी नहीं और चल दिया।

चला भी अपने गाँव के लिए था। मगर मन में विराटा की ओर जाने वाली गैल थी। गैल जो भुवन की ओर जाती थी, मेरे मन के बीच से निकली। बेरंग, नहीं बदरंग जिदंगी में एकान्तिक राग कहाँ से भर गया कि उसी रास्ते चल पड़ा? प्यासा सा पानी की ओर, भूखा सा भोजन की ओर, अंधा सा भुवन के जुड़ाव के धागे के सहारे-सहारे चला आया हूँ जैसे...विराटा मेरा लक्ष्य बना, मंदिर मेरा बसेरा...कि उसी समय पुजारी जी ने उल्टे पाँव लौटा दिया। भयानक जंगल की उस कुटिया में धकेल दिया, जिसकी कच्ची और नीची-नीची भींतों में हमें छिपा लेने की ताकत थी, पक्कापन था।

पुजारी जी, राजेश और दामिनी से यही उम्मीद करता था मैं? नहीं करता तो उनकी टोली का साथी कैसे बन जाता? आज उस महूरत को मुबारक कह रहा हूँ, जिसके चलते भुवन के घर से भागा था और मंदिर में आकर गिरा था।

झाँसी में बड़े कुँवर और भुवन का इतंजार करते हुए भी कैसा भयानक सपना देखा! क्या मैं चाहता था ऐसा सपना देखना? कि उसका सच होना? पुजारी जी ने विजयसिंह के देहान्त की खबर दी तो चौंका क्यों नहीं? भले ही मैंने चौंकने का अभिनय किया था। सच कहूँ तो मुझे लगा था, छोटे कुँवर के प्राणों की डोर नहीं टूटी, भुवन के बंधनों की वह अर्गला टूटी है, जिसकी कड़ियाँ लोहे की नहीं, विवाह की थीं।

"कुँवर विजयसिंह की लाश लेकर आज आएँगे" पुजारी जी ने कहा था।

मैंने क्या सुना, क्या नहीं, बता नहीं सकता, मुझे तो लग रहा था—हवेली में शत्रु दल बाँधकर भुवन पर टूट रहा है। पति की मौत की जिम्मेदार ठहरा रहा है। गाँव में शोर मचा है। सब मुक्त कण्ठ से भुवन को कुलक्षिणी कह रहे हैं। उसके जीवन पर अभी तक काली चादर लहरा रही थी, अब समूची जिंदगी ढँक ली।

मैं, अपनी चिंता में भुवन को देखने की कोशिश कर रहा था, तभी पुजारी जी बोले, "क्या सोच रहे हो?"

"यही कि यह सब कैसे हो गया?"

"गाँव में लोग यह भी कह रहे हैं कि विजयसिंह मरा नहीं, मरवाया गया है।"

"ऐंऽऽ...!"

"और यह भी कि उस पगले ने आत्महत्या की है।"

मेरा तन-बदन थोथा और दिमाग सुन्न हो गया हो। कल्पना के बाहर की बातें सच्ची हों तो क्या समझे कोई? टाँगों से जाँघों तक खून में चींटियाँ रेंगने लगीं।

"पोस्टमार्टम होगा। तब असलियत खुलेगी।" पुजारी जी मुझे बता रहे थे, और उनका चेहरा विवर्ण होता जा रहा था।

"भुवन सती होगी। पता है तुम्हें?"

मैंने जैसे कुछ सुना न हो, फिर भी अवसन्न! उन्हें देखता रह गया।

"भुवन ने खुद कहा है, वह सती होगी। गाँव में शोर मच रहा है।" कहते हुए पुजारी जी की दाढ़ी-मूँछें कैसी गहन गम्भीर थीं कि मैं उनके मुँह से निकले बोल तो सुन पा रहा था, होठों का हिलना और चेहरे के भाव प्रयत्न करके भी नहीं देख पा रहा था। आकाशवाणी सा उनका स्वर! मैं भीतर ही भीतर सिकुड़कर केंचुए की सी कुंडली हो गया।

"छोटे कुँवर ने आत्महत्या की होगी? अस्पताल में अपने हाथों मरना आसान होता है?" पुजारी जी जैसे अपने आप से ही तर्क कर रहे हों–

"और भुवन ने सती होने की घोषणा क्यों की?"

मैं कब से खामोश था। होठों को ही नहीं, सारे शरीर को लकवा अपनी गिरफ्त में लिये चला जा रहा था। धीरे-धीरे शरीर बर्फ की सिल्ली हो गया। गर्माहट नाम मात्र को भी नहीं बची।

अपने आप को मलकर सहलाकर जीवित करना चाहा, "नहीं, पुजारी जी, भुवन ऐसी कायर नहीं" कहते हुए मैं लगभग रोने-रोने को हो आया। कहीं मन में यह बात पैठती चली जा रही थी कि वह कायर तो नहीं, डरपोक तो हो सकती है। पता नहीं, कौन-सा दबाव उसे मौत के कुएँ में धकेल रहा है, यहाँ बैठा मैं क्या कहूँ?

"भुवन मृत और पागल पुरुष के पीछे खाक हो जाएगी! सोचा है तुमने?" पुजारी जी की कोमल आँखें अब जलने लगीं। बूढ़ी पुतलियों में यह आग थी तो सही, मगर कभी लपटें जैसी देखी नहीं।

"आप कह रहे हैं, वह अपने पति की मौत पर रोई नहीं। खाक फिर कैसे हो जाएगी?" पुजारी जी गहन सोच में हैं। उदास हैं, मगर उपाय खोज रहे हैं, मैं अपनी मरती आशा को यही सोचकर जिलाने पर लगा था।

"अब उसे कोई नहीं बचा सकता चन्द्रप्रकाश!" पुजारी जी ने आह भरी।

"आप से किसने कहा यह सब। यह सब झूठ भी तो हो सकता है। गाँव में लोग धजी का साँप बना देते हैं। देवी दुर्गा के भक्तगण क्या अफवाह नहीं फैला सकते? मैं पूरी बात पता करता हूँ। भुवन से मिलता हूँ अभी-अभी।" कहकर मैं उठने लगा।

"मिलकर क्या करोगे? उसका इरादा बदल दोगे?" पुजारी जी ने फिर से बैठ जाने का संकेत दिया और कहा, "विजयसिंह नहीं रहा, तब क्या भुवन आजाद हो गयी? अब भी वह कुँवर अजयसिंह के अधीन है। उसकी मुक्ति हो भी नहीं सकती। तुम्हारे इस तरह विचलित होने से छीछालेदर ही होगी।"

मैं मर्मान्तक पीड़ा से छटपटा उठा। यह पुजारी मुझे कौन-सी विद्या पढ़ा रहा है? मैं उसका अपना...उसे मरने से रोक भी नहीं सकता? देखते देखते आत्महत्या करने दूँगा? हाथ जोड़कर बोला, "महाराज, विधवा हो गयी, अब और कौन-सी मुक्ति? अजयसिंह का स्वामित्व क्यों कर होगा? कैसे होगा? आप तो सब जानते हैं। भुवन के घर के ही नहीं, जीवन के भी ज्ञाता हैं।"

पुजारी जी आँखें मूँदे हुए थे और आँखों से आँसू बह रहे थे। उन्होंने दोनों हाथ देवी की मूर्ति की ओर जोड़ रखे थे और साफ शब्दों में क्षमा माँग रहे थे—

"हे माँ, मैं कुछ न कर सका। सती प्रथा का कैसा चलन चलाया कि स्त्रियों के खून से ही जैसे बेतवा बहती हो। बहाव बँधता है, तसल्ली होती है, परन्तु यकायक बाँध को कौन ढहा देता है...माँ तुम अब की बार जल को नहीं आग को समर्पित कर दी जाओगी। मुझे क्षमा करना, क्षमा करना...मैंने अब तक कुछ भी तो नहीं किया!"

पुजारी का कातर स्वर था या मेरे मन की हूक?

मैं भुवन के घर तक जा नहीं पाया। मेरे पाँव बँध गए। मैं भी देवी दुर्गा की मूर्ति के सामने हाथ जोड़े बैठा अपने किए की माफी माँगता रहा। एक आवाज भीतर से उठती—कायर की तरह भजन करने से क्या होगा, जल्दी भाग। वह मौत के रास्ते पर है।

पुजारी यमराज की मूर्ति बना बैठा है, पहले इसका ही संहार होना चाहिए। मैं इसे पटककर ही अपने काम को सर कर सकता हूँ। कैसे खबर करूँ कि भुवन मैं आ गया।

कहीं पुजारी झूठ तो नहीं बोल रहा? भुवन को तो अपने जेठ के संग आगरा जाना था, मैं यह पूछना क्यों भूल गया? सब कुछ हड़बड़ी में हो गया। बहुत सम्भव है कि राजेश और राजेश के पिता अपनी ही रंजिश का जाल फैलाते हुए हम सब को बाँधना चाहते हों। रंजिश में इतनी ताकत न होती तो वह पीढ़ियों दर पीढ़ियों चलती?

मगर राजेश कहाँ है?

पुजारी जी आँखें नहीं खोल रहे, क्या मुझे कोई खेल खिला रहे हैं कि किसी बात का जवाब न देना पड़े। अरे! आज तो ये नहा-धो भी आए, नहीं तो देवी की मूर्ति के सामने आ नहीं सकते थे। मैं इनसे आज्ञा लेने क्यों चला आया? ये तो अपनी ही किसी तैयारी में हैं।

"पुजारी जी, मैं जा रहा हूँ," कहकर मैं उठ खड़ा हुआ।

पुजारी जी की दाढ़ी में कंपन की भयानक लहर सी उठी, दाढ़ी में फँसे होठों से फसूकर झरने लगा, जब उन्होंने बोलने का यत्न किया। आँखों में दुविधा, दुश्चिंता और दुख का वीराना फैला पड़ा था, उसी वीराने को मेरे आगे और भी पसार दिया हो जैसे, बोले, "टापू के पीछे अँधियारे जंगल में बनी कुटिया से परिचित हो तुम। वहीं चले जाओ। पूछो मत कि क्यों? पूछो मत कि कैसे? या फिर जहाँ जाना चाहो, मुझे बता दो, तुम्हारे पास कोई जगह ऐसी है? सती की राह में रोड़ा मत डालो।"

"मैं कहीं नहीं जानेवाला" चलने के लिए उद्यत हुआ।

"तुम यहाँ से मेरी लाश पर से गुजरोगे," कहकर पुजारी जी ने मेरी टाँग पकड़ ली।

"मैं यहाँ न आता तो?"

"दुनिया के कर्ताधर्ता तुम ही तो नहीं।"

मैं दाँती भींचकर मिसमिसाया, "पुजारीऽऽ! तू ढोंगी निकला। मैं कैसे धोखे में रहा! अब तक तो तू बड़े-बड़े मंत्र पढ़कर हमारे शास्त्रों पुराणों में लिखी परम्पराओं का खंडन करता था, कहानी को नया मोड़ देकर खुद नया बनता था! आज बात अपने ऊपर टूटी है तो मुझको छिपने के लिए कह रहा है! या रास्ते से हटा रहा है? विराटा गाँव के लोग धोखाधड़ी और ठगी की जीती जागती मिसाल हैं, तू उनसे अलग भी क्यों होगा?"

पुजारी जी मेरी असंयत भाषा सुनकर भी मौन रहे। बस, आँखें जो आशा से टुकुर-टुकुर देख रही थीं, बंद हो गईं, नाक के दोनों ओर दो धारें अविरल बहने लगीं।

आँसू भरे मौन ने मुझे बाँध लिया। मैं होश में आया। पुजारी जी के पास बैठ गया, उनके आँसू अपनी उँगलियों से पोंछे और पूछा, "क्यों रोते हो?" पूछते हुए मुझे लगा था, इस आदमी को इस समय अपने मान-अपमान का होश नहीं, चिंता नहीं, जरूर कोई खास चिंता है। मैं भावावेश में क्या-क्या कह गया? सुना भी नहीं कि मुझे कुटिया तक भेजने के पीछे आखिर आशय क्या है?

बीहड़ रास्तों के बीच मेरे साथ-साथ चलती हुई भुवन।

अपनी कथा इस तरह कहती गई—पति की मौत पर नहीं रोई। नहीं रोना बेशर्मी था। बेशर्मी को सास और जिठानी ने यह कहकर ढँका कि बहू बेहोश हो गयी है। झूठ बात नहीं थी। चक्कर आने लगे थे। जिठानी ने लम्बा घूँघट काढ़ दिया कि लज्जा ढँकी रहे, एतियाद के लिए उसको भीतरी कोठे में जगह दे दी। कोठे में अंधेरा था, अँधेरे में किसी का चेहरा नहीं दिख सकता।

दोपहर तक बिना पानी पिए पड़ी रही। सोचती रही, यह कैसे हुआ? क्यों हुआ? उसने ही पति को पागलखाने भिजवाया था, सास को समझाया था। सास

अपने बेटे की माँ थी, माँ किसी भी हालत में उसका अच्छा हो जाना चाहती थी।

अब क्या होगा? ये लोग छोड़ेंगे नहीं।

शीतलगढ़ी लौट जाना होगा। मगर कोई लौटने देगा? क्यों नहीं लौटने देगा? उनके लिए तो अच्छा ही होगा। बेटा मर गया, बहू आँख ओझल हो गई, किस्सा खत्म। ऐसे किस्सा खत्म नहीं होता। सास ने एक बार कहा तो था—विजय है तो सातों सुख हैं। यह नहीं होगा तो द्वार पर खड़ी कुतिया की दर भी न रहेगी, समझती है तू?

भुवन कैसी पापिन है, पति की मौत हो गयी, वह अपने बारे में सोचती है!

नहीं उसे पापिन कोई नहीं कहेगा, वह तो पतिव्रता की तरह पति-सेवा करती रही है। न कहे पापिन पर पापिन ही मानते हैं, मौत के घर विजय को किसने पटका?

बाहर से नामालूम सी आवाजें आ रही हैं। भौंरों की सी भनभनाहट लगी है, इतनी भीड़ जमा है? वह उठकर बैठ गयी। सुनने की इच्छा जाग्रत हुई, मगर कुछ भी साफ-साफ नहीं था। इस दुनिया से उस दुनिया तक किवाड़ें पर्दा टाँके थीं। फिर भी कहते हैं कि कान सबसे ज्यादा चैतन्य इंद्रिय है, कुछ अस्पष्ट सा सुनाई दिया कि कान ही बज रहे थे?

"सती होने की जिद उठाए है, सो भीतर बेंड़ दी है।" क्या कह रही है जिठानी?

"अरे काए को!"

"मुकद्दर की मार! बेटा गया, बहू जा रही है।"

"समझाओ। समझाओ।"

"समझा ली। समझाई थी, पर मंदिर जाए बिना मानती थी? देवी की ऐसी भगतिन कि रोकते में भी डर लगता। अजय के बाप चले गए, लौटे नहीं...सती होना तो हमारा फरज बनता था, पर इतने पुन्न परताप कहाँ कि सुरग की राह धरते!" सास ने शोक में भी बातें गढ़ लीं!

"अम्मा जी, भुवन की कन्नी उँगली से आग की लौ निकली है।"

"आग की लौ! आग की लौ! लौ! लौ!" एक कण्ठ अनेक स्वरों में बँट गया।

"दइया! बहू क्या गजब कर रही है! अरे मेरे विजय को तो आ लेने देती। मेरे पूत का मुँह तो देखने देती...भसम भई जा रही है!" कहकर सास स्वर बाँधकर रोने लगीं।

जिठानी कह रही है, "अम्मा जी, धीरज से काम लो। लहँगा ओढ़नी निकालनी है, बक्सा की चाबी दे दो। सिंगार का सामान धरना है, ग्वालियर वाले पंडित जी आएँगे।"

जिठानी ही सारा इतंजाम कर रही है! यह किसका हुकुम है? साक्षात् यमराज आ गए, लिये बिना नहीं जाएँगे। जिठानी तो कुछ देर पहले पानी भरा लोटा धर गयी थी। बैठकर उसका सिर सहलाती रही।

पानी पिया गला भीग गया, नहीं तो हलक में काँटे से उगे थे। पर अब सिर

सधता नहीं। सारी ताकत निचुड़ गयी, हाथ-पाँव उठते नहीं। कोठे की छत चक्कर खा रही है या फर्श घूम रहा है?

"दस बजे तक लाश आ जाएगी।"

भुवन क्या सुन रही है?

"सती होगी तो उसे आँगन में दर्शन के लिए बिठाओ।"

वह भागना चाहे भी तो भाग नहीं सकती। 'सती सती' का जाप चल रहा है। पति चला गया, उसको जाना होगा। शोक नहीं दिखाया, भय सता रहा है। बदकार की तरह थर-थर काँपने लगी। वह हत्यारी है। पति के प्राणघातिनी। अब पति का सिर गोद में लेकर चिता पर बैठे, जेठ जी दाग दें, आग की लपटों के बीच मौत की ओर जाती हुई लोग उसे देखें, तभी पाप क्षमा होगा। जिंदा जल जाना ही उसकी नियति है...सोचते ही भुवन को कैसा तो डर लगा और डर के मारे वह तड़पकर रो उठी। नारी अंक में सती होती स्त्री...

और रोई, रोती गयी! कहीं रास्ता न था। भयभीत हिरनी सी कोठे में चक्कर काटती रही, सोचती रही—मैं भाग जाऊँ। दीवार फोड़कर चली जाऊँ। काश ! ऐसा कर पाती...इस घर की दीवार फोड़ना, इस घर की बहू का भाग जाना, एक जैसा है। दोनों ही बातें मुश्किल नहीं, असम्भव हैं। अपने आप को जितना असहाय असमर्थ महसूस किया, उतना ही रोती गयी। कलेजा फोड़कर निकले पानी ने आँखों से सोते खोल दिए। कण्ठ से जिबह होती बकरी की सी पुकार निकलती रही।

"रो रही है! रो रही है," कहते हुए जिठानी के साथ किसी औरत ने किवाड़ें धकेलीं।

"मैं सती हूँगी। मैं सती हूँ," कहकर भुवन कोठे में जौहर मचाने लगी। विक्षिप्त पागल की तरह बाल छिटकाकर चिंघाड़ रही थी। उसके स्वर ने, उसकी आवाज ने माहौल को अपने कब्जे में कर लिया। बाहर आँगन में द्वार पर भौंरों की सी भनभनाहट में लोग बोल रहे थे।

'पुलिस आ गयी पुलिस आ गयी' मगर कहाँ है पुलिस?

वह गिरती-पड़ती आगे बढ़ी, आँगन में आ गयी। भरभराकर दीवार की तरह वहीं ढह गयी। दिन छिपने वाला था। चौक में लोग थे। कहाँ कौन था, उसने नहीं देखा। जिंदगी भूल गयी। मौत याद रह गयी। उत्सर्ग होने वाली दाँगी नरपतसिंह की बेटी के रूप में उसने ही जन्म लिया है। अब उसी रास्ते जाना होगा क्योंकि और कोई रास्ता बचा नहीं। जेठजी ने सारी राहें रोक लीं। रात घिर आई!

पुलिस के सिपाही कहाँ मुँह छिपाये बैठे हैं?

वह सोच रही थी, इस रात का सवेरा होगा, फिर क्या होगा? सूरज चढ़ेगा दोपहर होगी, साँझ ढलेगी। बिना मुरझाए जीवन खत्म हो जाएगा...कि डोला धूम से उठेगा!

पुलिस भी तमाशा देखेगी शायद।

क्या सचमुच! मौत क्या, किसी खतरे तक को पास नहीं आने देती थी भुवन नाम की लड़की। मजाल क्या जो कोई हाथ लगा जाए, पटक देती थी। आज हिम्मत जवाब दे गयी। जीवन जहर कर डाला। मौत आ रही है। अपनी ही हत्या करनी होगी...यही जिदंगी है, उसके लिए।

क्या सचमुच?

अँधियारे ने धुँधलके का रूप धारण किया या सूरज की आहट सुन ली? उठकर मनुष्य से जुड़ी मनुष्यगत क्रियाओं का आग्रह था—उठो। उठकर खड़ी हो जाओ। कुदरत किसी शोक को, किसी खुशी को, किसी उलझन को मानती नहीं... और यहाँ टाँगें काँप रही हैं। दिल धड़क रहा है, मौत से पहले ही मौत आ रही है! इस जीवन को तो वही समझे जो मौत के पायदान पर खड़ा हो। आसमान की ओर सिर उठ गया। नीला साफ रंग था सलेटी और लाल रेखाएँ आसमान पर प्रकट होकर बता रही थीं, सूरज निकलेगा। यह तो बाद की बात है, पहले तो नामालूम सी लाल रेखाएँ लपटों जैसी दिखी थीं! और आसमान का रंग राखराख हो गया।

अपने कपड़े सँभालने में व्यस्त हो गयी, जब कि होश नहीं था क्या पहनना है?

सास और जिठानी मददगार हुईं। अच्छी से अच्छी साड़ी सामने धर दीं। साड़ियों के रंग क्या थे, वे कैसी थीं, देखने के बाद भी नहीं बता सकती। कभी अपने आप में ऐसी तल्लीन नहीं हुई। शायद सास ने सबके सामने यह भी कहा था—"समझ से काम ले बहू। सती होना मामूली खेल नहीं। हमारी फजीहत न करा। हम तो तुझसे डर रहे हैं।"

वह पत्थर की मूर्ति सी हो गयी। कपड़े उठाते हाथ थम गए। साँस भी गले में अटक गयी। सास ने सोचा होगा—सती की इच्छा को ललकारना भी मामूली बात नहीं। तभी तो अपनी भुवन बहू के पाँव पकड़कर गिड़गिड़ा उठी थी—तेरी जो चाहना हो सो बता दे। हमारा पूत यहाँ है नहीं बेटी...हम लुटे-पिटे असहाय...हम पर रहम कर।

जिठानी ने हाथों में कंगन पहना दिए। पाँवों में नए बिछिए चाँप दिए। चूड़ियाँ लालटेन के उजाले में बदली गईं। वह सातों सिंगार में मगन हो गयी कि चारों ओर से घेर ली गयी? पूरी तरह तैयार हो गयी थी।

थोड़ा उजाला और हुआ। अपनी इच्छा कहने का समय आ गया।

जिठानी बीच-बीच में सिसक सी पड़ती थी। सदा की दुश्मन जिठानी क्या सोचकर रो रही होगी? बहू जैसी बहू भुवन...अंत ऐसा होना था? ऐसा होता है?

"कोई लालसा नहीं बची अम्मा जी। एक बार देवी की पूजा, आखिरी बार..."

सास भुवन के आगे हाथ जोड़कर ऐसे झुकी जैसे साक्षात् देवी के सामने सिर नवा दिया हो। नखदंत विहीन शेरनी का जबड़ा कैसा भयानक होता है! उसने देखा

तो और भी डर गयी। जब सास ने पूछा "मायके से किसी को बुला दें?" तो भुवन की हिचकियाँ बँध गयीं। रोते-रोते क्या बोले, क्या बताए? बस बातें सुनने की गुनहगार हुई, "कौन होती है सती। आज क्या सतजुग धरे? कलजुग में सती!"

"अरी मेरे विजय ने ऐसे पुन्न नहीं किए थे कि ऐसी पतिविरता मिलती। पर भाग के आगे सब झुके हैं।" बेटे के नाम पर माँ फफक-फफककर रो पड़ी।

विराटा के लोगों ने कब सोचा होगा कि उनके जीवन काल में ऐसी घटना घटेगी, जैसी कहानी किस्सों में सुनते आए हैं? कोई स्त्री दाँगी नरपत की बेटी की तरह अपने सतीत्व पर निछावर हो जाएगी! यह उन लोगों की कल्पना के बाहर की बात थी, क्योंकि अब तक जो हत्याओं-आत्महत्याओं का सिलसिला चला आ रहा था, वह या तो हादसा माना जाता या लाज शर्म निभाने की बाध्यता। कभी-कभी पागलपन भी घोषित कर दिया जाता। बेतवा में जलसमाधि लेनेवालियों को टक्कर देती हुई यह सती सर्वमान्य सर्वपूज्य होगी। हवेली का सिर आज बहुत ऊँचा था।

भुकभुका हो गया। चिड़िया परेबों ने आँखें खोलीं। चहचहाकर सवेरे का स्वागत किया। गाँव के लोग उठकर अपने भूखे पशुओं को चारा डालने में व्यस्त हो गए। घरनियों ने चपियां उठाईं गाय भैंसें दुहने चलीं।

भुवन जिठानी के संग मंदिर की ओर पूजा के लिए बढ़ रही थी। पैदल जाना निश्चित किया था। राह चलते लोग ठिठक गए। उसने दाएँ-बाएँ गौर नहीं किया, चाल तेज थी, तेज होती गयी। शीतलगढ़ी में दौड़ने का अभ्यास किया था, काम आया कि हवा पाँवों में बँध गयी।

जिठानी पीछे-पीछे थी। हाथ में पूजा की थाली लिये हुए।

वह सीधी मूर्ति के सामने...। नियमित रूप से सुबह आने वाले भक्तों ने देखा, भुवन देवी दुर्गा के चरणों में सिर रखकर जार...जार रो रही है। पुजारी जी मंत्र पढ़ने लगे। सती की पूजा में घर की कोई सामग्री नहीं लगेगी। जिठानी गर्भगृह के बाहर खड़ी रही। मंदिर में पुजारी की इच्छा चलती है, उसका प्रबंध चलता है। दखल कौन दे सकता था?

पुजारी जी ने पूजा सम्पन्न की और भुवन को उठाया, "उठो तुम्हारा समय आ गया ।"

पुजारी का अपना गोपनीय द्वार, जैसा कि पुजारियों का होता है, आम लोगों से अलग रास्ते से भुवन के साथ निकल गए। इसी गोपन-कार्य को लोगों ने कहा—देवी की लीला।

घने पेड़ों की अँधियारी छाया में जहाँ सूर्य का भी प्रवेश नहीं, भुवन आ गयी। उसके दो छोटे-छोटे पाँव आहिस्ता-आहिस्ता आगे बढ़ रहे थे। सघन वन में जब उसने प्रवेश किया वह किसी मजदूरनी की तरह लग रही थी, एकदम लकड़हारिन। मामूली धोती और पॉपलीन का सलूका। माथे पर देवी दुर्गा का टीका।

यह महूरत किसने सिरजा होगा? तेरे मन कुछ और है, कर्ता के कुछ और...नानी की कहावत याद हो आई। अजयसिंह के हाथ से पिंजड़े में फँसी चिड़िया इस तरह निकल जाएगी, विराटा में कोई सोच भी नहीं सकता। लोग मौत को अन्तिम सत्य की तरह वरण करते हैं, यहाँ जिंदगी ने आकर दखल दे दिया। ऐसा भी होता है, दिखा दिया। बूढ़े पुजारी और नाचीज स्त्री भुवन की औकात सिर चढ़कर बोल रही है।

मैं डालियों और पत्तियों से रगड़ खाता कंधे छीलता भुवन के पास आया तो लगा एक जन्मांतर बीत गया है। पुनर्जन्म हुआ है। वह मुझसे लिपट गयी, सुबक-सुबककर रोने लगी। मैं पश्चात्ताप की रेत में धँसा, उबर नहीं पा रहा था। मेरा किया इसमें कितना था? और क्या था?

करधई और सागौन की चौड़ी पत्तियों का सहारा था। दामिनी और राजेश साथी सहायक हुए। हमारी यात्रा के पड़ावों की रूपरेखा बनाने वाले...। मुझे लगा, यह जंगल ही जिंदगी का रखवाला है, यहाँ हमें कौन छू सकता है? आदमियों के संसार में जाकर क्या लेंगे? भुवन के आने से वन गुंजान हो गया। उसके रोने से आँसू गिरे, हरियाली मुस्काई। पेड़ों के संग हम पेड़ों जैसे ही दृढ़ और अविचल खड़े हैं। चुपचाप, शान्त और छाया से लबरेज। यह अकल्पनीय अनिवर्चनीय सुख कहाँ छिपा था? मौत को पछाड़ने वाला योद्धा हमें ललकार रहा है, आगे बढ़ो, जमकर खड़े होना खतरनाक होता है। तुम मनुष्य हो, गति तुम्हारी नियति है। पुजारी की कही बातें बरबस ही ध्यान में आने लगीं।

हम पेड़ों के नीचे-नीचे चले, वहाँ आदमी झुरमुट के सिवा कुछ लगता न था। रास्तों का होना, किसी कुटी का आभास कहाँ था? इसी जगह कभी दामिनी मुझे चट्टान से टेक लगाए खड़ी मिली थी।

आकाश और किरणों का भी आसरा न था। दूर शिलाओं से टकराती हुई बेतवा की धारा का पानी बाजे की जैसी आवाज कर रहा था। भुवन ने इसी धारा में पाँवों से उतारी हुई पेंजनी फेंक दीं।

दिन भर निकल नहीं पाएँगे, मुझे राजेश ने पहले ही बता दिया। रात में सफर करना होगा, दामिनी समझा रही थी। यहाँ रहे तो मारे जाएँगे। कुँवर भुवन के लिए नहीं, अपनी इज्जत के लिए धरती आसमान एक कर देगा।

"तुम तो मरने से बहुत डरते हो न?" दामिनी ने पूछा।

"बेमौत कौन मरना चाहता है?"

"जिंदगी और मौत अपने चाहे नहीं मिलती। दोनों को लेकर चलो, जिस पर तुम काबू कर पाओ, वह तुमसे पराजित होती रहेगी।" राजेश कह रहा था।

"दतिया सेवढ़ा सनकुआ...आगे बागियों की बनाई पगडंडियाँ हैं।" राजेश बताने लगा।

"दतिया में मत रुकना। सेवढ़ा जाओगे तो डा. सीताकिशोर खरे के घर जाना, वे मदद करेंगे। माना कि कस्बे के बीचोंबीच घर है, कहीं फँस जाओगे तो भी बचा लेंगे। कुछ न बन पड़े तो कस्बे के उत्तरी छोर पर डा. कामिनी का घर है, सुरक्षित है। मैंने देखा है।"

दामिनी कागज पर लिखकर दे रही थी कुछ छिपे शब्दों में छिपी जगहों के नाम, लोगों के पते। साथियों के अड्डे। खंडहर, गढ़ियाँ, और टूटे-फूटे शिवाले...

जंगल ही जंगल दिन-रात का सफर! रात की यात्रा सड़क पर।

भटकन और रास्ता!!

सुनसान रात में खुले आसमान के नीचे डेरा!!!

भुवन पूछने लगी, "कितना और चलना है?"

"बहुत थक गयी हो?"

"...................."

"मैं समझ सकता हूँ, तीन दिन से निर्जल..." देख रहा था, उसके होठों पर पपड़ी जम गयी है। बालों की लटें छिटकी हैं। बदहवासी ही कहीं भेद न खोल दे!

"कहीं चाय मिलेगी तो पी लेना।"

"कहाँ?" वह ऐसे उमँगकर बोली जैसे युगों की भूखी प्यासी हो।

"आगे इंदरगढ़ है" छोटी बच्ची की तरह मैं उसे बहला रहा था। जबकि जानता था, इंदरगढ़ में भी अपना कोई नहीं।

कहाँ इंदरगढ़ और कहाँ हमारा सफर? मंजिल आने का नाम न लेती थी। हालत बुरी थी। जंगल के लम्बे और नोकदार काँटों ने हमें कदम-कदम पर पकड़ा। गोखुरुओं ने पाँवों को छेद डाला। जूते असहाय से मुँह फाड़ गए। भुवन की चप्पलों ने तो कब का जवाब दे दिया था। कपड़े भी तार-तार हो गए, देह को छिपाए बचाए कौन? सखा सहायक जंगल भी बौखला उठा हो जैसे, कब तक साथ दे, कब तक रियाइत दे? जंगलों की गहराई भी अब कितनी सी है?

ऊपर से दिन उठान पर आ गया। भय के आगे सब कुछ खुला पड़ा था। हलक में रेत भरी थी, पानी मिलता तो राहत मिलती, मगर पानी ही कहीं नहीं था।

बस खतरे ही खतरे थे।

अपने आप को खतरों के आगे डालकर दो-तीन खोके खोज लिए। चाय के लिए भट्ठी सुलग रही थी। धुएँ ने जीवनदान सा दिया। भुवन सूखे होठों की पपड़ी पर कब से बचाया थूक जीभ के जरिए मरहम-सा लगा रही थी।

मैं भट्ठी लहकाते अधेड़ पुरुष के पास पहुँचा, जो केवल एक पंचा (आधी धोती) धारण किए था। छाती के खुले बालों पर जनेऊ पड़ा था। मूँछें देखकर न मालूम क्यों मलखान सिंह डाकू के चित्र की याद आई? और शरीर को देखकर चन्द्रशेखर आजाद की मूर्ति साकार हो उठी।

"चाय मिलेगी?" मैंने सहजभाव से पूछा।

"क्यों नहीं मिलेगी?" उसने मुझे गौर से देखते हुए जवाब दिया।

"सुनो, चाय पी लेना, अभी मिलेगी।" मैंने भुवन से इस प्रकार का अधिकार प्रयोग करके कहा, जैसे कोई पति पत्नी से कहता है। अभिनय सफल रहा, शक की गुजांइश नहीं छोड़ी। अन्य कोई भी रिश्ता खतरे खड़े कर देता। मगर भुवन को मेरा ऐसा करना बुरा लगा। उसकी आँखें मेरी ओर तड़ककर उठीं और फिर दूसरी ओर फिर गयीं।

वह बेंच पर बैठकर अपने पाँवों से गोखुरू के काँटे खींच रही थी। घावों से रिस आया खून पाँवों की कोरों पर महावर की तरह रचा था। भट्ठी में आग लहकाने वाला आदमी खजूर के बिजने से आग को हवा देता हुआ बोला, "इतना खून कैसे निकाला? पाँव तो कुचले नहीं। धरती ने ही चबा डाले!"

भुवन ने अपना ध्यान भंग नहीं किया। वह बकोशिश गोखुरुओं से उलझ रही थी।

"मुँह-हाथ धो लो आप लोग।" उस आदमी ने चाय वाले की तरह सुविधा देने के लिए सद्भाव जताया।

छोटा-सा, लगभग आठ साल का लड़का जो केवल पटे का अण्डरवियर पहने था, छोटी-सी लोहे की बाल्टी में पानी ले आया।

भुवन बिना किसी की ओर देखे हाथ-मुँह धोने लगी। पाँवों का खून भी पानी से साफ कर लिया। पोंछने के लिए कुछ न था। हम जितना छिपाना चाहते थे, हाल उतना ही उजागर होता जाता। दहशत उसी हिसाब से बढ़ती जाती। कलेजा धक् से रह गया जब वह चवन्नी भरा लड़का अंगोछा ले आया और कहने लगा, "लो, पोंछ लो। दाऊ ने दिया है। कहाँ से आए हो? दाऊ पूछ रहे हैं।"

"यहीं से, दतिया से। और कहाँ से?"

वह एकटक देखने लगा और चाय की दुकान की ओर भाग गया।

मैं भी उसी ओर बढ़ चला। चाय बनाने वाले सज्जन से पूछ लिया, "अखबार मिलेगा?"

"अखबार। क्यों नहीं मिलेगा?"

मैं हँसा, हालाँकि हँसने की कोई बात नहीं थी और हँसने का मन भी नहीं था। बदले में वह भी धीमे से हँसा, जब कि लग रहा था, वह हमारी हालत अच्छी तरह जान गया है और छिपाने की नीयत पर ठठाकर हँसने वाला है। बात हँसी तक ही रहे, अच्छा है। हमें किसी भी सवाल से ऐसा डर लग रहा था, जैसे रायफल की गोली चलने से लगता है।

वह बोला, "अखबार कौन-सा चाहिए, बताया नहीं?"

"जो हो सो।" मैं जेब में हाथ डालने लगा।

"जागरण पढ़ लो। बड़ी मजे की खबर छपी है।"

"मजे की? कैसी मजे की? किसी नेता का अपहरण हो गया या पुलिस अफसर के घर डाका पड़ गया?" माहौल हल्का रहे, मैं यही कोशिश कर रहा था।

"डाके फिरौतियों की ऐसी तैसी कर दी लोगों ने। बदनाम करते हैं डकैतों को।"

यह दिलेर आदमी डाकू ही तो नहीं? मैं सोचता हूँ। भुवन की ओर देखता हूँ, वह थोड़ी निश्चिंत-सी फूँक-फूँककर चाय पी रही है। मेरी ओर देख रही थी तो लगा आँखों में जीवन लौटने लगा है। इस बीहड़ वेला में कहाँ जाएँगे? आगे की खबर नहीं...

दैनिक जागरण के पृष्ठ पलटता हूँ, पूछता नहीं कि वह खबर कहाँ है? जो खोज रहा था मिल गया, पता नहीं कि यह वही खबर है?

'अनूठा सती अनुष्ठान' शीर्षक के नीचे ग्राम विराटा छपा हुआ है। दत्तचित्त होकर पढ़ने लगा।

कहानी कुँवर अजयसिंह के बयान से शुरू होती है–

"मुझे गाँव में रहना है। गाँववालों से विमुख होकर तो नहीं रह सकता? सती-प्रथा का समर्थक यहाँ कौन है? उस बहू की खुद की इच्छा थी। जिसको ऐसी इच्छा हो, उस सती नारी को अपने धर्म से विमुख कौन कर पाया है? यह पाप माना गया है शास्त्रों में। कोई पापी बनना चाहेगा? सती भी परलोकवासिनी होकर स्वर्ग की, मोक्ष की इच्छा रखती हुई प्राण त्यागती है। हमारी बहू देवी दुर्गा का रूप थी। विराटा की परम्परा निभा गयी। हम अपने भाई की लाश लेकर आए तब तक तो वह बेतवा नदी में छलाँग लगा गयी। ओढ़नी घाघरा किनारे पर धरे मिले। आग से बचाते, पर पानी ही लील गया। सती होना था, सती हुई। टालने वाला परमेश्वर भी सहायक नहीं हुआ। मगर सती ने अपना व्रत पूरा करके हमें दुविधा में डाल दिया।

"लाश मिली नहीं। मैं किधर जाता, कहाँ जाता? विराटा की देवी हम सब की माँ है, उन्हीं के चरणों में जा गिरा। जो रास्ता सूझा उसी पर चल दिया। शायद यही देवी की पुकार थी, यही आशीर्वाद था, यही फैसला था। देवी की अमानत सती

भुवन का पुतला बनवाया। सुहागिन की तरह सजाकर भाई के पार्थिव शरीर के साथ चिता को समर्पित किया। सोचा न था कि रामायण हमारे जीवन में इस तरह सहायक होगी। सब देवी की माया है, उसी की कृपा से 'सोने की सीता' वाला आख्यान याद आ गया। देवी की दया रही तो सोने के छत्र वाला मंदिर बनेगा। हमारी बहू अमर हो गई।

और कहानी खत्म हुई एक और हत्या से...

आगे लिखा था–खबर यह भी है कि लगभग पाँच सौ आदमियों ने मंदिर पर हमला कर दिया। पुजारी के वध के लिए लोग उतावले थे क्योंकि मंदिर में पूजा करने गयी भुवन (सती होने वाली स्त्री) कहीं नहीं मिल रही थी। इस हमले में जमकर उखाड़-पछाड़ हुई। मंदिर तहस-नहस हो गया। देवी की मूर्ति टूट गई और पुजारी मारा गया! सुरक्षा की दृष्टि से पी.ए.सी. लगा दी गयी है।

•••

THE WALAITI BAGH

DOWN THE FIR T TURNING TO the left along Dilkusha Road, going south-east from Dilkusha Palace, the track goes beneath the railway line nd comes out on to the river bank. Parallel with the railway, a few hundred yards to the right, stand the walls of the Walaiti Bagh and the remains of an imposing entrance gate. Walaiti originally meant not only English but foreign generally, and the garden, once so well known and now degenerated into a vast dhobi-ghat, acquired this name probably from its wealth of unfamiliar plants. High walls surrounded the garden on three sides, the fourth terraced to the river.

The ruins of pillared retreats around the inside of the walls still show traces of coloured stucco embellishments, but nothing remains of the lovely and exotic garden where the royal ladies disported themselves undetected by prying eyes.

The garden does not seem to have played much part in the upheaval of 1857, save that within its walls lie the graves of three men who laid down their lives. Captain Heley Hutchinson and Sergeant (or Corporal) S. Newman, both of the 9th Royal Lancers, who were wounded while pursuing the enemy from their last stronghold at Musa Bagh, were buried in the walled garden at the riverside.

Mr. Henry P. Garvey, Acting Mate of Her Majesty's Ship *Shannon*, who was probably killed during the fighting round the Begum Kothi on March 11, 1858, also lies in the Walaiti Bagh. The *Shannon* which had put into Calcutta, sent her guns all the way to Lucknow to participate in the fighting. Her sailors manned the guns which had been dragged by hand a considerable part of the difficult road to Lucknow. They took part in the storming of the Khurshaed Munzil and of the Tara Wala Kothi. The guns now stand in the Residency Garden near the museum.